JN278930

フランスサッカーの
プロフェッショナル・コーチング

ENTRAINEUR
COMPETENCE ET
PASSION

【 ジェラール・ウリエ ＋ 】
 (株)カタールFC監督
 前フランスサッカー協会テクニカル・ダイレクター
 元U-18フランス代表チーム監督

【 ジャック・クルポアジェ ……著 】

【 小野 剛 ＋ 今井純子 ……訳 】
 現U-19日本代表チームコーチ
 98年フランスワールドカップ
 日本代表チームコーチ

大修館書店

Auteurs:Gerard HOUILLIER
et Jacques CREVOISIER
Titre:"ENTRAINEUR,
COMPETENCE ET PASSION:
les détails qui font gagner"

©Editions Albin Michel S.A.-Paris1993
This book is published in Japan by arrangement
with les Editions Albin Miche,Paris,
through le Bureau
des Copyrights Français, Tokyo.

序

「情熱がなければ，大きいことなど何もできはしない」。

サッカーを愛する者――コーチであろうとプレーヤーであろうと，フロントであろうと，あるいはジャーナリストでもプレスでも――に何か共通のポイントがあるとすれば，それは，好きなスポーツ，サッカーへの情熱である。

良いチームというのは，フロントの情熱（と忍耐），コーチの情熱，そしてサポーターの情熱と愛によって作り出されるものである。情熱がなければ，何一つできはしない。しかし，情熱というものは，すなわちあふれ出すものであり，過剰にもなるものである。

あなたはスタジアム出口での観客の会話に耳を傾けてみたことがあるだろうか。ある者は，自分の愛する者たちのことを好意的に話題にしている。またある者は何も耳に入らないほどにいらだっている。サポーターというものは，いつでも答えを知っていて，自分だったらこんなふうにやるだろうとか，あのプレーヤーよりもこのプレーヤーの方が良い等と言ってみたりする。中には他の者よりも良く知っている者たち，または，ある特定のタイプのサッカーを好んだり，特定の要求を持っているような地域もある。しかし，どんなレベルであれ，情熱のあまり反省や熟考をおろそかにするようであってはならない。

したがって，私たちは，この本の目的として，教育的な意図も持とうと思う。現実をはっきりと理解させ，舞台裏を見せようと思う。

良い監督が必ずしもトップで終わるとは限らない。ポテンシャルの低いチームを率いて15位で終わってしまうかもしれない。しかしそれは彼がそのチームからエキスを引き出したからこそ，なし得たことなのである。

私たちは，あらゆるレベルのコーチを助けたいと思っている。全てのことに解答を提案するつもりはない。私たちにできることは，他の監督の経験を伝え，読者の皆さんが自分自身のアクションを反省する手助けをすることである。

今日では，試合の勝利は，非常に細かい部分で決まる。これは誰もが興味を持つ部分である。本書は，コーチの仕事に現実に存在する困難を明らかにし，時に重荷となることもある日々の仕事の現実に触れさせ，サッカーという競技で要求されることをより良く理解してもらうことを目的としている。

緒言 by ミシェル・プラティニ

　コーチなら誰でも，いつか代表チームを率いてみたいと思うであろう。あるいは，自分にはその力があると思うかもしれない。しかし，その前に，どんなレベルであれ，クラブで実績を積むこと，自分の能力を示すことが適当であるように思う。「クラブを求めるコーチ」は数年前からむしろ増加傾向にある。

　サッカーに関しては，実際のところ，成功のためのルールはない。ただ，細かいことがたくさんある。コーチはそれらを知っておくべきであり，できる限り賢明に考慮に入れることができるようにすべきである。それでも，勝った時にはやってきた全てのことが良かったことになるが，負けた時にはそうではなくなる，という真実は残る。

　私はクラブのコーチをしたことは1度もない。代表チームのセレクターの仕事はクラブのコーチの仕事とは多少異なるものである。しかし私は，あらゆるレベルのサッカーの現場を知る機会を得た。私は古い本から何かを学ぶという方法はとらなかったが，だからといって全ての本を否定してはいない。

　そこで私は本書を薦めたい。本書はサッカーそのものであり，具体的で信頼するに足るものだからである。現役のコーチ，将来コーチになる人たちが，この仕事に関わる問題をより良く理解するのを助けることができるものだからである。

　一人一人がおそらく自分の心の中で自分の真実を持っているであろう。それでもやはり，他者の経験を知ること，彼らのオプションを知ること，彼らの習慣を知ることが，不可欠であると私は思う。まして，それがサッカー界で真価を認められたプロのものであるならばなおさらである。この本には，最も定評のあるコーチたちの中から約20名が協力し，著者らの質問に回答してくれた。このこともまたさらにこの本の価値を高めていると思われる。

　ジェラール・ウリエは私のよき友人である。フランス代表チームの仕事も共にした。彼は非常に有能であり，一般論に陥ることなく，その試みの全てにおいて有効性を発揮している。ジャック・クルボアジエは，かなり前からテクニカルスタッフの一員となっている。フランスのコーチング・ライセンスを保持したコーチたちは皆彼を知っていて，実際に世話になったことがある。本書は，

彼ら2人の努力によるものであり，期待通りの質の高いものとなった。

　成功したいと思ったら，あらゆるチャンスを自分の側につける必要がある。コーチは，厳しさ，闘争心，勇気を示し，チームの最大限の能力を引き出すことができなくてはならない。人は1人で全てを見つけることはできない。あるいはそうしようと思うと相当時間がかかる。本書からは，実践的なアドバイス，たくさんの有用な指標を得ることができるであろう。もしもあなた自身がコーチではないとしても，この本を読めば，コーチの仕事やそこに要求されることについて，明確にイメージすることができるであろう。

　フランスサッカーのレベルアップを促進するものは全て関心を向けるに値する。少なくとも個人的に私はそれらに心を奪われる。我々のサッカーのレベルをさらに高めるには，コーチの能力の全体的なレベルアップが必要である。そして，クオリティーの高いこの本が，それに大いに貢献するであろうと私は思っている。

**フランスサッカーの
プロフェッショナル・コーチング**

目次

序 001

緒言……by ミシェル・プラティニ 002

はじめに 010

第1章……現代のコーチに要求されること 013

時代毎の価値 014

プレーヤーの一般的特徴 015
年齢 015
活動の短さ 015
1つのクラブに所属する期間の短さ 016
チーム内のステータスの多様性 016
個人主義 017
ナルシスト的な面 018
ライバルとパートナー 018
強い性格／不安を抱く性格 019
攻撃的な気性 021
「根っからの勝者」 021
現状に満足しない 022

コーチに必要な能力(資質)とは何か？ 023
専門的な能力（プロフェッショナルな部分の要求） 023
パーソナリティーの能力（人格的な要求） 025
知的戦略の能力（機能上の要求） 037

コーチの仕事の基本的要求は何か？　040
結果を出すこと　040
チームを進歩させる　042
モチベーションの問題に関して高い能力を示すこと　043
環境のあらゆる面を考慮に入れること　044

第2章……コーチの日々の仕事　049

目標を明確にする　051

セッション　052
一般的注意　052
いくつかの指標　056
いわゆる厳密な意味でのセッション　061
トレーニングセッションにおけるモチベーション　065
トレーニングセッションの評価　067

グループのマネージメント　068

話し方　077
試合前　077
ハーフタイム　084
試合後の批評　087

試合とそのマネージメント：試合中やロッカールームでの振る舞い方　090
試合前、試合中　090
試合後　093

年間、週間のプログラミング　095

移動のマネージメント　097

シーズン開始時、新しいプレーヤーを迎える　098

第3章……特別な状況、困難な状況　101

特別な意味を持った試合にどのようにアプローチするか？
（フランスカップ、UEFAカップ等）　105

ストレスや重大な賭の前でまいっているプレーヤーをどのように
助けるか？　114

リザーブのプレーヤー、プレー機会の少ないプレーヤーをどのようにマネージメントするか？　124

プレスから攻撃を受けているプレーヤーにどう対応するか？　146

去りゆくプレーヤー、契約終了のプレーヤーをどのようにマネージメントするか？　151

スタープレーヤーをどのようにマネージメントするか？　158

危機的な時期、成績不振の時期をどのようにマネージメントするか？　171

プレーヤーとの対立をどのようにマネージメントするか？
（例えば自尊心を傷つけられたような場合）　190

自己評価の能力がないプレーヤーをどのようにマネージメントするか？
（自分を過大評価するプレーヤー、あるいは過小評価するプレーヤー）　198

どのように自分のリフレッシュをしていくか？　205
　マネージメントの方法／モードの衰えへの対応　205

プレーヤーレベルに過剰に干渉してくる会長をどのようにマネージメントするか?　214

今日のコーチに最も重要な要素は何か?　221

第4章……モチベーションのコントロール　235

プレーヤーのモチベーションを高めるものは何か?　239

プレーヤーのモチベーションを下げるものは何か?　248

プレーヤーのモチベーションの明らかなサインとなるものは何か?　252
　ポジティブな態度　252

具体的にはどうしたらいいか?　255

モチベーション戦略　257

メンタル面をトレーニングに取り入れる　268

第5章……人間関係のマネージメント　275

会長、フロントとの関係　276

プレミアディビジョン（1部リーグ）のクラブのフロント、会長の意見　283

プレスとの関係　288

スポンサーとの関係　297

地域の要人との関係　297

クラブの他のテクニカルスタッフとの関係　298

アシスタントコーチとの関係（プロクラブで）　299

レフリーとの関係　300

レフリーの意見　301

第6章……各カテゴリー担当のコーチ　307

プロのコーチ　308

育成センターのコーチ　311

アマチュアクラブのコーチ　314

ユースチームのコーチ（13～20歳）　316

年少のカテゴリーのコーチ（サッカースクール、13歳以下）　318

終　章……コーチ：行動する人　323

訳者あとがき
by　小野 剛　332

装幀＆章扉デザイン：中村友和（ROVARIS）
カバー写真：©スタジオ・アウパ
各章写真提供：©スタジオ・アウパ（1・3章）
　　　　　　　小野 剛（本扉・2・4〜終章）

はじめに

　多くのコーチはあまり読書をしない。時間がないとか，読書の習慣がないとか（なくなったとか），あるいは仕事にあまりに打ち込んでいるために読書をする余裕がないとか，そういったことを理由にして本を読まない。たとえそれが自分の日々の仕事に関係のあるものであってもである。

　このことはコーチでなければわからない。コーチがチームに100％を賭ける時，仕事に没頭するあまり他のことを考える余裕がなくなってしまうのだ。

　日々の問題についての解答は，本の中からは得られないと思うコーチも多い。おそらくそれは正しい面もあるだろう。個人を完璧にしたいと思う場合，それには様々な方法があり，様々なやり方で解決することができる。

　初めから読書をためらうような人に本を読ませようと思うのは無謀なことである。この本は，自分の仕事をより効果の高いものとするために参考となる本を参照しようという習慣があるコーチに向けたものである。

　私たちはこの本の中で常に，コーチが日々の生活の中で**実際に直面する具体的な状況**を取り上げている。

　解答が全て必ずしも現場から出されるとは限らない。時には理論を参照することで実践に役立つ効果的な視点が得られることもありうる。

　私たちはあらゆるレベルの読者を対象とした**わかりやすい本**になることを望んだ。直接要点に触れたいという人たちの期待に応えるために，各章や重要な段落の最後に，「まとめ」を箇条書きで示した。また，重要な考え方を太字を使って示したことで，あまり時間のとれない読者にも満足していただけるのではないかと期待している。

　確かにまずは現場の経験から出発しなくてはならない。これは基本的なことであり，不可欠なことであるが……しかし同時に，それだけでは不十分あるいは不完全である。日々の活動から獲得される知識は，確かにかけがえのないものであるが，それでも決してそれで十分ではない。高いレベルの習得というものは，新たな知識から適切な解決法を見つけだしていくものだからである。毎日，思いつきで行動し曖昧な結果ですましてしまうようなことは避けなくてはならない。常に理論的な分析と日々の実践とを，両者に上下を付けることなく行き来することで，実りのある行動指針をうち立てることができるに違いない。

実用主義でも経験主義でもなく，かといって理論主義でもない。今日，コーチの仕事をしていくうえでは，個人の経験という観点からしっかりした基本が必要であると言われている。また同時に，使える知識を得てそれを適応することも不可欠である。

　LegerのテストやCooperのテストは，ある特定の時点におけるプレーヤーの能力を個別化したいという関心に対応するものである。今日では，これらやその他の補助的な正確な指標を与えてくれる手段なしにコーチングを進めることはできない。これらは現場の人間に，常に信頼性の高い指標を与えてくれる。このような生理学的な成果は価値あるものであるが，それと同様に，他の科学や知識の領域にも価値がある。つまり，チームの指導に関わるあらゆる領域が，注目に値する価値を持っているのである。他の活動領域（商業，工業，実業界等）に見られる継続的な育成の考え方は間違いなく有効なものであり，サッカー界にも同様に適用する事ができるものである。

　そのことに早く気づかなければ，いずれ必ずその報いを受けることになるだろう。自分のアクションのあらゆる面を考慮する必要性をあくまでも否定する人や，自分自身の経験や勝利のことしか考えない人，明日はあなたたちの番である。

　チームの団結を高める能力があるということ，あるいはチーム内に生まれる対立をマネージメントできる能力があるということは，ボレーの蹴り方の説明ができることと，少なくとも同じくらい重要なことであるように思われる。メッセージを伝えることができること，自分の仕事の価値を高めることができること，交渉することができること，コミュニケーションの能力を持つこと，これらは今日私たちに不可欠な切り札である。

　私たちは皆さんと共に，コーチの役割に関わる問題に，この仕事のいかなる面も省くことなしに，取り組んでいきたいと思う。フランスサッカー協会のテクニカル部門で行われている育成のフィロソフィーは，この面を十分に考慮しており，あらゆるレベルのコーチのあらゆる領域における多様な能力を向上させる取り組みをしているのである。

　絶対に不可欠な第1の知識は，間違いなく，**サッカーのあらゆる面の知識**である。次に，その知識を伝える能力の改善に時間をかけなくてはならない。自分が何かを知っていても，それを伝えることができないのならば，いくら傑出

したスペシャリストであっても何の役にも立たない。

「コーチの資質の向上」——これは，チームの育成段階の2つの主要な目標の内の1つである。この向上は，安定した精神状態，常に完璧と効果性を求める意志があって初めてなされるものである。これは，個人的な体験や経験，また，応用可能なあらゆる分野の観点（他者の経験から得られた知識，スポーツ心理学，マネージメント，教育心理学等）を基盤とするものである。**絶え間ない努力**によってこそ，コーチはより一層の信頼性を確立し，そして自分が元々持っていた運を越えて，成功の最大限のチャンスをつかむのである。

私たちは，プロやアマチュアのシニアチームのコーチたちも全て本書の読者対象と考えている。競技に関わる拘束や束縛で時間のほとんどをとられているようなコーチたちである。そしてまた同様に育成やユースチームのコーチも対象である。彼らの仕事の難しさはまた違ったタイプのものである。あらゆるケースで，環境の管理，モチベーションの問題，トレーニングの方向付けが共通のテーマとなる。これらの分野全体に私たちは取り組んでいくつもりである。

「コーチの新たな特徴」——これは，ますます競争が激しく厳しくなってきている時代の要求をそのまま反映している。**完璧を目指し，究極の「プロフェッショナリズム」に挑戦してきた人**にしか，場は残されていないのである。

「プロ」であるということ——それは単なる身分の問題ではなく，まず何よりも取り組みの姿勢の問題である。競争の激しい分野では，絶対に遅れたままでいてはいけないし，自分の能力を伸ばしうるものを無視していてはいけない。どんどん後退していくのに任せ，その日暮らし，その場しのぎで，同じセッションを際限なく繰り返し，進歩を拒否すること，それは，自分の信用をひどく損なう危険となり，それに伴った結果が待ちうけている。

「コーチの新たな特徴」——それは明らかに，新たな挑戦へと立ち向かっていく人であるということである。**現実主義，自信，冒険，献身，一貫性，聞く能力，決断力，指導力，認められた能力**。数ある要求の中でも，特にこれらを私たちの考察や提案のテーマとする。その目的は，各自が自分の効果性を高めようとするのを助けることである。

第 1 章

現代のコーチに要求されること

時代毎の価値

　全ては進化していく。時代毎に特別な価値が生み出され，明らかに進化していく。権威者の特徴を例にとってみると，企業やあるいは家庭レベルでも，交渉や対話が以前よりも一層重要になってきている。それはスポーツ界でも同様である。コーチはもはや「俺の言うことを聞け，俺の言ったとおりにやれ」と言うだけでは通用しない。こんなやり方で自分の考えを押しつけることなどもはやできないのである。

　もっと精密に戦略を計画しなくてはならない。これは，個人の利益や関心を考慮すること，交渉すること，そして決断することに関わる非常に重要な部分となる。

　マネージメントのスペシャリストが，企業内の利益を引き出すために「コーチング」の効果に関心を持つ場合，いくつかの指標を定めてみることが重要であると思われる。それらは時代の要求と言い換えることもできる。「プロ化」に伴って必然的に起こった変化に注目してみよう（これにはノンプロも含まれる）。これらは，有望なタレントを育て，個人の能力の成長や発揮を無視したり制限したりすることなしに，プレーヤーやチームをより効果的にマネージメントしようという意志によって実現される。目標は，プレーヤーの能力を増大させ，高めることにある。

　非常に複雑でしかも新しい面を持つ問題に，決定的な対処をしようとするのは，確かに難しいことである。しかし，一つの問題を意識すること，それは既に解決に向けての第一歩である。

　コーチの特徴を長々と論じる前に，この章のイントロダクションとして，プレーヤーに見られる心理面の特徴について触れておいた方が良いだろう。コーチの仕事は，ゲームに関する活動である。そしてそのゲームは，他の人間，すなわちプレーヤーがプレーするものである。したがってそのためには，プレーヤーについてできるだけ完全な知識を持っていることも必要である。

　人格的な個人差を越えて，プレーヤーというのはどのような人間なのであろうか？　その特徴は何なのだろうか？　その一般的な特徴に関して，何に注意すれば良いのだろうか？

プレーヤーの一般的特徴

年齢

　一般的には，大体20〜30歳辺りの個人が対象となる。彼らは，ゲームに関わる活動を実行するという点が強調された，**ある意味，未成熟な人間**であると言い換えることができる。

　プレーヤーは大きな子どものままである。ただ，それは必ずしも悪い意味ではない。サッカーのプレーヤーは何よりもまずプレーヤーであり，ゲームをゲームとして，挑戦として，賭として愛するのである。プレーヤーの中には例えばトランプなどが好きなプレーヤーも多く，これが試合前の長い時間のお気に入りの暇つぶしの一つになっている。

　この面を考慮すれば以下のようなことを理解することもできるだろう。彼らは負けた時にすぐに結果を忘れ，そのことをあっさりと受け入れてしまい，気楽な態度をとることがある。それを見てフロントは苛立つ。しかし，正にこの忘却の能力，今を生き，過去の敗北に動揺しない才能によって，3日後にはもう次の試合を闘うことができるのである。

　今のこの瞬間に生きる行動者であるプレーヤーは，今やっていることに完全に打ち込む。

　また，プレーヤーは**物事を白紙に戻す能力**を持ち，ゲームの現実に非常に密着している。そこでは決定的なものなど何もなく，勝利と敗北に常に新たな挑戦が続き，前に獲得したものがどんどん塗り替えられていく。個人レベルでもグループレベルでも同様である。

活動の短さ

　スポーツ選手は一般的に，おそらく最も早く老化現象を悟る者たちであろう。「35歳はもう年寄り」なのである。**キャリアは非常に速く過ぎ去る**。20歳の人，25歳の人，30歳の人それぞれのモチベーションを分けて考えてみると，この活動の大きな特徴が明らかになる。

　プレーヤーに要求されること，あるいはまた各プレーヤーの個別の目標は，

プレーヤーの年齢によって変わってくる。例えばサインする契約のタイプも違うし，これからプロでいる年数も異なる。

1つのクラブに所属する期間の短さ

現在ではあらゆるクラブ間で頻繁に移籍があり，また同じ時期に相当数のプレーヤーがいることで，1つのクラブに所属する期間が短くなってきている。そのことで，伝統的なクラブの精神というものが，もはや通用しなくなってきたことが，ここ数年で明らかになってきている。したがって，プレーヤーを動かすためには，別の原動力を見つけ出さなくてはならない。「クラブの精神」というものは伝統的に，契約としてもメンタル的にもそのクラブに相当長く関わるプレーヤーが抱くものなのだ。

1つのクラブへの所属をほんの2～3年しか保証されていないプレーヤーは，次のシーズンにはもう共有しないことがわかっている目標にエネルギーを使うよりも，次のチームを見つけることに集中する。それにもかかわらず，幸いなことに「真のプロ」というものは，契約の最終日まで非の打ち所のない態度を示すものである。但しこれが必ずしもプレーヤーの大部分を代表しているわけではない。したがって，**つかの間の一時的なロジックの中にある個人に対しては，何か特定の価値をよりどころとさせるような戦略を採るべきである。**

チーム内のステータスの多様性

各プレーヤーは，チーム内でそれぞれの地位を持つ。それは年俸や明らかなアドバンテージという，はっきりとした形で現れる。

精神的リーダー，技術的リーダー，社会的リーダー（キャプテン）は，大抵の場合，コーチと選手との間をとりもつ存在となるが，人によって機能の仕方は異なる。ゲームで与えられている役割が特別であったり，仲間への影響力を持つということは，コーチとの関係が特別であることを意味する。何よりもまず，**各自と個別の関係をうち立てる**手腕が重要である。但しその際には，「こうすれば優遇されるようになる」といったような感情を誰にも抱かせないようにしなくてはならない。

個人主義

　サッカーは**チームスポーツであるが，その中で各自が自分のためにプレーする**。すなわちもっと直接的な言い方をすれば「個人主義者によってプレーされるチームスポーツ」なのである。

　これは必ずしも否定的な意味で言っているのではない。もしも各自に自分自身の利益がなければ，集団やチームの力を高めさせるのに役立つものなど何もない。ましてや，「集団の力」自体が人を十分に引きつける魅力を持っていた一時代前を振り返ってみても，何の役にも立たない。黄金時代の神話はもはや神話に過ぎないのである。

　今日のプレーヤーの個人主義は，社会の反映でもある。社会は集団の利益を賛美するが，実際のところ，最も効果の高い動機は，各自の個人的な利益を考慮に入れたものなのである。各個人の多様な利益を犠牲にすることなしに，集団の利益を前面に置くことができること，各自の目標を理解できること，グループの効果性を落とすことなしに個人の目標を考慮することができること，これらがチームを良く機能させるためのキーとなる。

　トップレベル（インターナショナルレベル）では，全てのコーチが，集団を強調し，各自がそれぞれの仕事に参加すること，個人の利益よりもチームを優先させることの必要性を前面に置いて強調するが，おそらくそこに難しさがある。特にフランスでは，タレントプレーヤーはとかく個人的に目立ちたがり，余計な動作，動作のための動作を付け加えたがる傾向にある。チームの効果性というものは，チームメイト一人一人から贈られる，下心も計算もない，互いの努力を記憶することさえないような贈り物なのである。

　各コーチはそれがわかっていて，1年中それを繰り返す。それでも，このメンタリティーを生み出させ，さらにそれを持続させるような状況を作り出さなくてはならない。

　各プレーヤーについて，彼らの行動を導いている主要な原動力を深く知ることによって，効果の高い戦略を立てるための手がかりとなるであろう。

ナルシスト的な面

　プレーヤーは一般的に，非常にナルシスト的な面を持っている。また，プレーヤーはいつも，コーチが自分のことをどう思っているのかを知りたがり，保証やポジティブなフィードバックを得たがる。
　家族や友人は好意的な関心を寄せ，同じような役割を果たす。しかし場合によっては現実のパフォーマンスとのずれを生じ，それがコーチとの対立の原因となることもある。限度を決めた上で，この事実を受け入れるようにすべきである。
　あるスター選手たちは（あらゆるレベルで），時々，スターの気まぐれを自分に許してしまう。フロントもコーチも，スキャンダルや物笑いの種になることをおそれて，誰一人としてそれをとがめない。こうした場合，もしも他のプレーヤーやコーチへの尊重が踏みにじられるようであれば，今いくら妥協したところで将来的に期待した結果など絶対にもたらされはしない。
　「スタープレーヤー」に与えるべき定義については，後でまたあらためて扱うが，チームの作業効率にネガティブな影響を与えるような対立は避け，「普通の」状況の中で働くことができるような**スタンダードを定めておくこと**が望ましいと思われる。

ライバルとパートナー

　パートナーは，そのポストによっては，同時に潜在的なライバルでもある。プレーヤーが試合に出ない時，チーム内で自分の位置を失った時には，真のドラマを経験することになる。
　同じ資格を持つ2人の外科医がいると仮定しよう。そのうち手術ができて病人のためにその能力を発揮することができるのはどちらか1人だけである。その場合，もう1人は自らの能力を発揮することができないのであり，それはおそらく耐え難いことであろう。これはプレーヤーの場合も同じことである。試合に出てプレーしないプレーヤーは，たちまちのうちに「いない人」「知られない人」になる。そのプレーヤーにとってはトレーニングはもはや合目的性を持たない。なぜならもうそれ以上のレベルの向上やプレーの発揮ができないか

らである。

　特別なケースを除いて（育成の最終段階のユース，よく考えた末にリザーブの立場を受け入れたプレーヤー，あるいは受け入れるだろうと思われるプレーヤー），距離を置かれることを失墜のごとく認識し，自己イメージが悪化し，自分の最高のパフォーマンスも生み出せなくなってしまう。そうすると，コーチが後から，そのプレーヤーをはずした判断はやはり正しかったと容易に正当化することができるような事態となる。そのプレーヤーは，自分の存在に烙印を押され，最適な方法で自己表現をすることができず，自分をけなした者たちが結局は正しかったという証拠を与えてしまうのである。

　逆もまた正しい。すなわち，信頼を受けた者は自分が高められたと感じ，その期待に応えていくことがしばしばある。

　常に競争の中に身を置くことによってポテンシャルをかき立てる選手もいれば，長期的な保証で安心させることによってより良いパフォーマンスを発揮する選手もいる。大切なことは，個人をよく知り，その上で最適な方法を採ることである。

強い性格／不安を抱く性格

　以上考えてきたことをまとめてみると，プレーヤーの中にはある種の心理的もろさを示す者がいる。「～しさえすれば」の哲学は，多くの競技者に特徴的にみられるものである。

　「それがうまく自分のところに回ってきさえすれば…，怪我さえしなければ…，最初のボールをうまくさばいて落ち着くことさえできれば…」

　試合前夜はこんな思いで頭がいっぱいになっている。試合前のプレーヤーやチームは，安心と迷い，うまくできるという確信と失敗するのではないかという不安の間で揺れ動いているのである。

　この潜在的な不安は，時折，プレーヤーに「安心したい」という欲求を引き起こすことがある。これは変わった形をとることもある。例えば，縁起を担いだり迷信を信じたりして試合前に特別な食事をとる等といったことである。これらは全く科学的ではないのだが，それでも不安になったプレーヤーを一時的に助けることができるという面はあるようである。アフリカのプレーヤーは，

母国の文化や習慣（多様な信仰）により，神話の類により依存する傾向が強い。

　一般的にエリートプレーヤーは静寂を求める。自分の利益を守ることが仕事の一部であり，それは普通のことである。しかし，交渉や契約更改の時期になると，パフォーマンスが低下する場合がある。プレーヤーはしばしば困惑し，モチベーションには影響を受けないものの，外的な問題にとらわれ，そこから解放されることができない。思考やプレーの柔軟性を失わないために，これらの心配や不安から解放される必要があるプレーヤーは多い。

　非常に良いプレーヤーは，行動はかなり習慣的で普通である割に，性格が非常に強固である場合が多い。

　能力の高いプレーヤーは，メンタル面が非常にしっかりと安定していて，また自己評価の能力が高い。高い地位を得るほど自分の特徴を発揮することができ，また一時期逆境にあっても立ち向かっていくことができるのである。

　このポジティブな面には，残念ながら裏面もある。例外的な能力を持つプレーヤーは，場合によってはあまりに自信過剰で，自分の優位を確信しきっているので，ほんの少しの批判にも耐えることができない場合がある。そのためパフォーマンスが低下した時には本人がそれを認めたがらないため，扱いにくくなる。これは，キャリアの終盤にさしかかったプロプレーヤー，知的レベルが中位で自己評価の能力が大きく平均を下回るプレーヤー（実際にいる…）に特に多いケースである。

　ただしこれは何もプレーヤーだけが悪いわけではない。しばしばコーチはチームの「スター」に対し特別な配慮を示す。パフォーマンスをとりあえず高めるため，あるいは責任転嫁の目的で，甘い言葉をかけ，自分の能力に対し高いイメージを持つよう励ます。それがメンタル面がもろく，お世辞に敏感な者に対してであれば，すぐに先ほど挙げたような問題に至るであろう。最も厄介なケースでは，自分自身のさしあたっての利益のことしか考えられないようなリーダーに対して，コーチが人質のような立場となってしまい，そのようなリーダーに対して全てを譲ってしまうこともある。

　偉大なプレーヤーは，**謙虚さ**も持ち合わせている。そのようなプレーヤーは，自分自身の進化に対する鋭い意識を失わない。これは真のタレントの証である。

攻撃的な気性

より高いレベルへと上っていくプレーヤーは，**非常に高い攻撃性**を示す「勇猛果敢」な者たちであることが多い。

ただし，この攻撃性は正しい方向に向けられていなくてはならない。すなわち，チーム力を発揮するにあたってプラスとなるような個人のパフォーマンスに役立つべきものであって，その機能を損なうものであってはならない。

この攻撃性は，場に対する反応に過ぎない。場それ自体が攻撃的でストレスを与えるものなのである。特にプロレベルでは，外的な脅威が個人にとって重圧となる。相手は正に，自分が得られるはずの満足を奪って勝とうとする者に他ならない。2人の相対する対戦者にとって，両者共がこの勝利を特に強く望んでいる場合，敗者の心痛に匹敵するものは，勝者の（たとえつかの間のものであっても）無限の幸福以外にはない。

「根っからの勝者」

これこそ正にコーチが望むものである。偉大なプレーヤーの特徴の一つ，それは他者より勝りたいという願望である。

負けることを拒否すること，敗北への嫌悪，**勝ちたいという非常に強い意欲**，これが全てのゲームやチームの生活のあらゆる状況に現れる。プレーヤーの中には，簡単に周囲の状況に流されてしまい，あまり頑張り通すことができない者もいる。より優れていて，自らが身をもって他のプレーヤーを引っ張っていくことができるような者たちは，決してあきらめず，敗北や，「負ける」という考えさえ受け入れない。全てがモチベーションを高める方向に作用する。プレスに対抗し，場合によっては，（一時的にでも）考え方が合わなくなっているコーチに対抗し，また，昇給を拒否したばかりのフロントに対抗してプレーしたりもする。

毎試合，相手が強かったり，自分が特別な責任を負っていたりして，厳しい状況の中で反撃の機をうかがっているような時にも，そのようなプレーヤーは，より高いモチベーションを持つためのしっかりとしたベースを持っていて，勝ちたいという欲求もさらに強化されている。

現状に満足しない

　フランスのシステムでは，プレーヤーはステップや段階を次々と越えていくようになっている。

　まず，一つ目は育成センターに入ることである。次はそこにとどまること，そこで研修期間を過ごすこと，そしてプロのプレーヤーとしての最初の契約を結ぶことである。その次の目標はレギュラーになること。さらに，インターナショナルレベルになってきたら，より良い条件の別のクラブに移ることである。

　これらは全て当然のことのように思われるかもしれない。しかし，その都度の到達ポイントとなる中間の目標は，そこに到達した時点で，それぞれ次の段階への出発点としてとらえるようにしなくてはならない。フランスのスポーツ界では，サッカー選手に限らず，インターナショナルレベルになったことに満足してより高い野心を持つことをしないプレーヤーがいることは良く知られている。

　どんなレベルであれ，より高い方向に向かおうとする者たち，レギュラーであることに満足せず，自分自身に**より高い目標**，自分自身が最も良いことができる高さの目標を設定しようとする者たちをチーム内に持つことが望ましい。

　以上が，プレーヤーに見られる特徴をまとめたものである。

　コーチの役割が，**個々のタレントをまとめ上げる**ことである以上，コーチは，個人の関心が寄せ集められた，集団の関心に関わる（唯一それができる）責任者である。個人のモチベーションとチーム共通の目標を一致させること，個人の管理を常にグループのアプローチで行うこと，またその際に今挙げてきたプレーヤーの特徴的な性質を考慮に入れることで，このデリケートで複雑な任務を遂行することが可能になるであろう。

　これらは必ずしも全てがはっきりと起こるものではないため，コーチには状況判断の能力と微妙な戦略を練り上げる能力が必要とされる。これらについてはまた後で触れていくことにしよう。

コーチに必要な能力（資質）とは何か？

　コーチとは，専門的な能力，パーソナリティーの能力，戦略的知性の能力を持つ者である。

専門的な能力（プロフェッショナルな部分の要求）

　コーチは現場だけの人間ではないが，まず何よりも現場の人間である。コーチには，何よりもまず第一に，専門家，サッカーのスペシャリストであることが求められる。

専門能力（テクニカルな部分の能力）

　サッカーのあらゆる側面を知っていること，試合を分析できること，チームの効果性を修正するためのポイントをすぐに見つけることができること，ゲームをプレーヤーよりも素早く読むことができること。これらが第一の基準であり，ベースとなる能力である。クレジットとして元々持ち合わせている資質を，経験と共にみがいて実を結ばせていくのである。

　そのため，指導者としての養成を受けた後には，できるだけ早く経験，実践を積むことが重要である。そうすることによって，専門的な知識，鋭い目，専門的能力，パートナーと共に尊重し合っていく基盤が獲得しやすくなる。

　たとえ他の関連領域で抜きん出ていたとしても，優れた柔軟性を持っていたとしても，自分のイメージばかりを大切に育てていたとしても，あるいはプレーヤーの些細な問題に一生懸命耳を傾けてみたとしても，それだけでは不十分である。コーチがサッカーに関する知識の面で劣っていたら，その権威はすぐに失われてしまうだろう。感情面だけでは限界がある。

　私たちはこのポイントを重視する。能力は段階を追って，第一歩から始めなくてはならない。最も重要なことは，できる限り丁寧に，できる限り鋭くサッカーを知ることである。

その他必要なクオリティー

　次に，その他のキャパシティーがいくつか挙げられる。これらも不可欠なも

のではあるが，サッカーの知識がなかったり不足していたりしては，何の意味もなさなくなるものである。

　サッカーの知識を獲得したとして，次に，**知識を伝える能力**が重要であることを確認しておかなくてはならない。これは指導者の養成研修でも習得されるものではあるが，自分でその部分をさらに高めようとするオープンマインドな姿勢があれば，日々の実践の中でさらに磨きがかかっていく。一人一人が自分なりのやり方，自分なりの伝達スタイルを持っている。この知識の伝え方が実際にチームを動かしていく原動力となる。

　知識を伝えることには，**再検討**，反省，自分の経験と他人の経験の対比（より高い地位にある同僚，海外のコーチの経験を参照する），常にあらゆるレベルで効果性を追求すること（トレーニング，試合のマネージメント，回復，メディカル部門，食事，生活，移動のマネージメント等）が含まれる。人は常に，より豊富な経験を持っている人，同僚やあるいは何か専門的な領域のスペシャリストから学んでいく。そしてそこからサッカーへの応用を得る（例：コミュニケーション，マネージメント，心理学等）。また，これとは逆に，特に現役プレーヤーとしてのキャリアの間に，ネガティブな要素（すべきでないこと）を意識するようにする。そうして学ぶことで自分が後から同じような問題に出会った場合，より適切に対処できるようになる。

　昔のコーチたちに見られる良い点は取り入れながら，また平凡で効果がないと思われるものは厳密に却下しながら，自分の哲学をうち立て，オリジナルで高性能の行動指針を徐々に作り上げていくことが重要である。したがって，専門的能力は，知識と，養成の間に獲得した資質，多様な経験，そしてその再検討によって創り上げられていくということである。現状に満足せず，常に進歩を受け入れなくてはならない。他のプレーシステム，他の方法に目を向けることを受け入れなくてはならない。そして，さらに革新的な実践を切り開いて行かなくてはならない。

　コーチの話すことに説得力があり信頼性があれば，プレーヤーは信頼感を抱きモチベーションを高める。この条件が満たされて初めて，自分に与えられた仕事が全て意味を持つようになる。プレーヤーが進歩するためには，この確信を持てることが必要なのである。

　逆もまた真である。プレーヤーが自分の責任者の提示するオプションを疑い，

同時に自分に要求されたことにあまり打ち込むことができなかったら，何もできはしない。

　勝つことができるのは，コーチの考えがプレーヤーの考えと一致した時，あるいは，たとえその考えのほとんどが元々コーチのものであったとしてもプレーヤーが自分自身の考えを守っていると感じることができた時である。コーチの専門的能力は，初めから異なる11通りの考え方を集め，それを全体の賛同が得られるように一つにまとめ上げることである。コーチはその**優れた専門能力**によって，個々の考え方を優越しつつ一つにまとめ，反対意見を超越しつつ全体的なまとまりを促進していく。

　自分の能力を押しつけるのではなく，他者に見せつけるのでもなく，要素を持ってきてそこから別のものを生み出し，自分の分析とスタイルによってプレーヤーの特徴やチームのクオリティーにうまく適合した専門的なメッセージを示すのである。これは，コーチの判断が効果的で，チーム全員の目にそれが良い判断であると思われた時に成功する。

　人はものを知れば知るほど自分が何もわかっていないことに気づく。これはどんな分野でも言えることである。しかし，このように永遠に完璧を追求し続けることが，今日の責任者，決断者に不可欠なことである。彼らにはさらに進歩するより他に選択肢はない。常に進歩を探求し続けるしかないのである。

パーソナリティーの能力（人格的な要求）

　ここで何かをモデル化して提示しようなどとは少しも思っていない。コーチには理想的な特徴などというものはないし，成功するために唯一のやり方というものもない。しかしながら，人としてのクオリティーが常に重要であることは確かである。プレーヤー，プレーヤーが持っている知識，プレーヤーのモチベーションに関心を持つことで，プレーヤーの生産性に影響を与えることができるのである。

リーダーであること

　リーダー，それは導く人，自分と共に率いていく人，である。「地位」によってではなく，説得力や人間的な影響力によって，自分で模範となり，また信

念を伝えることによって，他者を導いていくのである。そしてまた，何かがうまくいかない時，グループ内に迷いが出たような時に，ガイドとなる人である。

この**影響力のクオリティー**（生まれながらのリーダーのクオリティー）には，各自のパーソナリティーによって，様々な形がある。したがって，リーダーとは，特別な才能を持つ人，まとめる人，自分のメッセージを共有させる人，同様にある意味でモデルとしての側面を持つ人である。そしてまた，何かをもたらす人，なくてはならない人，グループの調和の絆をなす人である。

独裁者的なスタイルは，ひと昔前であれば通用していたかもしれないが，永遠に変わることのない普遍の行動基準にはもはやならない。今日では，ガイドや指示対象としての側面の方がより適合しているように思われる。真のリーダーとは，他者に必要とされる人であって，自分の考えを何としてでも押しつけるような人ではない。

グループを生み出す力

コーチは**まとめる人**であり，統合を意図し，ダイナミクス，影響力，団結を生み出す人である。グループは，活力を与える何かを持ち，同時に安定させる何かを持つ。それが，集団をつなぎ止める留め金の役割を果たす。

さらに，「暗黙の了解」として現れる面もある。これがグループの歯車の潤滑油となり，ストレスのムードを鎮める。これによってグループの内部に何らかのバランスを生み出すのに貢献し，困難な状況の中でも最適な方法で機能し続けることができるようになる。

この暗黙の了解，結託は，プレーヤーが様々な形で認識しているものである。例えば大勝利をおさめた時に，服を着たままのコーチに水をかける。これは彼らなりの表現であり，また同時に，プレーヤーがコーチに対して抱いている愛着，相手を良く知ろうとする気持ち，認めようとする気持ちの表現であり，勝利の中の魅力的な一部分となる。ある者たちはこのタイプの行動を非常に積極的に行い，コーチのためにグループへの愛着を示す。

聞く能力

聞く能力が必要であるというのは，企業の最高責任者たちの共通点である。これはこの時代の重要な能力の一つとなっている。人の話を聞くことによって，

常に注意を向け，それによって，各自に固有な基本的な原動力をよりよく理解し，場合によっては機能の低下が起こるのを予測し，また各自の独自性や情熱に基づいた推進力を促進させる。

コーチは，プレーヤーにとって，親のように年齢も違い，経験もより豊富である。そのため相手の話に対し，対話的な態度で接するようになることが多い（私はそれがどのようなものであるかわかっている，私もそうしてきた，君がそうせざるをえないのもわかっている）。説得力を持っている人は，押しつけるよりも好んで問いかけや提案の態度をとるようになり，1回で解答を与えることをしなくなる。

メッセージを控えることも，同様に，理解されようという意志やまとめようという配慮である。効果的に自分を表現することができないコーチは際限なくしゃべり続けるのが特徴であるが，能力が高い人のやり方は，それとは遥かにかけ離れている。ちょっとした繊細さとユーモアのセンスがあれば，コーチの意見に関心が集まるようになる。そこでコーチはより影響力を持つようになるであろう。

他人に影響を与えるには，まずその人のロジックに入り込み，それを受けいれ，理解するようにしなくてはならない。その上で初めてその人を進歩させることができるようになるのである。

イマジネーション

ある特定の障害を克服するためには，そのための特別な解決策を考え出すこと以外にない。それは常に，**予測すること，新鮮な風を入れること，見抜くこと**である。

人は，独特の複雑さを持つ一つの問題に直面した時，既にわかっていることに長く手間取っているわけにはいかない。極言すれば，問題と同じ数だけオリジナルな解決策があるのである。状況の特殊性に深く入り込もうとすることで，そこから意味を把握し，その根底にある状況を理解し，最適な対応を見つけるチャンスを得ることができる。

ルーティーン，決まったリズムや日常にどっぷりつかってしまったグループを革新すること，再び活性化すること，場合によってはその安定を覆すこと，これにはイマジネーションの能力が必要となる。ルーティーンのマンネリ化は，

無頓着でくたびれていて自分を新しくしていくことのできないコーチを襲う。
　つまり，昨日のクオリティーは，今日や明日の欠点にさえなりうるのである。癖やマンネリは，あらゆる説得力を失わせる可能性がある。
　一つ例を挙げよう。試合前の話の時に，これからコーチが話すことを予測し的中させて面白がって密かに笑っているプレーヤーがいた。これは同じことを繰り返しやりすぎているために起こることであり，自分のやり方やその効果を再検討しようとする努力の欠如に起因する。高性能で多様な形を常に追求していくことによって伝達が促進されるのである。

大胆に，リスクを冒すことができること
　ゲームはそれ自体が大胆さを要求するものである。
　コーチは，ゲームを愛する者，リスクを愛する者，そしてその面をプレーヤーに伝えることができる者である。
　ジャーナリストは，チームがアウェイの試合で負けないようにプレーし，スペクタクル性を殺し「ゲームをプレーしない」のを見て，不平を言うことがしばしばある。
　プレーヤーを厳しい戦術の枠に閉じこめて，創造性の可能性を抑えることは，プレーヤーそして観客の喜びを抑えることになる。幸いにして，偉大なコーチ（例えばバルセロナのヨハン・クライフ）の戦術のオプションは，結果を犠牲にすることなしに大胆さを特徴とし，一筋の光明をもたらした。今までは，神聖な「結果」という名の下に，臆病なコーチがプレーヤーを過度にディフェンシブで価値の低い枠組みの中に閉じこめてきたが，これからはバルセロナの例をどのレベルでもフォローしていくことを期待しよう。
　チームは何としてでも意気揚々と戦場へ出ていき，大胆さを示してみせなくてはならない。そのためには，コーチ自身が大胆さを持ち，それを伝えようと努力をすることが不可欠となる。
　大胆さ，リスクを冒すことを愛すること，意外性のあるゲーム性を取り入れることができること，それはサッカーで要求されることへの蓄えの一部となる。
　プレーヤーにフィールド上でリスクを冒すよう要求することは，相手のミスを待つのではなく誘い出すということである。それは必然的に，コーチ自身がそのような性質を示すことができるということである（イニシアチブをとるこ

と，重視する計画を具体化できること)。
　正にこの面を促進するような戦術オプションのトレンドが発達する時が来たのだ。

闘争心を示す
　この性質が本質的に認識されるのは，逆境にある時である。この時に人は自分の在りようを伝えるものである。
　逆境に直面した時には，3通りの態度がありうる。

－　運命と思ってあきらめてこう言う。「私には無理だ。」
－　言い訳を探す。審判，ツキ，その他の現象に関して。
－　黙って耐える。そして次に勝つチャンスを待つ。

　闘争心，どんな状況にあってもあきらめない意志の力は，真のリーダーの持つ性質である。究極の状況にある時，プレーヤーには，可能性を確信させ彼らを刺激し奮起させるような荒々しい決断にすがることも時には必要である。自分自身が恐れている人は，知らないうちにその不安を人に伝えている。反対に，どんな時にでも闘うことを好み，そこから抜け出そうという意志を持っていれば，極度に困難な状況にあっても立て直すことができ，不可能なことでも信じることができる。プレーヤーは絶対の結果を要求された時に，実際にそうとは表現しなくても，間違いなくコーチにこれを期待している。
　この闘争心は，人の心の奥深い部分にある性質である。最も良くないのは，自分自身がそうでないのにプレーヤーを納得させようとすることである。このような場合はネガティブな強化となる。メッセージの信頼性は，それを発する人の**内的な確信**に直接関係している。ありもしない闘争心を持っていることを「演じる」ことはできない。
　プレーヤーのトレーニングに対する取り組みは，それ自体，日々の任務に対するコーチの姿勢に影響を受ける。コーチが進んで取り組む姿勢を示せばそれが模範となり，プレーヤーの取り組みにも影響を与える。衝突も不平も出ないようにチームのトレーニングに対する取り組みを向上させられるかどうかは，コーチ自身の取り組みとキャパシティーによって決まる。「猛烈に頑張る習慣，

またはそれを強く望む習慣」とは，特殊な方法で身に付くものではなく，このような積み重ねによって身に付いていくものなのである。

勝者たること

これは言うまでもない。勝とうとする強い意志，負けることに対する嫌悪は，何よりもスポーツ選手特有の性質である。これは同様に，リーダーの特徴でもあるべきである。リーダーは，トレーニングにおけるゲームでも実際の試合でも敗北を拒否すべきであるということを伝える。

この性質は，日々育っていくものである。与えられた課題に対しそれを達成しようとする強い意志や，厳しい戦いの中で自分の最高のパフォーマンスを発揮しようとする意志の中から育まれていくものなのである。

自分のイメージ通りのチームを持つこと，それはプレーヤーに絶対にあきらめないことの必要性をうまく浸透させること，彼らが最大限の努力をする限り，その結果がどうであろうと彼らに最大の敬意を払うことである。

勝者とは，確かに勝利にこだわる者である。しかしとりわけ**自らとがめるべき点，後悔するような点を持たないようにしようという意志**，試合に勝つためには全てをしようという意志にこだわる者なのである。

完璧主義者であること

これはあらゆる責任者の宿命であり，当たり前のことなので，長々と説明する必要はないと思われる。

変化をしていくということは，個人のコンセプトが不安定であるということではない。自分のコンセプトを持ちながら，時には新たなオプションを組み入れようとする意志を表している。

これは，態度，精神の状態，現状に自己満足せず常によりよくしていこうという姿勢に関わっている。自分自身の価値をよくわかった上で，さらにその上に他の観点にも目を向けてみようという**探求心**を受け入れたものである。

これは，変化のための変化ではない。スローガンとしての価値しかないスローガンには従わない。過去の徳を尊重することは，必ずしも前に進むのを拒むという意味ではない。再検討するキャパシティーを持つことが重要である。それに加えて，移行のための綿密な戦略が重要である。それがなく全てをあまり

に性急に進めてしまうと，衝突や機能停止となるリスクを負う。つまり，かえって時間の無駄となる。

　責任者はまず，特徴として，進歩へのこだわりを持つべきである。完璧主義者であるということは，ミスを犯さないと言う意味ではない。ミスをより少なくするために，できる限りのことを全てやるということである。そしてミスから学び，細部をいい加減にしないことである。

情熱を示すこと

　良いコーチであるためには活力に満ちていなくてはならない。コーチが身体的に健康であれば，それに伴って気分や機嫌の良さも表れるはずである。少なくとも**気分にムラがなくなる**であろう。気分もこの仕事には重要である。しばしば問題や失敗の方が満足に勝る場合がある。良い時というのはそんなにやたらとあるものではない。目線を高く持つこと，メンタルが健全であることによって，つらさや悔しさを抑えることができる。

　苛立ちを抑えるような性質を持ち合わせていることで，状況がどうであろうとより確かな相互の親しい関係が保てるようになる。さもないと，厳しい打撃を受けてたちまち気勢がそがれてしまったり動揺したりしてしまうだろう。

　コーチはトレーニングに，自分の個人的な悩みを持ち込んではいけない。コーチはセッションを活気づけ，プレーヤーの参加意欲をかき立てなくてはならないのである。

　さらに，これはほぼ毎日のように繰り返し要求されることなので，より有利な姿勢をとるために，良い雰囲気の中で集団全体がはっきり賛同を示すような状況を作り出すための努力をしなくてはならない。

　情熱を伝えることは，現代のグループマネージメントのベースである。プレーヤーに要求を伝え，できる限りよい仕事をさせるためには，コーチが自分の個人的な悩みを忘れることがまず一つ要求される。

人の欠点ではなくクオリティーを信頼する

　ポジティブに考えること，「進まない人よりも進む人」を尊重することで，グループが前進するための原動力が生み出される。

　コーチが自分のプレーヤーを誇りに思う最初の一時期を過ぎると，往々にし

て，やたらと欠点ばかりが目に付くようになってしまう。長い間一緒にいる場合によくあるケースである。「あいつは左で蹴れない」「あいつはディフェンスをしない」等々。そして，プレーヤーのネガティブな面にとらわれるあまり，実際に持っているクオリティーには触れなくなってしまう。

グループに常に力以上の要求をするということは，絶えず各自の欠点を指摘し続けなくてはいけないということではない。そんなことをしていると，プレーヤーを失望に陥れてしまうこともある。

実際に進歩したという実感と，進歩が可能であるという確信を持たせることが刺激となるのであって，絶えず非難したり欠点をやたらと強調し続けることは刺激とはならない。それは最終的に致命的な障害となるだろう。

最近の研究では，ポジティブな面を強調するというこの観点が支持されている。プレーヤーを進歩させたいのであれば，ポジティブな態度でプレーヤーにより高い評価を与えることが不可欠である。

一貫性を示すこと

一貫性は，個人の取り組みの高いポテンシャルと自分の希望を明確に表現する能力に結びついている。一貫性は，ある種の完全性でもあるが，これには，判断と姿勢が安定していることが前提となる。自分自身が模範となることが必要である。

— 自分がいつも遅刻していたら，プレーヤーに時間厳守を要求することはできない。
— 自分が最低限の犠牲を払うことさえできないのであれば，他人に隙のない厳しい節制を要求することはできない。
— ベンチから常に苛立ちや怒りを表していたら，プレーヤーに自制を要求することはできない。

いくらシーズンのはじめにチーム内の厳格なルールを定めたところで，後で自分自身がこのルールを適用する能力がないことを証明してしまったら，何の役にもたたない。

また，危機に直面した時，それを直視することなく，グループの機能の原則

について情熱的に語ってみたところで，あるいは寛容主義を示してみたところで，何の役にも立たない。

　私たちがこんな例を挙げるのは，これが実際にあるコーチたちの行動を示しているからである。このようなコーチたちは，センセーショナルな発言をしたり，約束違反をしたり，あるいは犠牲を払おうとしないがために，徐々に，そして完全に信頼を失っていく（トレーニングに遅刻する，ロッカールームで喫煙をする等もその要因となる）。

　行動を厳格にすると，同様に言葉にも厳密さが伴うようになり，言ったことに対し相手が敬意をはらうようになる。受け取るメッセージに信頼性があること，約束違反がないこと，言っている人の行動に信頼性があることによって，プレーヤーの信頼は育まれていく。

不安定性，プレーヤーのストレスを軽減する

　スポーツ選手には不安は常に付き物である。確信や自信は，勝利を獲得するまでは確実に勝ち取れるものではない。希望と不安の間，勝てるだろうという気持と相手のクオリティーに敗北するのではないかという不安の間に，不安定感が存在する。プレーヤーのこの絶えることのない問いから逃れることはできない。

　したがってコーチは，プレーヤーの不安定感を軽減する者，ストレスを緩和する者としての役割も果たす。質の高い論理によって，自分の言葉や意図の正当性によって，プレーヤーを勇気づけるような確信によって，戦術的判断の妥当性によって，コーチは不安を抱えるプレーヤーを安心させる。下手な言葉をかけてプレッシャーを高めてはいけない。プレーヤーは暗示にかかりやすいわけではない。プレーヤーは，試合で実力を発揮して，自分自身の能力に高い評価を得，相手を低下させることをまず目標にしている。しかしプレーヤーは，対戦前に自分ができるだけ良い精神状態になるために，安心を必要としているのである。

ある種のカリスマ性を示すこと，コミュニケーション能力を示すこと

　「沈黙のカリスマ」には限界がある。プレーヤーは，結局，何らかの指標，コーチからのフィードバックを必要とする。プレーヤーは期待にひたってばか

りいるわけにはいかず，人が自分のことを何と言っているのかが気になっている。プレーヤーは知る必要があるのである。

カリスマ性は，経験の蓄積，多様な知識から作り上げられる。それにはコミュニケーションの領域も含まれる。これは個人の**欲求の優先順位**を見渡してみることを意味する。それは，より高い自己評価を出現させ，心理的な安心感をもたらす。それがハイレベルのパフォーマンス発揮を促進する。

強いメンタルを持つこと

自分自身がしっかりしていなかったら，他人を安心させることはできない。心理的に確固としていることは，ベースとなる**生来の性質**であり（望んだからといってそうはなれない。失敗や試合のプレッシャーにあまりにとらわれてしまう人は成功の見込みが低い），その上で**経験**と共に獲得されていくものでもある。精神の成熟が，時と共に，通過し乗り越えてきた試練と共に，鍛え上げられていくのである。

年齢を重ね，厳しい試練を積み重ねてきたことで心理的もろさを感じた時，それは立ち止まるべき時であり，あまり直接的なプレッシャーにさらされない仕事（例えば育成の仕事。そこでは結果の重要性は長期的なバランスでとらえられる）に就く時なのである。

強いメンタルは，必ずしも不変の永続的な性質ではない。紛れもない真実の自分を知ることが，ある特定の時の特別な性質に関する個人の判断を決定づけるに違いない。

人は，本来自分に向いていない要求を恒久的に追い続けることはできない。コーチはリスクを負う仕事である。それは受け入れなければならないリスク，自分の深いパーソナリティーに影響を受けることなしに負わなくてはならないリスクなのである。

敗北に直面した時の反応の仕方を知ること

知的に誠実であれば，敗北の言い訳をなんとしてでも探すようなまねはしない。試合に負けたとしても，それがいつでも必ず他人，レフリー，あるいは風等のせいであるとは限らない。それがシステマティックな自己防御であっても，あまりに頻繁であれば，いずれは仕事上の信頼を失うことになる。

失敗は，しばしばその人の知らないうちに，物事を明らかにしてみせるはたらきをする。敗北は再検討のための機会となる。**再検討はこわいものだが必要なことである**。コーチはチームを組み立て，プレーのシステムを選択する時に，一つの賭をする。賭には負けることもあるということを受け入れなくてはならないが，それは別に恥ずべきことではない。そしてコーチは，敗北の中で，自分の責任を受け入れなくてはならない。常にプレーヤーだけが問題になるのではない。自分の責任を追及することが，コーチにとって進歩の推進力となるのである。

　「敗北は常にコーチの責任であり，勝利はプレーヤーのものである」——これは，本当にそう思っているわけではないのに良く言われることである。もはやそんなことにとらわれる必要はない。あるプレーヤーが自分の役割を果たさなかったために負ける試合もあるし，またコーチの戦術的な判断の悪さで負ける試合もある（あまり多くないことを望むが）。試合によっては，相手のクオリティーによって，戦術のオプションやプレーヤーの活躍によって，コーチの責任の配分は大きく変動し，非常に重大な場合からごくわずかな場合までいろいろである。この相対性は注目に値する。

　一つのグループがシーズンの終盤にさしかかった時，決定的な対立が持ち上がり，プレーヤーの半分がクラブを変わろうと焦る気持ちしか持たなくなったりした時に，コーチにはいったい何ができるのだろうか？

　これらは全て深く分析し，正確に確認し，的確な戦略を生み出す必要がある。もしもスタートとなる分析がはじめから間違っていたら，そこから導き出された解決が良いものであるわけがない。

　常に変わることなく勝ち続ける人はいないし，ずっと負け続ける人もいない。特にスポーツの領域では，失敗は誰にでも容赦なく訪れる。敗北はある意味では，成功するためには避けて通ることのできない前段階でもあるだろう。この仕事では，必然的に良い時も悪い時もある。そこで差となるのは，敗北に直面した時の態度，そしてそれを乗り越えるキャパシティーである。最大の勝利というのは，個人レベルであれ集団レベルであれ，しばしば困難な時期の後に訪れ，以前の失敗の上に積み上げられていくものなのである。これは，言いかえれば，前に直面した困難な時を最終結果とすることを拒んだということである。スポーツ選手は，困難な時期の後の「反発力」で評価される場合もある。

敗北は，時には勝利よりもためになる。そこからは常に引き出すべき学習がある。失敗は，相対化してとらえるべきである。失敗は進歩の中の小休止，長期の目標へ到達するまでの一時的な休息なのである。そしてそれは常に，その後に続く取り組みに働きかけ活性化する面を保持しているはずである。

機能の仕方，マネージメントのモードを変えることができる

不変の行動指針というものはない。常に移り変わり，時の中で効果を保持していくものなのである。行動にはある種の柔軟性があった方が望ましいと思われる。

それは何も自分の気質を放棄しなくてはならないという意味ではないし，性格や気質の面から態度を変えなくてはならないということでもない。そうではなくて，これは特別な戦略を含む，状況に関わる特殊な性質なのである。人は自らの行動指針をきわめて指導的なモードから，より全体参加の側面を強調したより親密で友好的なマネージメントへと変えることができる。

全ては**機能の仕方の柔軟性**にある。グループは，ある種の厳しさや厳格さを必要とする時もあるし，思いやりや温かさを必要とする時もある。

敗北の中にある時にこそ，プレーヤーに近づき，彼らを公に対して守ることが必要となる。その一方で個人的には世論の目から逃れさせるための一時的な目的でしかないということを彼らにわからせておく。

勝った時にはクラブの様々な関係者たちが近寄ってきて，負けた時には離れていくのは，非常によくあることである。このような行動は典型的だが，それが必ずしもチームのためになるのかどうかは疑わしい。

このように，コーチとプレーヤーとの関係は，非常に近くもあり，同時に非常に遠くもある。非常に近いというのは，彼らを理解し，彼らの不安や希望を分かち合うという点である。非常に遠いというのは，コーチは集団の利益を保証する人であり，要求し，命令し，場合によっては罰する側の人だからである。

このような柔軟性を持ち，このような距離を保つこと，状況に応じてモードを変える能力は，コーチが機能していく上で求められることなのである。

寛大さを示すこと

人は，寛大さを示すことなくして，他人に本当に関心を持つことはできない。

この仕事には，**献身的な面**も含まれる。

　コーチはプレーヤーと共に歩む相互関係の中に身を置くことはできない。コーチは自分の知識，時間，情熱を与える立場にある。確かにそれで報酬を受け，あるいは保証されている面があるが，そこに必ずしもプレーヤーの側の感謝や認識を期待するのは間違いである。最高の報酬は，往々にして，予期していない時にやってくるものである。昔チームにいたプレーヤーが何年も後になって，共に過ごした数シーズンを喜ばしく思い出す，等と言ったりする。プレーヤーは，時間をおいて初めてそのコーチが真にもたらしたものを認識することができるようになるのである。

　しかしこの判断の相対化は，無視されるべきではない。大抵の場合，プレーヤーに自分のキャリアで最も印象深かったコーチは誰かと尋ねると，最も友好的であったコーチ，温かさや人間性で知られたコーチの名が挙がる。コーチが知識を与える場合，知識それ自体やその伝達だけではなく，選手との関係のモードが選手にとっての主要な基準となる。

　人は他者の喜びや他者の成功からも栄養を受ける。つまりコーチは，自分の周りの人が成功するのを喜ぶ人である。プレーヤーの関心や利益とコーチの関心は，共通でもあり，同時に対立するものでもある。

　しかし，他者の成功に感じる喜びをごまかすことはできない。

　自分は感情を偽るのがうまいと思っている人でも，この領域では，真実が第一の徳である。寛大さは，個人的な経験や，収支のよい一時的な投資や，望ましい認識を予期することによってではなく，自然に現れるものである。

　グループ内外での競争が継続しているただ中では，コーチとプレーヤーの間に確立されうる申し合わせや暗黙の了解がかけがえのない役割を果たし，組織の絆を作る。それがパフォーマンスにも，共にいることの喜びにもポジティブな影響を与えるのである。

知的戦略の能力（機能上の要求）

現実を無視した目標設定の危険性

　まず第一に必要なのは，グループの価値を正確に評価することである。そしてそこから，あらゆる観点からその進歩のキャパシティーを見る（戦術，メン

タル，トレーニングにおける努力のクオリティー等)。

　グループを見るということには，**目標の設定**とプロセスが前提となる。あるレベルからスタートし，次に，グループの性質，ストロングポイント，ウイークポイントとの兼ねあわせで，その目標を達成するのに最適な手段を判断しなければならない。

　シーズンの途中に突然生じる問題の多くは，スタート時に立てた目標が，チームの可能性から考えて妥当でなかったことから生じている。あるコーチは，フロントの側がスタート時に度を越えた野心を示し，それに意義を唱えることができず，強制されたように感じるかもしれない。なぜならコーチのポジションは，そのグループの指導者の候補者の一人にすぎず，賛成できないオプションであっても力強くはねつけることは許されないからだ。

　残念ながら彼はシーズンの途中で，彼を再び呼び戻すことはないという暗黙の了解の跳ね返りを受ける危険がある。初めから前もって平凡な結果を予測して身を守ることを考える極端な逃げ腰にも感心しないが，チームやクラブの現実の可能性にあまりに見合っていない野心にブレーキをかける勇気がなく，常軌を逸した目標を受け入れてしまえば，間違いなくその結果は自分の身に降りかかってくることになるだろう。

目標は不変のものではない

　スタート時の目標というものを明確な形にするのは難しいものであるが，「**目標と現実のギャップ**」の概念に，ある部分予測可能な要素（例えばキープレーヤーが怪我で欠場）を考慮することで，スタート時の目標の信頼性を高めることができるように思われる。

　コーチの信頼性には，かけられた罠の裏をかく能力も同様に必要となるということを付け加えておこう。コーチとフロントとの間では，非常に厳密な目標が立てられるべきであるし，コーチの役割を非常に明確に規定しておくべきである（1つのチームだけを見るのかもしれないし，クラブ全体のコーディネートを任されるのかもしれない）。目標は，結果と達成する進歩の形で表されるが，これにはプロセスが含まれる。プロセスも同様に明確にすべきである。

独自のロジック

　戦略は自分の中で咀嚼され，行動指針，ロジックとして表現される。そのロジックは，そのグループの性質に対して最良であるべきものである。これはプロを徹底的に真似してみたり，適応できないような高度な戦術をそこそこのレベルで何も考えずにコピーしたり，あるいはある行動の猿真似をしたりといったことではない。研修の際には（特に継続教育の段階で），コーチは自分のチームに取り入れることのできるものとそうでないもの，扱う対象とすべきものとそうでないものを判別できるようになるべきだと思われる。

　戦略家であるということは，以下のようなことを指す。

- 　自分が持つ力，自分のチームのクオリティー，相手チームのクオリティー，場合によっては互いの補完性／相互作用を分析する能力があること
- 　あらゆる観点から最善の判断をすること

　航海計画もなく，状況を見ながら適当に航海するごとく，行き当たりばったりに行動するコーチがいる。私たちが奨励するのはその反対である。**戦略的思考**は，全般的なベースとなるクオリティーである。戦術的思考がチームのマネージメントで最重要なのと同じである。

　この戦略的思考は習得されるものである。例えば，コーチがチームに，怪我からの復帰がちょっと早すぎるプレーヤーを入れるとする。なぜならコーチは，これからの試合でそのプレーヤーが必要になるとわかっており，ここでプレーさせることがそのプレーヤーに重要な自信をもたらすと考えるからである。このコーチは一つの戦略的思考を示している。このコーチには，この判断が結局は良い結果をもたらすことがわかっているのだ。これは平凡な例ではあるが，一つのロジック，一つの行動指針を示している。

　コーチはより多くを学ぶことを望むものであるし，またそうでなくてはならない。彼らの関心事は，常により良くトレーニングをすること，より良くマネージメントすること，より良くモチベーションを高めること，そして自分の仕事をより良く理解することだからである。シニアであろうとユースチームであろうと，プレーヤーとチームの最適な発展を求めたその分だけ，進歩はもたらされるものなのである。

コーチの仕事の基本的要求は何か？

結果を出すこと

チームを勝たせること

　競技には基本的に，結果を得るという面が含まれる。プレーするということは，まず何よりも第1に**勝ちたい**ということである。

　誰もが結果を要求する。フロント，大衆，プレス，もちろんプレーヤー自身も。平凡な結果の積み重ねで満足するのは非常に難しい。平凡な結果を重ねているということは，トレーニングでやってきた努力の成果がもう通用しないということになるのである。

　つまり，コーチはまず大衆の目に，チームを勝たせてくれる人として映る。

　もちろん，結果は何よりもまずプレーヤーに内在する価値に基づいているのは明らかである。その価値が相対的にコーチのアクションを決定する。それでもチームは，得られるだろうと予想される結果とのギャップで表現される。コーチが平凡な結果を長期にわたって続けながらも生き延びることは稀である。それは，生み出された結果が，全体として想定されたポテンシャルから見て不十分だと判明したことになるからである。

　コーチのリーダーシップは，結果や効果で表される（時には怪我人や出場停止がチーム力に長期的な影響を与えているような場合もあり，この判断は慎重に行うべきである場合もあるが）。チームのテクニカル面を預かるものは，一定のパフォーマンスを繰り返し発揮する能力をチームに維持させる責任がある。ここに成功のファクターがある。これはほとんどのクラブにとっては，経営の存続に重ね合わせて考えることができる。したがって，コーチは次のような人でなくてはならない。

－　プレーヤーが勝つことを求める人
－　初めに提示された賭を受ける人
－　勝った時には謙虚な，負けた時には堂々とした態度を示す人

　コーチの役割には明らかに可変性／不定性がある。ある時期には，例えばあ

るサイクルの最終段階のチームは管理が非常に難しいとされる。また別の状況では，チームが「コーチに関係なく」良い結果を出すこともある。その理由としてはグループが強く結束している，戦術のオプションを全員が了解した，全体としての価値が優れていた等が挙げられる。

しかしながら，プレーヤーの特徴，パーソナリティーやクオリティーが多少なりとも確立していて，それにあるフォーメーションが適合するだろうと思われたとしても，一般的に，一部のプレーヤーやフロントがどう思おうと，チームは**能力の高いコーチ**なくして（そのチームなりに）持続的な結果を得ることはできない。

最大を要求する

パフォーマンスを可能な限り高めるためには，常に個人と集団のポテンシャルの最適な発達を求めなくてはならない。それには，プロフェッショナルとして，テクニカル面全体を十分に高めて行かなくてはならない。結果は適当にやっていて出せるものではない。

つまり，コーチとは，個人，チームに対し，**常に要求をし続ける人**であると考えられる。

プレーヤーがしっかりと自立していて，他人から要求されることを必要としなくてすむことは稀である。常に最適なモチベーションを自ら示し，安定したクオリティーのパフォーマンスを発揮できるようなプレーヤーはごくわずかである。

短期的な目標の観念はここで意味を持つ。というのは，「結果は後からついて来る」と主張したくても，誰もがそれを確信してくれるわけではないからである。シーズンの出だしが悪かったり，ひどい結果が続いたりした場合に，この「短期の法則」を尊重しないと，コーチが排除される結果となることが非常に多い。重要なのは，チームが厳しい状況にある時に，時には被害を食い止めることが必要であるということである。たとえ自分では必ず良くなるという確信を持っていたとしても，未来は，迫る期日に中断されることがある。

チームを進歩させる

個人として向上させる，集団として向上させる

　ここで「中期の目標」に触れておこう。長期の目標というのは実際は育成の時期にしか適用されない。

　チームのバランス，集団の機能，あるプレーヤー個人の改善や進歩は，変化としては感じ取りにくいものであり，めざましいものではない。また，わずかであっても何らかの結果が伴わないと，考慮に入れられる見込みはない。したがって，短期の目標と中期の目標の間には，ある種の調和が必要である。

　しかし，育成というコーチとしての最も「**根本的な仕事**」は常に重視されるべきである。外国人などの傭兵に頼る事よりも，3～4年にわたる長期的なビジョンでの仕事を重視するコーチの存在によって，チームとしての発展を計算に入れることができるようになり，より高い信頼性で，得られた結果を判断できるようになる。

　しかしながら，短期的な要求に縛られたコーチの場合，判断をするための時間の猶予が許されない。リクルートでの判断ミス，経営上の命令によって，残念なことに，しばしば好ましい進歩が覆され，また明らかな進歩を危うくする。

　しかし，長期的な視野で選手を個人として向上させていくこと，それと同時にチームのパフォーマンスを向上させていくことの両立は，しばしば非常にデリケートなバランスの上に成り立っている。つまり，育成における質の高さと，チームとして一貫したヴィジョン，コンセプトが不可欠である。このことは明白であるが，それと共に，コーチのパーソナリティーと影響力は，チームのプレースタイルの中，トレーニングで実施されるワークのクオリティーの中，そしていくつかの原則に対する変わらぬ尊重の中に見出されるようでなくてはならない。チームの集団としての統制やその戦術的な方向性も，日々実行されるワーク，コーチの目標設定の妥当性，そしてゲームのリアリティーをグループの特徴に適応させることへ反映したものであるべきである。

進歩を望むこと

　第1の要求に対応して進歩を求める雰囲気を養うことが重要である。「自分はコーチのおかげで進歩した」とプレーヤーが言うのを聞くことは，コーチに

とって喜びである。それは，時代の要求，質を重視する現代の要求でもあると思われる。

プレーヤーは，一人のコーチと共に過ごす間に何かを学ばなくてはならない。コーチは，プレー方法，模範的な行動，困難な状況での自制を，個人，そしてチームに刻み込む。これがコーチに期待されることである。コーチは短期では結果を考慮しつつ，中期ではゲームのクオリティーの向上が実現されるよう，チームを進歩させ，結果とクオリティーを最高の方法で両立させていかなくてはならない。

モチベーションの問題に関して高い能力を示すこと

モチベーションの問題は，私たちにとって非常に基本的な問題なので，章を１つ割いて扱うことにした。

プレーヤーやチームの**モチベーションのメカニズムの知識**を持たずにこの仕事はつとまらない。ここで問題を「モチベーションの高いプレーヤーとそうでないプレーヤー」という形で提起するのは間違いである。内在的な基本的なモチベーションは，多数の影響力によって育まれるものであり，その中のカギのいくつかはコーチが握っている。プレーヤーがシーズンを通して同じ精神状態を維持することはまずない。個人の調子，チーム内の位置，前回の結果，その他多数の不安定要素との関連で発揮されるのである。

したがってコーチは，発奮させる術，チーム全体を興奮状態にする術を知っておかなくてはならない。

— チームにとって「良い」ものは何だろうか？　様々なモチベーションはどれくらい当てになるものなのだろうか？
— 個人の違いをふまえた上で，どうしたらグループ全体を統率していくことができるのだろうか？
— プレーヤーを解放し，そのクリエイティブな能力の発揮を助けるものは何だろうか？
— なぜプレーヤーは，頑張ったり頑張らなかったり，実力以上の力を出したり出さなかったり，出したいと思ったり思わなかったりするのだろうか？

— 何がエネルギーを集中させ，結束させるのだろうか？

以上の問いに，第4章で回答を試みようと思う。しかしながら，私たちは，モチベーションの根本的な重要性を，ここで最初から強調しておきたい。

環境のあらゆる面を考慮に入れること

クラブの文化と歴史

各クラブは，それぞれの価値，クラブの歴史，最近あるいはもっと遠い過去の結果や野心を伝えている。

クラブの文化やその背景，状況から見れば，コーチは，多かれ少なかれ短い期間で投げ出されるしかない存在，接ぎ木の存在にすぎないということを意味している。何か確実なものを築こうと思うのであれば，クラブの特徴をよりどころとしなくてはならず，社会的な背景，人々のメンタリティーや習慣を知らなくてはならない。これらは，チームの表現のモードに対する人々の期待という形で表される。

結果は1つのものであり，華々しさはまた別のものである。地域によって，クラブによって，様々な形がありうる。あるクラブに来て，全てを変革しようと思うことは間違いである。それは，クラブの個々の特徴やバックグラウンドを無視して，クラブは全て似たようなものでコーチの仕事はどこでも同じだと知ったかぶって思いこんでいるようなものだ。これは大きな間違いであり，私たちの目から見たら，とんでもない思い上がりである。

クラブの会長は，当然のことながら**独自の特徴**を求める。それが非常に微妙なものであってもである。マルセイユやパリの監督が要求されることは，ラバルやトゥーロンの監督が求められることとは違う。各クラブはそれぞれ独自の基準で監督の特徴を求めるのである。

チームを預かる者にとって，まず第1に行うことは，雰囲気や周囲の期待を吸収することである。それゆえ，単にテクニカルな部分だけでなく，的確な情報を提供しうる全てのものを自分の頭の中に整理しておく必要がある。

「テクニカルな部分に関わっているだけでいいのであれば話は簡単だろうに……」という声が時々聞かれるが，このフレーズは，もはや現実を無視した妄

想にすぎないように思える。それほどクラブの生活とクラブの監督の生活は，その他たくさんのファクターを考慮に入れなくてはならないということなのである。

本質的なことを重視する

　アマチュアや構造のしっかりしていない2部のクラブの中にいると，コーチは時折，1グループのプレーヤーを預かってできる限り高いレベルへ導くという根本的な任務から，自分でも気づかない内に気を逸らしていることに気づくことがある。

　過度に気を逸らすことは，たとえそれがクラブの一時的な利益のためになることであっても，自分自身に役立つことは滅多にない。

　また，基本的なことではあるが，他者の役割に従属する領域に首をつっこむ前に，まず自分の役割の特殊性をなしている部分に可能な限り時間をかけるべきである。コーチがプレーヤーたちと共に宣伝活動，スポンサー主催のレセプションに参加するのは重要なことではあるが，それと同様に，クラブのプロモーション，スポンサー探し，遠征のマネージメント等が自分の役割の中心になってくるのは危険なことであると思われる。

　しかしながら時にはそんなケースもある。したがって私たちは，ここでこの問題に明確な立場をとることにしよう。プレーヤーの雇用の問題に関わることで力になりたいと考えることは，確かに良い意志ではあるが，しかし失敗した場合にはその結果はイニシアチブをとった者に跳ね返ってくることになる。新しいプレーヤーの住居の問題や妻の仕事の問題等々，コーチの生活を絶えず悩まし続けるものは全て同じである。

　チームのレベルが高くなり，役割や責任の分担が明確化していくことで，これらの問題は消えていく。外国人監督は，厳密にテクニカル以外の領域のことに関わるのを拒否し，この面についての1つの良い基準を示しているが，こうしたやり方もおそらく一つの解決法であろう。

何事もいい加減にしない

　特にハイレベルということでなく，一般的な観点の上に立てば，以下のポイントが考えられるであろう。

コーチは常にテクニカルの領域に責任がある。この領域は，他の人が非常にうらやむ領域である。コーチの役割はこの領域を保護し，他の関係者が首を突っ込んでくるのを防ぐばかりではない。クラブにとっての「環境面」の多数の要因に関わる基本的な部分を軽視しないことである。成功にはこれが不可欠である。

　ここではっきりと申し渡しておきたい。**スポンサー，地域の要人，フロントとの関係をなおざりにすることは**，ほぼ自殺行為となるだろう。

　「自分にはその面が欠けていて，実はそれを埋めたいと思っていた」ということを，多くのコーチが認めている。自分の不器用，不手際による失敗を自覚している者も多い。一般的には，情熱的な性格のため，衝動的な気性のため，また自分が伝統的に守られてきた領域の中に閉じ込もり，交渉を拒否したため等が挙げられる。

　会長が善意で徐々にチーム内で起こっている内部のことを知りたがるようになり，コーチが自分に対してある種の特別扱いをすることを望んできたとする。これに気づくということは，コーチの側に自分の個人的な関心と特権以外のことを考慮するキャパシティーがあるということを示す。

　大事なのは，それが何であろうと譲歩することでもなければ，「そぐわない場違いな優遇」を示すことでもない。単にサッカーに関わる他の関係者のモチベーションを考慮することが問題なのである。

　どんなレベルであれ，フロントのかなり多くがメディアの報道の恩恵を受けようと強く主張するに違いない。しかし，プロの成功，すなわち結果だけが，必ずしも大衆に広く認識され支持されるようになるわけではないということを覚えておくべきである。メディアに出ることによってクラブに利益を得ようという意志は，実際にはあまり適切でなくふさわしくないものかもしれない。それでも，この強い意志をコーチは正当に価値判断すべきである。

　ジャーナリストと共に仕事をすることに慣れてくると，フロントの態度にありがちな「公人としてのイメージを広めたい」という欲求は，おそらくあまり抱かなくなる。これら他の関係者とのコミュニケーションの問題は，最終結果が出る際にあまりに重くのしかかってくることになる。これも同様に，特別に1章を割いて扱うテーマとしよう。

以上，私たちは，次に挙げることの必要性を明らかにしようとしてきた。

－　自分自身を知ること
－　プレーヤーとそのモチベーションについて知ること
－　環境の特徴を認識すること
－　競技の状況とプレーヤーが出している結果を同時に分析する能力を持つこと。また，状況に応じて最適に機能するためのトレーニング戦略をプランする能力を持つこと。

　プレーヤーは利口で賢い。彼らにはわかるはずである。コーチが優しく，慎み深く，世話好きでささいな問題を聞いてくれる人であっても，必要な時には，厳しく妥協しない面も出しうる人であるということを。
　全ての努力はプレーヤーを可能な限りよい状態に向かわせるためになされるものであり，コーチは「真のプロ」としてその役割を引き受ける（良いトレーニング，チームワークの良い雰囲気，高い柔軟性，最適な良いチームの構成）。そこを出発点として，契約のベースが確立するのである。
　コーチが純粋な気持ちで誠実にチームを選択する時，自分自身を正当化したり弁明したりする必要はない。全てを説明したいと思うことはあるだろうが，その落とし穴に陥るべきではない。
　熱中している時，勤勉で，進んで取り組む時，チームの構成がチームの大多数の考えと対応している時，そのような時にはより一層尊重を生み出すチャンスを得ることができるであろう。

まとめ

1. コーチは何よりもまずテクニカル面の専門家であり，現場の人間である。
2. コーチはエキスパートである。すなわち自分のテーマがわかっていて，メッセージや自分の考えを伝えることのできる人間である。
3. コーチは自分のテクニカル面のメッセージをグループのメッセージにすることのできる人間である。
4. コーチの資質というものは，さらにマネージメントされ，進歩し，実を結んでいくものである。それらは決して最終的なものではない。
5. 成功へと至る道はたくさんある。しかしパーソナリティーに関わる部分については避けて通ることができない。
6. 戦略的なインテリジェンスが高いと，自分のプレーヤーと相手を高いレベルで分析することができ，判断の妥当性が高まる。
7. 第1に必要なことは，要求を生み出しつつ結果を得ることである。その要求の中でも最も重要なものは，パフォーマンスをコンスタントに発揮する能力である。
8. コーチの機能の基準となる第2の点は，チームの長期的な進歩である。
9. グループのエッセンスを引き出すには，モチベーションのメカニズムを知ることが必要である。
10. 環境の特徴を知ることは，チームを成功に導くのに必要な基礎知識のひとつである。

第 2 章

コーチの
日々の仕事

「ミラクルレシピ」はない

コーチは，自分を向上させたいと思う時，何らかのレシピ，方法，コツ，要するに何か確実なものを期待することがしばしばある。

ところが，教育学的な分野に関しては，絶対的な保証など存在しない。少しでも経験がある者ならばわかるだろう。毎日の現実は非常に複雑なもので，その中で質を保とうとするならば，**常に適応する能力が必要**とされる。コーチの毎日を構成しているあらゆるもの（トレーニングセッション，試合の準備，グループの統率）においては，状況をよく理解した上で，しっかりした目標をもって行動指針を入念に作り上げる必要がある。

それには，その時々に要求されることとの関係で行動や方法を適応させる能力が必要となる。的を射た表現をするセンスを持つこと，状況の改善に役立つものに対する直感を持つことである。

言葉，モード，時

その時々によって明確な一つのモードについて表現する**的確な言葉**がある。厳密な原則を持ちつつ，イマジネーション豊かに適応すること。これら2つのバランスがキーとなるコンセプトである。

時によって，活気を持たせることが優先される時もあれば，指導的な面が優先となる時もある。プレーヤーの肩に手を置いて励まし諭して行動を促すこともあれば，状況に応じてもっと荒っぽく直接的な方法をとることもある。

問題が起こりそうな時には，何か警告となる「点滅信号」があるものである。それに気をつけていれば，予測して素早く対応し，大事になるのを避けることができる。したがって，きわめて小さいことであっても，何らかの手がかりとなることに対しては警戒しておく必要がある。

直感力とフィーリング

また，**現実を読むこと**，起こっていることを解釈する能力は，そう簡単に獲得されるものではない。

これらの考えとさらに様々な例から見ても，状況は非常に複雑な側面を持っている。そしてまさにそこから導き出される「レシピ」というのは相対的なものであって，言うべきこと，やるべきことに対しては本能，直感あるいはフィ

ーリングが占める部分が大きい。これに関して，掘り下げて論理的に説明をすること，あるいは正確な定義を与えることは非常に難しい。

第1の目標は，どのような方法を使うかということ以前に，プレーヤーの最適な表現を促進すること，プレーヤーが最大限を発揮できるようにすることである。そのために，我々は以下の項目について扱っていく。

— 目標を明確にすること
— セッション（内容，活気）
— 試合とその準備
— シーズン中の難しい時期，そこで必要とされること（シーズン開始時，年間プログラム等）

目標を明確にする

目標は達成されるかもしれないし，されないかもしれないし，まだその途上かもしれない。UEFAカップでプレーするようなクラブであれ，万年4部を維持しているようなクラブであれ，いずれにせよこれら3つのケースに分かれるであろう。まず**適切な目標を設定する**ことが，第1の刺激となる。

コーチやクラブがチームの持つ可能性の高さに見合った目標を立てることができなければ，目標は達成され得ない（あまりに高望みだったり，またあまりに低すぎたりすれば，その目標は意味をなさない）。

我々はこの点について，プロサッカーコーチの講習会の際に示された，ナショナルリーグのNoël Le Greatの会長の働きかけの例を参照させていただく。彼によると，練習の間に現れる問題は，最初の時に問題にされず検討されなかった様々な曖昧さに端を発していることがしばしばである，という。

選手権で明確な位置を望むこと，あるいは1シーズンの間に起こることを予測することは，確かに非常に難しいことであり，不確実な運次第の部分もかなりある。しかし，フロントが過剰な高望みをしている場合に，コーチが辛抱強くそれに対して黙っていると，往々にしてそれが同意の表現であると解釈されてしまうことがある。我々がすでに強調してきたように，ひどい結果となるのを恐れて身を守ろうと目標を下げる方向で修正することが必ずしも大事なので

はない。中心となる考え方は，目標と現実のギャップを位置づけることである。これはやり方によっては，選手のモチベーションを高めることにもクラブを団結させることにもなりうるのである。

人は目標との関連で行動を起こす（結果，進歩）。これは，クラブ内で全ての人々が一致団結して行動を起こす原動力となるものである。

一つのクラブは，ある価値であり，一つの精神状態であり，ある領域の中の模範を示すものである（例えば育成）。いくつかの目標に的確に的を絞り，シーズン途中でそれらを再調整することによって，取り組みは促進される。

結果というものは，はじめの目標との関係でしか意味を持たない。同じ結果であっても，あるクラブにとってはポジティブな結果と考えられるものが，別のクラブにとっては惨憺たる結果ととらえられる（例えばビッグクラブがUEFAカップの出場権を得られないということ）こともある。なによりもまず第一に，シーズンのはじめに十分に時間をかけて目標を明確にしなくてはならない。それが最も大切なことである。

セッション

一般的注意

トレーニングセッションは，プレーヤーとコーチの関わり合いの中で非常に大事な部分である。この間に，その週のワークの大部分が実行されるわけだが，いくつかの面に特に注意する必要がある。

セッションの内容は，これまでも最も頻繁に考慮の対象とされてきた（練習を論理的に有効に提示すること，他の部分との関連）。我々としてはここで，コーチが行動する方法，コーチが知識を伝える方法，個人的なスタイルや行動も同様に考慮に入れるべきであると考える。

その前にまず，いくつかの原則と，その他の一般的注意について見てみよう。

教育能力

誰もが自分に自然に教育的な能力が与えられていると感じている。そしてその能力によって，自分のコンセプトを示すことができると考える。

各自が自分の熱中するテーマについて自然に表現できると思うのは，あたかもサポーターや観客が自分のお気に入りのチームやそこのコーチについて容赦なく自分の意見を述べたがるのと同じようなものである。経験だけでは（経験がある場合に）カテゴライズや一般化の視点を持つことができない。各自が自然に持っている教育的能力を信じる段階を，あらゆる面で越えなくてはならない。そして，得られた経験だけに頼ることにも，限界を位置づけなくてはならない。
　教育の真の能力というものは，細部に対しての配慮に認められるものである。実際，これらは非常に重要な要素である。シンプルな例をとってみよう。

— プレーヤーは，常に同じ声，同じ励ましを聞いていると，当然飽きて気力を失う。
— あるコーチはあまりに干渉し，セッションの始めから終わりまでしゃべり続け，叫び続けている。

　このようなコーチの指示は，周囲のざわめきと変わりがない。これらはプレーヤーの気分を害するし，いずれにせよメッセージのクオリティーをかなり損なう。このようなコーチは，重要な要素について述べる時には大量の言葉におぼれがちである。プロのコーチの中には，ある時期自分で介入を断っている者もいるということを知っておくと良いであろう。それはセッションの最中の場合もあるし（指示はアシスタントに任せる），1～2日間の場合もある。自分の介入をより効果的にし，確実に聞き入れさせることを目的としているのである。
　これは，教育能力の一つの例である。教育能力は，多数の要素を考慮に入れ，最も細かい点まで詳細に考え，高い効果を促進するものである。聞き手の持つ感受性から想定し，週の間にどのように働きかけるかをマネージメントしオーガナイズする能力が必要である。

セッションの要素
　トレーニングセッションには全て，以下の点を考慮しなくてはならない。

- 改善させたい能力
- プレーヤーが学習する手段
- コーチの行動

　もしも他の分け方の方がよいというのであれば，以下のような4つの指標を挙げることもできる。

- プレーヤー（その特徴）
- コーチ（介入のタイプ）
- セッションの課題，内容（知ること，できること）
- 学習のプロセス（どのようにあるレベルから次のレベルへと進むか）

　セッションを提案する時には，プレーヤーを進歩させること，自分がある点で改善していくのをプレーヤー自身に示すこと，少なくとも相対的に十分なレベルを保つことを，常に意図として持つようにする。

実際に何に取り組むか

　パフォーマンスにつながる改善には，必然的に以下のファクターが含まれる。

- 心理的ファクター（モチベーション，メンタル面のタフさ，よりうまくなりたいという願望，インテリジェンス）
- 形態的ファクター（身長，体重等）
- バイオメカニクス的ファクター
- 生理学，エネルギー，神経生理学，神経筋的ファクター（スピード，持久力，コーディネーション）

　常にこれらのファクターの一つあるいはいくつかに関し，適切な方法で取り組んでいく。さらにこのように分けることができる。

- **深層レベル**：基本的な能力，個人のポテンシャルに関わる部分
- **表層レベル**：ポテンシャルの発揮に関わる部分

これらの分類は有用である。このように整理しておくことによって，用語の使い方の問題によって起こる誤解を避けることができる。
　また，次のような定義を用いる者もいる。これは，問題への共通のアプローチを可能にするものである。

－　**素質，天分，才能**：個人を特徴づけるもの。個人の基本的なクオリティー，専門的クオリティーに関わるもの。
－　**パフォーマンス**：例えば試合で人が生み出すもの。
－　**うまさ，熟達**：これは，学習と元々の素質両方に依存する。

　通常この後天的に獲得する能力を，我々の関心，日々の取り組みの対象とする。

学習の問題に関する問い
　学習に関しては，頭の中にたくさんの「？」を持たなくてはならない。

－　どのように学ぶのか（どのようなプロセス，メカニズムで）？
－　何を学ぶことができるのか（知覚は改善されるのか，されるとすればどのように）？
－　どういう人が何を学ぶことができるのか（この戦術概念には何歳で取りかかるべきか）？
－　どのようにしたら効率よくしっかりと学習できるのか（学習の生産性，効率，転移）？
－　学習の進行は線的か否か（横這い状態，退行はあるか）？
－　確実に，適切に習慣化させるためにはどれくらいの反復が必要か？
－　どのようにしたら学習の速度を高めることができるのか？
－　自動化が必要なのは何か？
－　プレーのインテリジェンス，状況に応じた判断能力はどのようにしたら改善させることができるのか？
－　何歳まで学習できるのか？
－　この特定の学習のために最適な時期はいつか？

これら様々な問いについて，誰もがいくつかの答えを持っている（コーチの仕事ができるようになりたいのなら，答えを持つようにしなくてはならない）。しかしその中からのオプションは，絶対的に確実なものに基づいているわけではなく，いかなる科学も，これら様々な問いに対し，部分的で流動的な答えを提示するにすぎない。

　しかしながら，自分の効率を高めるために，そしてミスを最小限にするために，誰もが科学的に確立された指標を求める。最も起こりやすいミスは，おそらく，ある特定の課題に対して必要とされる手段の特定を誤ることに起因している。あるタイプの練習が特定の機能や専門的なうまさを刺激するだろうと考えても，実行の仕方や特別な条件付けによって，練習を当初の合目的性から逸らせる変数を導入してしまうこともあり得るのだ。

　例えばスピードのトレーニングなのに，間に十分な回復時間をとらないコーチも多い。そのようなケースでは，専門的にはスピードのトレーニングにはならない。したがって，課題に必要とされることと，練習の実施の仕方が，当初の目的との関係で適しているのか，とろうと思っている手段が適しているのかを，常に確認しながらやるべきである。

　様々な知識を持っていることと，うまく活用，実践していくこととは別次元のことである。

いくつかの指標

学習においてより高い価値を与えることの重要性

　学習は心理的な活動である。ネガティブなやり方では築き上げていくことはできない。**プレーヤーには成功が必要**である。それが学習段階の節目となり，さらに進歩したいという欲望を与える。取り組みの効果を多少なりとも緻密に確認しながらでないと，努力を続けること，そして最大限打ち込むことはできない。

　もしも忍耐力とねばり強さがスポーツ選手の基本となる美徳であるとすれば，個々の成果をポジティブな目で評価する能力は，ハイレベルのコーチの特徴である（ポジティブなフィードバックの活用）。

プレーヤーは段階的に作り上げられる

　プレーヤーの進歩は「能動的な適応」によって実現する。プレーヤーは時に「受け身的な受信者」と考えられがちであるがそうではない。ただ，それを実現していくためには，教育・指導の面が重要なファクターとなる。個人の可能性に対してより困難なレベルの提案をしようという考え方は，その一つの例である。

学習は段階的であり，連続的なものである

　人は段階的に学習する。時には停滞することもあるし，一時的に退行することもある。シンプルなものから複雑なものへと進めるのが一般的な考え方である。問題は，複雑さのレベルが全員にとって必ずしも同じではないということである。

　器官には学習の形跡が残る。それは，その人が次に同じ状況に遭遇した際に，反応が可能となる新たな回路が形成されることを意味する。

学習は，トレーニングと実践の直接的な結果であり，ある程度の反復を要する

　実際にキャパシティーが獲得されるように，うまさを効果的にプレーヤーの身につけさせるためには，相当数の反復が必要である。そのことはプレーヤーも非常によくわかっている。あるいはもっと特定して，育成の段階にあるプレーヤーにもそれを納得させなくてはならない。練習の連続には初めのうちはうんざりする面もあるが，ある程度はやむを得ないことである。

　また，同じうまさを単に維持するためにも反復は必要となる。その場合にできることは，その形を様々に変えること，順序や手順を魅力的にすること，そうすることではじめの目的は保持したままアプローチを多様にすることである。

学習はネガティブにもなりうる

　時には退行や致命的な欠陥が認められることもある。それは，育成段階の間に身に付いた根深い根本的な誤りに起因するものである場合がある。プレーヤーを育成するには，様々なキャパシティーの間の**バランス**，調和をとるということも必要である。

　持久力のベース作りに取り組むばかりでスピードのトレーニングをおろそか

にしていると，キャリア全体にその報いを受けることになる危険がある。同様に，ある能力の獲得には，それに有利な年代というものがある。一度その時期が過ぎてしまうと残念ながらもう遅すぎるので，十分な注意が必要である。

　目標はバランスのとれたプレーヤーを育成することである。しなやかで力強く，スピードがあるが持久力もあり，戦術的によく訓練されていて，同時にクオリティーの高いテクニックを持ち合わせているようなプレーヤーを養成するためには，程度，バランス，各要素の育成に適切な時期の選択，プレーヤーの特徴への調整が必要である。

　ある動作の自動化は必要である。プレーヤーが自分の好みのスタイルを脱することができないとそれは欠点となる。平均的なレベルのプレーヤーは，例えば足のあらゆるコンタクト面のトレーニングをしなかったために後から足のアウトサイドでのキックが正確にできないことが露呈したりする。一つのキャパシティーを強化することは，決して他のものを犠牲にすることになってはならない。これは重要な問題である。

学習は，覚醒と注意のクオリティーに依存する

　特定の目的に向けられた精神のテンション，選択的注意（本当に重要なものへ注意を向ける），この注意の方向性は，学習に大いに影響する。ワークのクオリティーを改善するため，**トレーニングでのメンタリティー**を一層高めるため，十分な注意をし続けなくてはならない。それは，クオリティーの改善により有効になるよう一貫して注意をし続けること，と言い換えることができる。試合でもトレーニングでも同じように集中して取り組むことは，他のスポーツを参照しても非常に重要な要素となる。

学習はモチベーションのレベルに依存する

　このポイントについては，他のところで詳細に扱うので，ここではあまり強調しない。ここでは個人と集団の目標の設定，コーチとプレーヤーの「契約」，約束の観念の重要性を指摘しておくにとどめる。そこに潜在能力が包み隠されているのである。

　サッカーのプレーヤーはしばしば，自分たちは非常に負荷の高い仕事をこなしていると感じる。他のいくつかの個人種目での負荷と比較する共通の尺度と

いうものはない。個人種目の場合，頼れるのは自分だけだということが，おそらく違ったモチベーションを生み出し，このことがより高くよりコンスタントな取り組みを促進しているのであろう。

素質に刺激を受け，学習を通して進歩する

　初心者を競技状況においたら，初めのうちは過度に感情的な反応をするだろう。年少のプレーヤーにミニゲームをさせると，主にボールを支配することばかりに熱中する。ある程度のレベルに達しない限り，次の目標を望むのは難しい（頭を上げる，相手との関係でポジションをとる等）。つまり，「プレーを読む」ことができるようになるためには，**最小限のテクニックはマスター**していることが必要であるということである。

　育成期間の最初に成功する者と最後に成功する者は必ずしも同じではない。なぜなら育成の間に素質が刺激を受け，変化するからである。これらは非常に平凡なことではあるが，理解すべきことである。習熟のレベルに応じて，ある一つの同じ課題を与えても，ハイレベルのプレーヤーと初心者とでは同じ刺激とはならない。段階が上になるほど，動作は効率がよくなり，容易に，最小限の努力で実行できるようになる。プレーヤーのレベルによって，競技の状況から受ける影響も同じではない。

学習には難度の微妙な調整が必要である

　プレーヤーが成功するためには，課題をやたらと複雑にして反復するだけでは不十分である。後から実戦で活用できるようにするためには，初めのうちは常に単純化が必要である（例：相手がはじめは軽くつく→本気でつく）。

　同じような考え方で，うまくいかないものを最終的にうまくいくようにさせるには，何かを際限なく繰り返していればいいというものではない。進歩を促進するためには，常にプレーヤーの能力との関係で今よりも少し上の難度のレベルを与えるようにする（難しすぎると何も達成できないので，落胆させてしまう。簡単すぎると進歩を促進しない）。

　自分がすでにできることをする時，人は何かを生み出すことができる状態になる。育成によって，ある難度が克服され，あるレベルから次のレベルへと移行することができるようになる。

一人のプレーヤーの進歩は選択を意味する

　人は特にある能力，ある機能を発展させるような練習種目を選ぶ。コーチはプレーヤーの習熟度に応じて，種目の選択，プレーヤーの行動の方向付けの方法に働きかける。

　今日の育成で見られる傾向は，プレーヤーを多くの困難に直面させるような問題状況を作ることである。その中で解決を見つけ，テクニック，戦術，あるいはメンタル面で，段階的にいろいろな指標をクリアしていくのは，各プレーヤーの役目である。

　運動のコントロールの習熟は，反復回数や与えた状況の妥当性に応じて徐々に獲得される。各自がトライして，それによってもたらされた結果をふまえて次のトライを修正していく。

　例えばボレーの練習で，バランスやボールとの位置関係は，トライの成功／失敗との関係で，毎回修正しつつ反復される。成功には，状況に応じて適切な情報を抽出する能力が必要である。学習は，**エラーを検討すること**にも基づいている。そのため，トレーニングのある部分で，成功（例えば枠に行ったシュート，得点数）と失敗の数を量的に示すという関心が導き出される。この計数化がないと，人はセッションの評価を誤る危険性がある。取り上げられた指標が常に意味のあるものだとは限らない。トレーニングの効率には，これらの要素全体を考慮に入れなくてはならない。

　子どもや少年のプレーヤーを指導する場合には，特に以下のポイントを取り上げる。

1. プレーヤーの戦術の育成を促進するよう，ある程度自由な中で判断をさせるような状況を提案する。
2. 内的モチベーション，プレーの喜び，ボールを自分から積極的に求める気持ちに訴える。
3. 明確で簡潔な，具体的な指示を出す。
4. 年少者にはあまり複雑な状況を与えず，難度を分解し，効果的に人数や広さを減らしたミニゲームを用いることで，ある戦術的条件の段階的な理解を助ける。

いわゆる厳密な意味でのセッション

　他の章と同じように，ここでも我々は全く斬新なところのない指標を示すことになると思う。というのは，斬新な指標を示すことが我々の目的ではないからである。我々はもっとシンプルに控えめに，我々が重要であると考えるもの，クラブにおけるセッションのレベルを全般的に上げるのに役立つと思われるものを取り上げたいと思う。

　ベテランのコーチ，研修を重ねて成長したコーチは，かえってシンプルな原則を適用するように思われる。プレーヤーを向上させること，そしてそれによってチーム全体を向上させることには，どんなレベルであれトレーニングのクオリティーが必要である。それは，厳しい努力，プレーヤーが持っている可能性に対応させようという意志，目的に対して的確な戦略によってのみ獲得されうるものである。

　セッションに関しては，一般的に3つの時に分けて考える。セッションの前，中，後である。オーガナイズはP63に挙げる表のようにとらえることができる。

12のポイント

1. 簡潔に示す
2. デモンストレーションを使う
3. 自分を理解させる
4. 指示を出し，それが理解されたか確かめる
5. 自分が働きかける瞬間を選ぶ
6. 働きかけをコントロールする
7. 練習を自然に展開させる
8. 必要があれば難度を上げる
9. 成功を高く評価する
10. 理由を説明する
11. セッションの成果を明確にする
12. 動きのレベルに極度に集中することを要求する

各自の自分のやり方に従って，多かれ少なかれ，ある程度教育的になる部分がある。我々はここで特別なモデルを提示しようなどとは思っていない。自分に最適なことを知るのは各自の役目である。機能のモード，やり方のいくつかは，同時にあるいは連続的に使うことができる。それらによって様々な働きかけがポジティブになることもあればネガティブになることもあり，学習や進歩を促進もするが妨げにもなりえてしまう。

コーチの仕事のやり方のベースには，以下のようなものがある。

― 権威，ルールの尊重，罰への恐れ，報酬を求める
― 競争，ライバル意識
― 家族主義，好かれたいという気持ち，プレーヤーに認められたいという欲求
― 創造性，話，関与
― 信頼，協調，協力

このリストはもちろん網羅的なものではない。各自がいくつかのカテゴリーを部分的に使いながら見当をつけるものである。それでもやはり，場合によって何らかの「ずれ」が生じるのを認識するためには，特に自分自身の機能のモードに関し常に注意を払っていることが必要である。「ずれ」は知らないうちに発展し，機能の妨げとなりうるものである。

セッションを良いものとするには，情熱とプレーヤーの集中が必要である。どんな内容を提案しようと，プレーヤーがそれに賛同しなければ何も進まない。つまり，トレーニングのクオリティーはまずプレーヤーによって与えられるものである。プレーヤーには，偉大なキャリアというものは，日々の取り組みによってトレーニングで積み上げられていくものなのだと意識させるべきである。

セッションのオーガナイズ

前	中	後
1．構想を描く： セッションを書いて準備する（大筋の概略：機能的な特徴）	1．指揮をとり活気づける： セッションを生き生きと，興味をそそるようにさせる（ゲーム，競争）	1．評価する： ・実施されたワークについて ・設定した目標の達成について ・セッションの妥当性について
2．エクササイズをプレーヤーのレベルに合わせる	2．調整し，適応させる： ・練習種目をその時に応じて（精神的な状態，疲労） ・働きかけ	2．準備する 得られた成果と照らし合わせて次のセッションを準備する
3．追求すべき目標をはっきりさせる	3．修正して適切な状況にする	
4．基本方針の中にセッションを位置づける（長期的目標）	4．引き上げる： ポジティブなフィードバックを与える	
5．課題の提案，期待される行動を示す。	5．変化をつける （強度，集中，注意力，リズム）	
	6．判断する： ・要求レベル ・成功の基準（決まり事が練習種目内で継続）	
	7．練習種目の性質によって，一定回数反復させる	
	8．手助けする： ・プレーヤーがやろうとしているアクションを発揮するのを助ける ・アクティブ（積極的，能動的）な適応が起こりやすくするために助ける	

良いセッションの基準

1. 妥当性：明確な目標を立て，それに関して現在のレベルに応じた最適な手段を用いて内容を考える。
2. 精神：セッションで大切なこととは，活気のある精神，集中，積極的な参加，プレーヤーの同意，頑張ることの喜びである。
3. 活気：コーチは何よりもまずリーダーである。自らの身体をはって，刺激し，励まし，働きかけ，必要があればはっきりと示す。
4. 指導：セッションを指揮するというのは，その機能を妨害しうる最も細かい点に至るまで認識すること，状況に応じて自分の行動を調整すること，明快で，明確で，簡潔であることである。それらをなしえるためには「自分のやり方」を作り上げていかなくてはならない。
5. 内容：提案された内容のクオリティーは，外部からの観察者，あるいは参加しているプレーヤーにとっての第1の基準である。
6. 展開：その時の要求に対応していないのであれば，当初にたてた目標をあきらめなくてはならない。実際に起こっていることを無視してどんな代価を払ってでもあらかじめ計画したことを実行しようとするのは，最悪なことである。
7. 調整：セッションの最中のコーチの働きかけのクオリティーは，タイミング，回数，その性質等によって決まる。
8. バリエーション：様々な状況を提案することで，それに応じてあらゆる要素を導入する可能性を持つ。それによって様々な手段を動員し，進歩が目に見える形で現れるようにする。
9. 要求：要求は至る所に存在するはずである。内容，活気づけ（指導），参加，成功への意志等，それぞれの中に要求が存在する。コーチはこの要求を出す人であり，同時に達成させてあげる人である。そしてその結果，ある原則を尊重することが習慣付いたプレーヤーの「第2の性質」となるようにすべきである。
10. 評価：セッションの効率を正確に判断するためには，客観的な指標が

> 必要である。実施した仕事を最大限精密に総合的に評価することによって，後から妥当な判断ができるようになる。

トレーニングセッションにおけるモチベーション

　下の囲みは，セッションにおけるモチベーションに関する指標を挙げたものである。このモチベーションという特別なアスペクトと結びつけることで前の部分を補う。モチベーションに関しては，特別に1つの章を使って全体を扱うことにしている。

　忘れてはいけない。モチベーションは，プレーヤーのベースとなるクオリティーを示すものである。

トレーニングセッションにおけるモチベーション

1. プレーヤーの年齢と性格，注意力と集中力のキャパシティーを考慮に入れる。
2. 魅力的なセッションを提案する（ボールを使って，ゲーム形式で，競争を利用する）。
3. セッションの長さとバラエティーを考慮する（強弱をつける）。
4. 課題毎の要求に応じて強弱をつける。
5. 難易度に応じて，各練習種目の最適な長さを見つける。
6. 競争，ライバル意識，個人や集団の競争心を利用する。
7. 個人の短期，中期，長期の目標の面を高く評価する。
8. 1日に2つのセッションをプログラムする場合，2つの間に時間をあけ（午前と午後），あるいは選択したテーマによっては1つにまとめる。
9. 1日の中でのプレーヤーの生活とトレーニングのバランスを考慮する（学校とスポーツ活動＋自由時間）。

10. 「トレーニングに取り組む精神」を発達させる。提示された内容が何であれ，この精神からポジティブな態度は生まれるものである（これは徐々に獲得されるものである）。
11. 選択肢は2つある。1つのセッションの中に1つの練習種目に集中して，バリエーションを使ってそれを徹底的にやること，またはその反対に，目標をある程度長期的なものと見なし練習種目を修正していくことである。
12. クオリティーを重視する。設定した目標に応じて練習種目を非常に正確に実施する。また，習得に有利になるように練習の長さを考慮する（短すぎず，長すぎず）。
13. プレーヤーが自分の努力が実感できるように，成果がはっきりわかる進歩として見て取れるようにする。各目標に期日を定める。
14. 定められた目標を達成したという満足感に結びつけてモチベーションを高めさせるために，量（セッション内の反復回数）を利用する。
15. 積極的にかつ柔軟に適応させる考え方を持つ。簡単すぎず難しすぎず，プレーヤーのレベルに応じた最適な難度でモチベーションを高めるような練習種目を提案し，成功への推進力を促進する。
16. 課題やその難しさをプレーヤーが「表現する」という面を考慮する。成功のレベルを評価するものとは，客観的な現実よりも，その練習種目の難度に対するプレーヤーの主観的感覚である。したがって，コーチの役割は，誤解による不安を相対化することである。難度が増したことで，プレーヤーがわずかでも自分の能力を疑ってしまうようであれば，満足な成果を得るには不利である。
17. ある程度の実戦経験があり，典型的な精神を持ったフランス人をトレーニングする場合，これらを必ず考慮に入れる必要がある。そして，他の場で機能している計画をそのままコピーしようとしてはいけない。そのままを再生しようとしても大した効果は得られないであろう。

トレーニングセッションの評価

　最後は，自分自身の仕事を評価するため，自分のアクションの明確なイメージを持つため，自分の実際の効果性を明らかにするための要素である。いくつかのシンプルな指標を時々参照してみると良いであろう。

自分のセッションをどう評価するか？
　トレーニングセッションの実際の効果について，できるだけ明確なイメージを持つためには，以下に挙げる5つの指標を考慮する。

1．セッションの提示：
　　・簡潔で無駄がないこと
　　・クリアであること
　　・妥当であること
　　・デモンストレーションのクオリティー

2．セッションの活気：
　　・修正
　　・規制
　　・再調整
　　・コーチの位置，移動

3．セッションの内容：
　　・テーマの中での適切な目標設定
　　・提案された練習種目が目標に対して妥当であるか
　　・テーマの全体の中での位置づけ
　　・練習種目のオリジナリティー
　　・練習種目をプレーヤーのレベルに合わせる
　　・練習種目の中にバリエーションを導入する能力

4．目標の実現：
- 目標が達成されたか否か
- 時間を最適に活用したか
- 全力を発揮することのできた時間
- その課題にかける妥当な時間

5．全体的な評価，全般的な印象：
- セッションのトーン
- 前向きな取り組み
- 認識できる進歩

　自分自身がトレーニングセッションを指揮しなくてはならない時に，これらの指標全てを頭の中に入れておくことは不可能である。しかしながら，後から確かめることはできる。これら様々な要素が考慮に入れられていたかどうかを検討し，見受けられた欠陥に応じて修正を目指す。

　コーチはこのようなことを，常に頭の中で気にかけ，省みなくてはならない。プレーヤーはよく集中していただろうか？　実行したワークは良かっただろうか？

グループのマネージメント

　指導のやり方は指導者の数だけある。グループのマネージメントは，まず第一にコーチの**パーソナリティーの問題**である。内気な指導は，大声でがなりたてる指導よりも効果的になるかもしれないし逆かもしれない。

　全て加減とその人の人間としてのクオリティーの問題である。

自分自身であること

　たとえ若いコーチがキャリアの始めに一つのモデルを真似ようとしても，**自分には自分のやり方がある**ということをすぐに理解するようになるだろう。そして自分自身のパーソナリティーに合わないことはできないということを，すぐに理解するようになるだろう。

ある指導者たちは，たくさん話し，たえず働きかけ，やる気を与え刺激しようとする。またある指導者たちは，もっと冷静で，あまり多くを語ることはないが，かといって指導の効果を落とすこともない。カリスマにも様々ある。その人の性質と関係し，開放的だったりそうでなかったり，内向的だったり外向的だったりする。一人一人に自分の能力の幅，位置付けというものがある。人は，気むずかしく多くを厳しく要求することもありながら，それでもマネージメントに柔軟性を示し，ユーモアもはさむことができる。
　したがって，他人をコピーすべきではない。しかし人の優れた点は見つけるべきである。

共通のやり方

　しかしながら，コーチの精神あるいはやり方の中には，共通した行動がいくつかあるのを確認することができる。
　多くのコーチはサポートする言葉をかけ，常にポジティブであろうとし，励まし，刺激し，かき立て，説明するようにし，制裁は用いない。
　これはグループの面よりも個人の面が大きい。そこには「**ミスの権利**」が必要である。それは進歩を可能にする切り札のようなものである。これは，個人のイニシアチブとクオリティーの発揮を促進し，脅迫よりも確実なものであると思われる。常に脅迫や経済的ペナルティーに頼ってグループをマネージメントし続けることはできない。あるいは毎週オリジナルなモチベーション源を探してくることもできない。
　グループは気が散っているとマネージメントしにくくなる。トレーニングによって一時的にパフォーマンスを向上させることはできても，コンスタントに良い試合を再現するのは難しいことである。このようなケースでは安定性を促進するものが必要である。しかし，チームをその最高のレベルでプレーさせるために有益なことを引き起こすよう常に強制され続けているのは，大変なことである。
　外的な要素がリアクションを引き起こすことがある。それが，厳格あるいは協調といった，一つの態度を取り入れる。

自分のプレーヤーをよく知る

　自分の目の前にいる者たち，自分がマネージメントすべき者たちのことを常に考えるようにしなくてはならない。

　グループ内の1人1人が，自分が1人の**個人として見られている**と感じたいものである。それは教室で1人1人の生徒が先生に特に自分のことを気にかけてほしいと願うのと同じである。それには集団と個人の両方を同時に注意することが必要である。プレーヤーは，他に20人の仲間と一緒に走っている時でもコーチに特に自分1人のことを見てほしいと考えるものである。

　最近のコーチは，対話や態度の面で，より「クール」に，より「ソフト」にという方向性を要求されるようになってきている。おそらく今までとは逆の方向であろう。

グループをフィールド内・外でマネージメントする

　次に，グループのマネージメントをフィールド上とそれ以外という2つのケースに分けて考えてみなくてはならない。

　トレーニングで第一に要求されることは，プレーヤーの側の高い集中を得ることである。そして自信を持たせることである。トレーニングの間には単にボール，ゲーム，指示，適用こそが重要なのであって，パスの練習をしながら相手に昨日の釣りの話をすることなどできない。フィールド上ではぼかしたところがあってはならない。

　毎日のセッションの終わりに自問してみるべきである。プレーヤーたちは集中していただろうか？　練習に打ち込んでいただろうか？　うまくいったセッションには，プレーヤーの同意があり，プレーヤーと指導する者の間に非常に強い連帯感がある。

　この同意は，主に，**励ましを中心とした指導**に支えられる。1人のプレーヤーに自信を高めさせたいと思ったら，そのプレーヤーを悩ませたりあるいは常にネガティブな批評ばかりしていては無理である。

　失敗があったら，失敗した「人」ではなくその失敗した「事」を注意するようにしなければならない。プレーヤーがトレーニングで要求されたことをうまくできなかった場合に，それを公然と非難することは避けるべきである。あるいは無能者呼ばわりするのは最悪である。それでは，3日後にある試合に向け

てのモチベーションや自信を高めることにはならない。

　「おまえのパスは全く役立たずだ」と言うのと「おまえならもっとうまくできるだろう」と言うのとでは完全に異なる。トレーニングの際に指導を司る雰囲気は,「ミスの権利」を受け入れるようなものであること,プレーヤーにある程度の自由な雰囲気を残し,プレーヤー自身にイニシアチブをとらせるようなものであることが重要である。彼らに閉塞感を感じさせてはいけない。自分の表現を妨げられていると感じさせてもいけない。

　逆にイニシアチブが奨励されるようでなくてはならない。トレーニングでリスクを冒すのを禁じていながら,試合でプレーヤーが型にはまったプレーしかしないのを嘆くことは許されない。

　フィールド外でのグループの指導は,非常に注意が必要である。時には放っておくべき時もあるし,一緒にいてやるべき時もある。例えばロッカールームにいるような時に,それを感じ取るようにしなくてはならない。コーチがいない時の方がよほど有効にディスカッションしている者もいるのである。

共通の価値観，帰属意識

　1つのチーム,1つのグループをマネージメントすることは,ある意味ではある種のアイデンティティー,帰属意識を育てることにもつながる。クラブを守り,あるいはカラーを守り,あるいは持続性のあるスタイルを守る。その3つを同時に守ることもある。メンバーを共通の価値観の上に結びつけることによって,グループの団結は高まる。

　内部のコード（規範）を預かるのは,コーチである。コーチはまた,共通の文化,目標,チームとしてのアイデンティティー,グループのコンセプト（習慣）,そしてプレー（こういうやり方でプレーしよう）を伝える者である。コーチは,様々なオプション,その時々でチームを特徴づける方向性を一本化し,それを守る者である。

　そして,この領域では,「柔軟」でありつつも同時に堅実さ,一貫性を示さなくてはならない。フィールド外のグループの指導は,当然,フィールド上で起こることと矛盾していてはならない。1人1人のパーソナリティーに適応させる一方で,グループの文化やルールの統一性（特別扱いや不公平はなし）といった要素を無視してはならない。

一般的なケースと特殊なケース

　それでもなお特別なプレーヤーを特別扱いするとすれば，そのことがグループ全体から受け入れられていなくてはならない。

　チームを勝利に導くような偉大なプレーヤーが，少し他と違った特別なステータスを必要とするのであれば，特別扱いを承認することもあり得る。グループがそれに同意し，受け入れ，この例外を受け入れることがグループの利益に必要なことだと理解するのであれば，問題はない。

　人は，チームを勝利に導きプレミアを獲得させてくれるようなプレーヤーを受け入れ，何らかの特別な自由を享受することを認める準備はできているものである。なぜならそのプレーヤーはより以上の何かを持っているからである。大切なのは，その限度を定めることである。そしてその自由の中に，他のプレーヤーからの信用を失うことのない範囲を明確に位置づけることである。

　チームで最高のプレーヤーたちは，程度の差こそあれ，常に特別な配慮を求める。我々が今言及した2つの典型的なケースに関して，基盤となる2つの前提を挙げることができる。

1) タレントプレーヤーというものはグループの中で他の者よりも問題を起こすものであるとみなすこと。
2) スタープレーヤーが時に受ける「特別待遇」，あるいは彼らの普通と違った行動は，時には妥協もしなくてはならないが，決してグループの結びつきをゆがめるものであってはならないし，まとまりや団結を損なうものであってはならないと考えること。

　アクションには，グループレベルに対するものと，例外的なプレーヤーに向けたものとがある。

　グループレベルをよくマネージメントすることは，全員が同じ型で作られているわけではなく，ある者は少し違うのだということ，その者を受け入れることは寛大さを示すこと，あるいはもっと単純にインテリジェンスを示すことであると，理解させる努力をすることである。連帯感や全体の個人の団結にはそれが必要である。何か特別なことを受け入れさせるということは，ある面，グループ内に暗黙の了解をうち立てることにもなる。1人1人がその状況を受け

入れ，理解するのである。

　しかし同時に，時々は，歯止めが存在するということを示さなくてはならない。最高のプレーヤーに対し公然と叱責したりあるいは軽く批判することで，他の者は安心し，コーチには全員にルールを課す力があると納得することができる。あるプレーヤーの首の手綱も時には引き締めなくてはならない。**グループは個人よりも重要である**。特別に良いプレーヤーは，まず第一に「チームにとって」非常に良いプレーヤーであるべきである。集団の中に自分を組み込み，他のプレーヤーにプレーさせ，他のプレーヤーの助けで自分を表現するようなプレーヤーである。

　コーチはまた，プレーヤーが外部や環境との間に保っている関係においてもある役割を担っている。プレスとの間に問題があった場合，プロフェッショナルに，大衆やジャーナリストに対して自分の務めを果たすのである。

メンタリティーの発達

　ここ数年で，プレーヤーの行動に，グループのマネージメントに変化をもたらすような著しい変化が見られるだろうか？　これは，簡単に答が出るものではないが，問題にしてみる価値がある。

　あちこちでこう言われるのを耳にする。プレーヤーは以前よりも個人主義になっていて，あまり自発的に自分から飛び込むことがなく，とりわけ個人的な利益を守ることを考えていると。これはつまり，コーチとプレーヤーの間には，以前よりも大きな距離があるということである。誠意や自発性といったものは少し変質してしまったようである。

　この仮定を受け入れるとすれば，いっそう慎重になり，自分をあまり表現せず，言葉の裏に隠されているものを求めるようになるだろう。チームのマネージメントには，たとえ一時的なものであっても，常に**暗黙の了解**の部分を必要とする。

　それは，積極的に参加，関与するマネージメントのモデルがサッカーにおいて良いモデルであるという意味ではない。我々はそうは思っていない。グループを持ったら，マネージメントし，方向付けを行い，選択し，決断を下すべきである。

　もちろん，限度があると知った上で責任転嫁すべき時もありうる。コーチは

プレーヤーの意見に反してシステムを選択することはないが，特別なオプションを反対を押し切って決めたい場合など，それをまとめ上げる選手を見つけた方がよい場合もある。

コーチの態度，姿勢
　コーチの側からの接触を持たないこと，故意にそして持続的にグループと距離を置くことは，たとえそれが慎重とか用心といった名の下であったとしても，非常に重大な支障となる。まず始めに，グループとのコミュニケーションが少しゆがめられる。次に，自分の思うことを言わなくなるが，それは言い過ぎることと同じように危険となりうる。ものを言わなくてはならない時には，言う勇気を持たなくてはならない。必ずしも細部に入り込む必要はない。
　「君は試合でプレーしない。なぜなら私はこの戦術を選んだからだ」あるいは「私の個人的な意見では，今のところ他のプレーヤーの方が良いと思っている。君はそれに同意しないだろうとは思うが……」
　多くのインタビューの中で，プレーヤーたちはしばしばこう語っている。
　「コーチは僕に何も言わなかった。どうしたらあの人の気に入るのかわからなかった。僕のことをどう思っているのかもわからなかった」
　全て非難の口調である。これは難しいことである。しかし，難しい選択に直面した時には，率直に誠実にならなくてはいけない。何も言わないのは，嘘をつくことや，話を脚色するのと同じように，立場をはっきりさせることよりも危険であり有害である。もちろん，はっきりと話せば問題が起きないということではないが，プレーヤーはむしろ，同意しないまでもコーチの誠実さは認めるものである。
　現代のマネージメントでは，スポーツでもそれ以外でも，**まず勇気を持つ**ことが必要である。うまくいかない時でも満足しない時でも言う勇気，人や状況に立ち向かう勇気である。プレーヤーは，怖じ気づかず頑強な確固とした指示対象を必要としている。
　半端なことを言ったり，人を甘い言葉で丸め込もうとしたりしてはいけない。あるいは，プレーヤーを使わないでおいて「君はとてもすばらしいプレーヤーだと思っている」などと信じ込ませようと試みてはいけない。それでは相手をバカにすることになる（「とてもすばらしいプレーヤー」だったら試合に出て

プレーしているはずだ）。

　同意できないとしても，チームからはずされたプレーヤーはおそらく，全くシンプルに偽らずに真実を言ってもらいたいと思うだろう。個人の自尊心は傷つきやすい。デリケートな状況の中で自分が思うことを確実な形で表現しよう。ぼかして相手を苛立たせるよりも，物事はあくまでありのままに言った方が良い。

自己分析の関心

　自分自身の実践や行動に関する自己分析，あるいはそれがグループの性質に対して妥当であったか，特別な期待やその時の期待との関係で妥当であったかどうかの自己分析が必要である。

　同様に，グループの機能の仕方について，またプレーヤー個人の機能の仕方について，進歩と進歩のファクターを，定期的に総合評価をしていくことで分析する。

　「私の最大の敵は私自身だ。」これはつまり，もしも自分自身がやること，反応の仕方，ストロングポイントとウイークポイントを意識しなければ，自分の気分あるいは場合によっては性格の急変があった場合それにもてあそばれることになる，という意味である。それはグループのマネージメントには最悪なことになる。全く適応していないような行動を採ることのないよう，例えば攻撃に攻撃をもって反応したりすることのないよう，注意しなくてはならない。

　一般的な注意を挙げておこう。人は重役会や会長に自分について満足してもらうためだけに働くことはない。コーチを第1に評価する者，それは自分自身である。いつもこう言うことができるべきである。「私は，プレーヤーが勝つために最高のコンディションになるよう，自分の最大限の努力をした。そしてシーズン全体を通して完璧を目指す努力を，絶えることなく続けてきた。私は常にあらゆる要素を採り入れる努力をしつつ，誠実に判断を下してきた。」

　コーチが最大限の努力をしたと納得した時，そしてコーチがまず第一にプレーヤーを進歩させること，プレーヤーを勝たせることを考えていたと納得した時，プレーヤーはコーチを尊重する。

　プレーヤーはそのキャリアの間に何人ものコーチと出会う。そして必ず自分なりに比較するものである。この比較に耐えられるようでなくてはならない。

10年後にはポジティブな者が残る。

倫理の面（自分自身に対する規範）と**モラル**（集団としての規範）は，おそらくまた重視されるようになるであろう。一つの社会は，価値基準への参照なしでは長く生きていくことはできない。それはサッカー界のような小社会でも同様である。

プロとアマチュア

プロとアマチュアの間には，うち立てるべき区別がある。

育成のコーチはフィールド上でコーチであり，フィールド外ではリーダーや世話役でなくてはならない。プロの場合はフィールド上でコーチであり，外では尊重され名誉を認められたチーフであって，世話役としての役割は重視されない。尊重がなければ全て成り立たない。

しかし，この差を越えて普遍的に，コーチは常に「情熱を伝える者」であり完璧主義者である。コーチはフィールド上で多くを要求し，フィールド外では自分が身をもって，チームに関わる価値観やコードを伝える。コーチはそれらを特別に預かる管理者なのである。

まとめ

1. グループのマネージメントには，コーチのパーソナリティーとグループを構成するプレーヤーのパーソナリティーを考慮に入れ，尊重する。
2. 自分がどのように機能するのかを知ること，また自分がどのようなスタイルの効果を持つのかを探し求めることは，各自の役目である。
3. 激励し，サポートし，ポジティブな評価を与えること（重視，活用，価値付け）は，通常，制裁や脅迫よりも効果的である
4. プレーヤーは，誰でも，自分が特別な存在であると確信したいものである。プレーヤーにはそのように思いこませるようにしなくてはならない。
5. 現場でのグループのマネージメントは，非常な厳格さ（厳密性）を含む。
6. 悪い行動は批判しなくてはならないが，その本人を非難してはいけない。
7. フィールドの外では，コーチは，グループを特徴づける価値，規範，内部

の決まり事の第1の管理者となる。
8. 例外的なプレーヤーにステータスを与えることで，グループの統一やまとまりを損なうようであってはならない。
9. グループをマネージメントし，統率するには，しりごみせずに，自分の意見を表現する勇気を持つことが重要である。
10. 常に集中力を高めるよう心がける。より熱心なよりコンスタントな実践から効果を得られるようにする。

話し方

試合前

努力する

コーチは誰でも，試合前には多かれ少なかれストレスを感じるものである。

メッセージのクオリティーには，発信者自身のクオリティーも必要である。不安を抱えている者は不安を伝えてしまう。**効果的なメッセージを発するよう**努力しなくてはならない。**明快で簡潔でポジティブなものとなるようにし**，チームの働きを妨げる性質のものは全て排除するようにする。

試合前に大きな不安を示すと，そのことは，プレーヤーの自信の欠如となって返ってくる。そのことによって，良い準備をするため，すなわちプレーヤーに自分自身の価値に確信を持たせるためにしてきたこと全てが否定されてしまう。プレーヤーには，良い結果を得ることが可能だろうという確信を固めるような，ある種の保証を示してやることが望ましい（それは必ずしも簡単なことではないが）。

話の効果を高めるため，そして続く試合を明晰に分析するためにプラスとなる緊張状態を作るために，人によって様々な方法が使われる。例えば自分を「トランス状態」に置くことで，プレーヤーに同様の状態を引き起こすことを狙うやり方がある。しかしこのようなケースでは，絶対に自分だけがそうなる

ことのないようにすることが必要である。また、呼吸法で適度な緊張状態を得るやり方、あるいはこれからプレーヤーに言おうとすることを自分で繰り返し練習するやり方もある。また、相談相手を選び（トレーナーやドクター等）最後に彼らと共に再検討するやり方をとる者もある。話に効果を持たせるばかりでなく自分のストレスを排除するためにリラクゼーションのテクニックに頼る者もある。

話のプラン

　試合前の話はかなり規則的なパターン化したものとなることが多い（時々プレーヤーの注意を喚起するように意表をつくことはあるとしても）。

　育成年代のチームでは、大体以下の手順をとることになるだろう。

― まずその試合のおかれている状況、重要性等を示す（イメージや比喩を使って効果的に）。それから相手について話す。現在の自分たちのチームのデータを参照する。
― セットプレーの攻撃と守備について明確に言及する（セットプレーからのゴールが平均で全体の約35％に相当するということを忘れてはいけない）。
― 一般的には、中心となる考え方を手短にまとめ、ストロングポイントと目標を述べてしめくくる。「このポイントがこの試合のキーだ。そして私が君たち1人1人に特に期待することだ。」

　モチベーションに関する面は、一般的に最後に入れる。ある時は試合自体、ある時は相手、あるいは自尊心、あるいは結果にふれることでモチベーションを高めるようにする。状況に応じて様々な部分から刺激する。しかし、毎回**確固とした何かを持たなくてはならない。**

　その効果は、試合前のプレーヤーの表情や態度から読みとることができる。試合前の話で理想的なのは、個人に向けつつ集団に話す技術を持つことである。これはプレゼンテーションの技術的な問題である。ハイレベルのコーチは約10分の話のために4～5時間もかけて準備するのである。

　プロのチームの場合は、かなり異なる部分がある。プロの場合は、1週間の準備の間に相手について話す時間がかなりあり、相手に関わる大切なことは試

合前のその準備の段階で既に確認しておかなくてはならない。試合前の最後の時は，自分たち自身について話し，自分自身のパフォーマンスについて考える時間である。

話のキーポイント

最後の話は，本質的な，**ポジティブで強いイメージを持った言葉**で仕上げる。

ショックを与えるようなイメージは抑える。毎回，数語ではっきりとイメージを示しメッセージを効果的に伝えることができるよう，努力しなくてはならない。中心となる理念の中に，メッセージを最適に伝え得るものを集めておくようにする。

主要な話を当日の朝にするか前日の夜にするか，2回するか3回するかは大して重要な問題ではない。ただし，あまりに早くからプレッシャーを高めさせるのは避けなくてはならない。

どのような戦略を採るかは，チームやその時々の特別な状況による。マンネリ化を避けるためには，何かを変えることができなくてはならない。志気を高めなくてはならない時もあれば，痛烈に非難しなくてはならない時もある。ある時にはわずかな言葉で十分であり，またある時にはもっと時間をかける。

また，例外的なやり方としては，プレーヤーを3〜4分間自分たちだけにさせ，試合中にやるべきこと，それぞれの役割を互いに話し合う時間を与える方法もある。これによって団結が生まれ，その後フィールド上で発揮される場合がある。個人的な働きかけは，若いプレーヤー，あるいは一時的に迷いを抱えたプレーヤーに有効である。

全てはチームのその時の精神状態による。

ミスに注意する

名高い強豪が相手の困難な試合を前にして絶対の勝利を義務づけることは，プレーヤーによけいなプレッシャーを加えることになる。このプレッシャーが強くなりすぎて期待したのと逆効果になることがある。

このようなケースでは，チームに勝つことを強要するよりも，試合を慎重に辛抱強く始めること，そして自分たち自身のパフォーマンスに関する明確な指標を強調する方が良い。チームの状況に応じては，少し引いたところにポイン

トを置くこともできるようでなくてはならない。

試合前の話のインパクト

　話は試合当日の一つの大事な時である。この話によって，プレーヤーの気持ちをかき立てもするし，不安にさせもするし，安心させもする。ここにはコーチの側の演出的な側面がある。これは**ある意味で儀礼的なものであるが，決して陳腐なものになってはいけない**。調子が良くない時には，話も調節した方がよい（例えば短縮する）。その時のメッセージを伝える能力に応じて，認識した状況に応じて，また願望に応じて軌道を修正する。毎回高い効果を発揮し，グループをうまく指示の方向へ向かわせるのは難しいことである。だからこそ状況に応じて適応させるようにする。

　「試合でプレーするんだ」という欲求をより一層高めさせるようにしなくてはならない。技術・戦術面に関しては，不安や不確実性を減らす。プレーに関しては，リスクやイニシアチブを奨励する。モチベーションに関しては，いくつかの動機や原動力となるものに触れ（認められたいという願望，自尊心，誇り，自己確認），それによってパフォーマンスを高めさせる。

　あまりに相手の価値ばかりを強調することなく，自分たちが厳しくプレーすればやれるのだということを納得させることで，プレーヤーは安心する。

ディシプリンとイマジネーション

　フランスでは，しばしばディシプリンとイマジネーションを対比させる。しかし実際，イマジネーションはプレーの中にディシプリンがなくてはありえない。創造には，それを可能にし促進するための仕掛けやベースが必要である。賭けるものよりもプレー自体の方を強調した方が良い。

　「君たちがやれる最大限のことをやりなさい。1人1人が自分の役割を果たしたら，結果は自然についてくる。勝たなくてはいけないという気持ちにとりつかれないようにしなさい。」

　プレーヤーはプレーするのが役目である。**結果へのプレッシャーはコーチに与えられるものである**。したがって，プレーの仕方や指示に焦点を当てなくてはならない。プレーヤーへのプレッシャーは，プレー，彼らのクオリティーとの関わりでかけるようにし，それを選択した戦術の実行に役立てるべきである。

それはなにも，プレーやプレーの喜びが結果に勝るという意味ではない。ましてやプロにおいてはそうは言っていられない。そうではなくて，これら2つを切り離さなくてはならないということである。そして，結果を得るためには時には喜びがない場合もあるということを知らなくてはならない。真の喜びは，結果によって得られる報いの中にある。結果は報いとなる。だからそれを獲得するために努力しなくてはならない。

　これら2つのポイントをとるためには，いくつかの物事を明確にしなくてはならない。通らなくてはならない道がある。試合時間残り10分で，やるべきことにしっかり集中していたら，明晰でいられたら，まだ勝つことができる。負けそうだと焦って誰も彼もが闇雲に攻撃を開始しだしたら，勝つことはできない。したがって，試合前の話においては，考えられるあらゆるケースを検討しておく必要がある。

　「縁起が悪いから」と，ホームでリードされることを決して考えようとしないコーチもいるが，そのことをあらかじめ考えていれば，一時的に困難な状況に直面しても対応することができる。話の中でこの面を過度に強調することなく（悪いことの予想に時間を無駄にかけるべきではない）試合をまんべんなく警戒するのが良い。例えば「もしも最初の15分で点を取られたらこうするんだ。」ということである。また，典型的なケースについては，その週の準備の間に予測しておいた方がもっと良い。そうすれば，最後の話では簡潔にポジティブな点だけに触れれば十分である。

　与える効果を考えて的確な方法で示すことが重要である。悪い方の仮定をただ述べるだけでプレーヤーが不安で押しつぶされてしまうことも予測されるため，ポジティブな展開の方を検討しておいた方が望ましい場合もある。

　前進している段階，困難な時期から自信を回復しつつあるような段階の時には，最悪のことは話に出さないようにする。

話の形態

　話は常に**短く，力強く，プレーヤーを鼓舞するような**もので，強いイメージを持ち，相手の心に触れるものでなくてはならない。

　話はテクニック面とメンタル面に関するものである。軟弱な弱々しい言葉は全て排除する。「してみようかと思うのだが…」等といった言い方で，プレー

ヤーの意見を求めるようなことはすべきではない。

　移動は前日か前々日にしておくべきである。前もって到着し，メッセージがよく伝わるような段取りを計画し準備する。椅子は十分に近づけ円弧状に置く。コーチとプレーヤーの間にテーブルは置かない。白板は全員からよく見えるように置く。このように具体的な配置を選び，必要に応じて修正する。

　コミュニケーションには唯一絶対の構成が存在するなどと主張する事はできない。しかし，オーガナイズは，快適さ，言葉の効果，メッセージの内容（安心させる，あるいは刺激する），グループとの間に保っている関係のタイプに適応するように選択すべきである。近い関係であれば，コミュニケーションがよりとりやすくなる。

　次に，できるだけメッセージをよく伝えさせるために，コミュニケーションの場を視覚化し記憶していなくてはならない。特にそのポイントに関わる者とはすぐに直接コンタクトをとれるようにする。

　このような細部への配慮はハイレベルの特徴である。ここでACミランの例を挙げよう。

— 前日にコーチは20～25分のビデオを見せる。これは相手チームのプレーの特徴，セットプレー等を編集したものである。
— 試合当日は，2つのボードを示す。1つは相手のストロングポイント，ウイークポイントを示したものである（約5つのポイント）。もう1つは自分のチームについて，このようにプレーするのだということを示すものである。これらのポイントを基にして話をする。約20分間である。

　また，交代選手の名も挙げ，グループの一体感を強調する。この時間は特別に大切な時であって，何事も成り行き任せで適当にしてはいけない。

話を綿密に準備する

　話は綿密に準備する。何事もその場で間に合わせにしてはいけない。短い印象深い言葉を述べ，プレーヤーが漠然とでも感じられるよう考え方を形にする。活気を持って，プレーヤーが期待するようなことを言わなければならない。最後の瞬間に言葉が適切に出てこないのはマイナスである。

同時に，自信や信頼感を高めさせるようにする。グループの一体感や自分自身の価値，自尊心に働きかける。自分自身に対するポジティブなイメージは，他人から送り返されるものから作り上げられる。この面は，様々なやり方で，必ず考えるべきことである。

オブザーバーの同席

会長の介入について，一言触れておこう。会長の話がもしどうしても避けられないのであれば，コーチの前にさせること。決してコーチの後に話をさせてはいけない。後に話をさせると，必ずしも間違っていなくてもコーチの言葉と食い違うことで効果をぶちこわす危険がある。

最後の7～8分の話は，重要なオプション，それまで取り組んできたことを非常に手短にまとめたものを，モチベーションが高まるように述べる。プレーヤーはこの考え方をしっかり心に留めておくようにする。

最後の瞬間にロッカールームの第三者を入れるか入れないかは，個人的な問題である。会長は一般的にその場にいたがるものであるということを知っておくべきである。「出ていってほしい」と相手の機嫌を損ねないように頼むのはおそらく難しい。

しかし1人1人に自分なりの考え方がある。我々はこの問題について何か特別なことを勧めようとは思わない。自分が表現能力が豊かでこの領域がかなり得意であると思う者は，おそらく会長がそこに立ち会うことも良いと考えるだろう。あえて会長に強い印象を与えようとするであろう。これは，コーチの緊張感への適度な刺激にもなりうる。反対にこのようなタイプのことが苦手だと感じている者の場合，第三者がいることによって場を乱されるのを恐れるのであれば，おそらくプレーヤーだけの前で話をした方が良い。会長にはいつでもこう言えばよい。

「今日は試合前の話の時には席を外していただきたいと思います。あるいは別の時に来てください。その方がチームにとって良いと思うので。」

話は目的とコーチのパーソナリティーによる

たとえ全ての人に有効なルールがあるとしても，話は常にパーソナリティーや個人の特徴と関係がある。プレーヤーの平均年齢に応じて，あるいは自チー

ムと相手チームの前の試合の結果に応じて，戦略を選ぶ。追いつめられた時の方が力を発揮する者もいれば，刺激されるよりも安心させてもらいたい者もいる。

話の全体，内容，形，長さは，主にどんな効果を期待するかによって決まる。試合前の話は，コーチが影響を与えることのできる最後の時である。この時にコーチはプレーヤーに推進力を与え最終的な準備を整えさせることができる。一度試合が始まってしまえば与えることができる影響はかなり不確実なものとなる。だからここでプレーヤーに伝えるのである。

ハーフタイム

再び聞くことのできる状態になる

一般的に，ハーフタイムにはまず5分間程度何も言わず**落ち着かせる**。コーチはこの場にいる場合もあるしいない場合もある。

このように前置きを作ることは確かに大切である。なぜなら試合でプレーヤーは必然的にハイテンションになり，攻撃的になっていたり神経質になっていたりする。この状況ではプレーヤーは苛立っている危険性が高い。特に前半に満足がいっていなかったりあるいは困難な状況を振り返ったりしているような場合は，落ち着いて何かを聞き入れることは難しい。したがって，ここは気分を害するような言葉を発する時ではない（例外を除いて）。そのような言葉を発するとテンションがさらに高くなる危険がある。

いわゆる「罵倒」の効用

「罵倒」についてはどう考えるべきなのだろうか。地方新聞の記事には（全てではないが），「ハーフタイムにコーチに『罵倒』されたことが功を奏してチームが改善された」，とする記事が時折見かけられる。このような迷信からは脱却しなくてはならない。このやり方で効果が出るのは10のうち1～2でしかない。統計的に見て，成功したケースには，他の何かの作用との一致があるものである。つまり実際は，一時的に失われたことが他のファクターによって再発見されているのである。

実際，プレーヤーを挑発するのは良いやり方ではない。それは何の役にもた

たない。自分が怒ってしまうようなコーチは，プレーヤーに自分を乗り越えさせ，注意力，集中力を高めさせるような態度を促進することはできない。苛立ち興奮すると，それは冷静さを失うばかりでなくどこかで自分のやり方を見失うことになる。これでは，元々持ち合わせの能力の範囲内で機能することになる。残念ながらこのようなケースはまだまだたくさん見受けられる。人を貶めることで必ずより効果的な断固たる行動を得ることができるなどというバカな前提は考え直した方が良い。

　パニックを起こしている時，何もうまくいかないような時にこそ，**自尊心を示そうとすることで**，強いメッセージを伝えることができ，相手は信頼し確信することができるのである。

　ロッカールームに戻ってくる時には，プレーヤーの心拍はまだまだ高く，頭の中にはたくさんのことが渦巻いている。このような時に「罵倒」しても効果的な手段とはならない。我々は，安心させること，力づけること，結束させることの方が望ましいと考える。場合によっては激しい言葉をかけることがあっても，決して「罵倒」はしない。

　「罵倒」して苦しめることは，相手の自尊心を揺るがすことになり，効果的ではない。

　「こんなプレーは我々らしくない。うちは前半は良くなかった。こんなことはよくあることだ。しかしこのままの形でプレーを続けているわけにはいかない。君たちにはもっとやれる力があるはずだ。」

　口調は荒っぽくなるかもしれない。時には怒りを「コントロール」しつつも示すことが有効となる場合もある。しかし，コーチの行動のクオリティーと自己コントロール力は，プレーヤーの目から見て非常に重要なものである。

　1～2人のプレーヤーが大きなミスを犯してそれが失点につながったとする。そのような場合，今は彼らを非難すべき時ではない。張本人たちと共に試合は続けていかなくてはならないのである。チームは彼らなしでプレーすることはできない。ミスを犯してしまった場合には，ミスを取り返すために努力を重ねた方が良い。落ち込んでしまっても何もならない。ましてやコーチはここで本人を非難してはいけない。

　次の一週間で十分に時間をかけて詳しく話し合い，再びそのようなミスを繰り返さないよう努力すればよいのである。

ポジティブな面を重視する

　いくつかのポジティブなポイントを強調しながら言いたいことを伝えていくのが良い。うまくいったことを挙げておいて，それにプラスして，ラインやエリア，あるいはある行動に関していくらか修正を加える。これはおそらく誰かを名指しで挙げるよりも望ましい。たとえその指摘がチームの一部分に向けられたものであったとしても当事者にはすぐわかる。要求されたことをしなかった者は，それが自分に関わることだと十分にわかっている。これはまた，**連帯責任の考え方**も促進する（フィールドのあるゾーン，あるグループ）。

　個人に修正すべき重大な点がある場合には，個人的にする方が望ましい。例えばロッカールームを出る時にそのプレーヤーを引き留めて伝える。

　もちろんこのようなケースでは伝え方に細心の注意が必要である。プレーヤーに受け入れさせるために最も望ましいアプローチは，まずポジティブなポイントを指摘すること，そして次にプレーのこの部分をこう変えるようにと促すことである。そして励ましの言葉で締めくくる。要するにポジティブなポイントから始め，次にうまくいっていない部分を指摘し，最後に別のポジティブな部分で終えるのである。「君にはそれができる。」人によって，肩に手を置いたり，真っ正面からまともに見据えたりしながら伝える。

本当に大事なことだけに絞る

　ハーフタイムには言いたいことがたくさんあったとしても，問題を系統立て，最重要の面だけを強調するようにすべきである。

　この時にはどうしてもそれほどしっかりと聞くことはできない。どんなふうに見えようと，1～2つの重要なポイントだけで我慢しなくてはならない。ゲームのリズムを上げる，ボールを奪ったら1～2タッチでプレーし素速く前に上がる，ボールを失ったらもっと速くポジションを移動する等。ここで定めるプレーの目標は最大でも2つまでとする。

　最後の数分は個別のコントロールに使う。良いプレーをしている者にはそれを続けるように励まし，いくらか問題があった者には気持ちを落ち着かせ，交代するプレーヤーには準備させる。

　一番最後には，期待する精神を一言にまとめて発することで，全体をまとめて送り出す。

試合後の批評

試合直後には簡潔にまとめる

　ロッカールームで手短に言葉を述べ，試合全般を位置づけ，負けた後には気持ちを落ち着かせ，グループの精神を悪化させる可能性のある痕跡を押さえておく。勝った時にはいくらかコントロールすれば十分である。こちらはよほど簡単である。

　試合直後にまとめることで，プレーヤーが明日読むであろうこと，言わなくてはならないこと，あるいは言ってはならないことについて，プレーヤーに心の準備をさせる。得られた結果に応じて一種の暗黙の了解を作る。

いつどのように？

　試合の翌日は，批判的な分析を先まで押し進めようとするにはあまり効果的ではない。プレーヤーは負けた時には常に多少打ちのめされ落ち込んでいるものである。自分のプレーがあまり良くなかったとわかっているプレーヤーはあまりよく眠れていない。試合のことを改めて考え直していて，人の批判を聞くにはまだあまり良い状態には達していない。

　月曜か火曜には，プレーヤーたちはおそらくもっと落ち着いていて，聞くことができる状態になっている。こうなってからの方が，グループ毎，ライン毎，全体の批評がより有効となる。最悪なのは，試合直後のロッカールームで誰かを非難することである。あるいは翌朝でも同じである。

　一般的には試合から時間がたつほど感情的な面が収まり，批判を有効に行えるようになる。チームを進歩させるだろうと思われるものに集中し，もっと早い時期に表現していたらおそらく感じたであろう辛辣さや不快感を無視することができるようになる。

　試合後の話は試合の際の話のまとめであるべきである。つまり始めに伝えた期待を確認し，なぜそのことがうまくいったか，うまくいかなかったかを，結果と切り離して見るのである。

　ここには2つの指標がある。試合とその準備である。勝った，負けたよりも，起こったことについて最大限明晰な分析ができるようでなくてはならない。良くはなかったが勝つ場合もある。しかし同じようなプレーをしていたら次は勝

てないだろうということもわかっている。

　批評をする時には，結果ばかりでなく，実行されなかったことや尊重されなかったプレーの原則を強調する。プレーヤーは自分の才能と自分のプレーに責任を持つ。彼らに「結果」の責任を負わせてはならない。そして試合を分析する際に結果ばかりに意識を集中させてはいけない。プレーするということは重大な責任である。期待されたことに対して自分を保つのは彼らの役目である。

　「まとめ」は強化する意味を持つ。そして，準備，試合，試合の分析という一つのサイクルのしめくくりである。

主語の使い方の持つ意味

　「君たち」と「我々」（あるいは「うち」）は，区別して使い分ける必要がある。

　批判する際には，プレーヤーと同じ立場となることが望ましい。「我々のプレーのこの部分は全然良くなかった」という言い方をする。そしてうまくいったことについては「君たち」を使う。「後半の君たちはすばらしかった。」

　難しい時期とわかっている時にプレーヤーから距離を置いて離れてはいけない。そのような時こそプレーヤーたちの真ん中にいるべき時である。「我々」は，自分たちが全員同じ船に乗っているということを意味する。「我々」「うち」といった時には，含むが指定しないという面がある。指定することは，明らかな理由があって強い不満を持った場合に局限するやり方となる。

　「私は満足していない。なぜなら私は君たちにこれを要求したが，君たちがそれをしなかったからだ。」

　このケースでははっきりしている。「私」は自分の不満を強く訴えたいということを意味する。そして「君たち」という言葉で自分はその中には入っていないということを意味する。

　このように，主語の使い方には，話者の側の様々なレトリックがある。

　負けた時に不機嫌な顔をして何も言わなくなるコーチがいる。誰もがおそらく少しはこういうことをしてしまうだろう。しかし沈黙は必ずしも毎回良い効果を生み出すとは限らない。

時間の経過による効果の持続，リミット，改善の可能性

　試合前やハーフタイムの話のインパクトはどれくらいもつものだろうか。

　指示は20分間程度は守られているようである。しかしその後はスコアの展開や相手によって引き起こされる問題による。そのことから，良いシステムを持つことの重要性，適切なラインの配置，すべきことが正確にわかっているプレーヤーが重要であることが確認される。

　他のチーム競技とは異なり，サッカーでは，コーチが影響力を行使する機会となるタイムアウトや，一旦下げてから再び戻すといった複数回の交代が認められていない。試合が始まれば，行使できる調整は限られている。タッチライン際のベンチから指示を叫んでも，必ず聞こえるとは限らない（聞こうとしないプレーヤーもいる）。

　ゲームの展開への影響力を高めるために，試合展開を前に手詰まりにならないために，チーム内に（各ラインに1人）「**中継**」となれるプレーヤーを持っておくと良い。彼らは例えばスコアが動いた場合に，試合前に与えられた指示に応じてグループをオーガナイズし直すことができる。

　しっかりとした戦術の素養を持っていて，何かを修正しなくてはならない時にすぐに理解できるプレーヤーがいる。そのようなプレーヤーを活用するのは良いことである。ただしそれが中心となる軸でプレーするプレーヤーである必要がある。

　システムによる対処では限界がある。チームが迷いを抱えていたら，適切な行動はとれない。そのような場合，勝利やいい試合が続いた時に初めてグループに必要な落ち着きを取り戻すことができるようになるのである。

まとめ

1．自分をコントロールできること
2．自分の言いたいことをしっかりと構成すること
3．重要な点に集中すること
4．ポジティブな面を重視すること
5．強いイメージを使うこと

6．プレーヤーの心に触れること
7．アクセントをつけ手短に話すこと
8．個人と集団を考えること
9．話を綿密に準備すること
10．「試合」というものを理解し，試合中にできうる限界を知ること

試合とそのマネージメント：
試合中やロッカールームでの振る舞い方

　ベンチを見れば，コーチがプレーヤーを愛しているか，サッカーを愛しているかがわかる。

　文句ばかり言ってプレーヤーを批判し続けることで時間を過ごす「スペシャリスト」がいる。我々の考えでは，フィールド上ではプレーヤーに自信を持たせた方がよい。時にはプレーをほめるのも良い。そのことで彼らがもっと良いプレーができるようになる。プレーヤーが成功した時には彼らにポジティブな承認のサインを与えるべきである。

　試合中のプレーヤーとコーチの関係から，普段のチーム内での関係や雰囲気のクオリティーが推測できるものである。

試合前，試合中

「タフ」であること，グループ内に自信を示すこと

　試合前にはプレッシャーがあるので，プレーヤーは確認したい欲求にかられる。自分たちのコーチはタフで信頼するに足る人であり，パニックに陥ったりしない人であると。もしもコーチがほほえみを浮かべていれば，あるいはちょっとしたユーモアを示すことができれば，そのことで，相手を恐れ既に最悪の事態を予測し不安を抱え込んでしまったプレーヤーたちに，望ましい影響を与

えることができる。

　逆もまた正しい。コーチが過度のストレスを受けていたら，チームの不安をますます増幅してしまう。

　リスクの重圧，責任の重圧，結果の重圧は，コーチに与えられるべきものであり，コーチはそれを引き受けなくてはならない。それらを引き受けながらも自己コントロールを保ち，プレーヤーの働きを助けてやらなくてはならない。もしも不安や不確実性を抱えていたとしても，それは当然のことであり理解できることである。しかしそれでもそれを示さないようにしなくてはならない。自分を平常に保ち，プレーヤーを混乱させないようにしなくてはならない。これは基本的なポイントである。

　プレーヤーを緊張させることは，論理にはかなったことかもしれないが，健康的なやり方ではない。プレーヤーのプレッシャーをさらに強調することになってしまう。したがって，二つに一つである。

- 過度のストレスを感じずにむしろ冷静でいられる気質を持っていることで大きなアドバンテージを持つ。
- 元々不安を起こしやすい性質を持っているため，多大なる努力をする。

　全般的に，信頼感が重要なファクターとなる。ロッカールームにいる時には，プレーヤーはコーチが自分たちを信頼しているかいないかを感じるものである。もしもコーチが高い緊張状態や大きな不安を示したら，それは「自分の軍の兵士たち」の力をどこかで信じ切っていないということを意味する。

　ユーモアは良い気分転換となる。自分でリラックスするために使うプレーヤーも多い。しかし場合によってはそれが，落ち着いて平静にしていたい他のプレーヤーの妨げとなる。

　あまりストレスを受けないようにするために非常に良い方法がある。それは，やるべきことに対し十分に良い準備をすることである。賭けるものが強く重大であるほど，より良く準備しなくてはならない。良い準備を十分にすることによって，ストレスを減らし，安心させ，試合前の不安を抑えることができる。

　これはプレーヤーにもあてはまる。自信は言葉で育まれるものではなく，積み重ねてきた努力のクオリティーによって高まるものなのである。なんとして

でも恐れをゼロにしようなどと思ってはいけない。恐れは逃げと行動の間で絶対に通らなくてはならない道なのである。「逃げるか行くか」である。時にはプレーヤーとそのことについて話すことが望ましい。うまく使えば恐れは良い緊張感となる。それはあたかもちょっとした爆発物を身につけるようなものである。大切なのはいつどこで爆発させるのかを知ることである。もしもそれがレフリーのホイッスルと同時に爆発させるのであれば良いだろう。それより前に爆発させてはいけないし，ずっと爆発させないのもいけない。

いかなる細部もいい加減にせずに準備することで，そして自分の側の切り札を全てそろえることで，試合での不確実な部分は抑えることができる，という前提から出発するようにすべきである。

率直さと自制心を両立させる

冷静で落ち着いていることは，無関心とは異なる。それでも，ある状況では，敏感に反応しなくてはならない。ただし，とかくカメラの前で好まれるような大げさなアクションやスペクタキュラーな呼びかけのスペシャリストになってはいけない。全ては程度の問題である。コーチも「人」であり，自制心が強いがやはりコーチにも感受性はあると，プレーヤーが感じられるようにしなくてはならない。コーチはロボットではない。それでも物事は心の奥底で感じ，率直さを持ちつつそれをコントロールし，責任を負うことのできる人間である。

チームがフリーキックから得点したところだというのにベンチに座ったまま少しの興奮も示さないのも，ちょっとしたことで騒々しく騒ぐのも，どちらも同じように間違ったことであるように思われる。他人に自分はこういう人間であると信じ込ませるために殻をかぶるようなやり方はもはや通用しない。それでは信頼を得ることができないだろう。

どんな状況でも節度を保つ

過剰な行動をとったり，過度の幸福感や落胆を示すのは，良いことではない。負けた時に打ちひしがれないように，また，勝った時に辺り構わずやたらと感情をあらわにすることのないように，自分でコントロールすることができなくてはならない。それができないのはマイナスである。

フィールド上で公衆の面前でレフリーに対する不満を示すのも良くない。第

一にそのことで，その当事者のレフリーを不快にさせる。公衆の面前でバカにされるのは誰も好まない。それよりはロッカールームや通路で，個人的に一言言う方が好ましいように思われる。一貫して公然とレフリーに意義を唱え続けるようなコーチがいるが，それは「はったり」のようなものであろうと思われる。

　現代のコーチの特徴は，洗脳したりあるいは無頓着，無関心でいることよりも，もっとコントロールすることにあると我々は考える。「感情的」であるよりも「認識的」「自覚的」であるということである。

陳腐な決まり文句をやめよう

　「行け，おまえたち，さあ，行くんだ！」と言うのはもはや時代遅れである。「戻れ，上がれ」を繰り返すのももはや通用しない。これらは少し経てば全て消滅するだろう。相手ももしかしたら同じことを言っているかもしれないが，そのようなケースでは限界はすぐに見える。

　「特攻隊」スタイルは，1試合か2試合は有効かもしれないが，そこまでである。これは，負けた時の落ち込みを考えると余計に危険である。オリジナリティーを示すことができるように努力しよう。

試合後

勝った試合

　勝利，それは常に良い時である。
　鬨(とき)の声。それは，相手をからかうためのものではない。自分たちのチームの団結をいっそう深めるための儀式である。このようなケースでは，全てが非常に簡単に運ぶ。

負けた試合

　負けた時には価値の観念が重要となる。
　プレーヤーが最善を尽くして負けたのであれば，負けたことで感じる動揺を抑えるような言葉をすぐにかけてやらなくてはならない。「我々は負けてしまった。しかし，全力で闘い，あきらめない限り，そこから得るものがある。」

このような言い方は他にもたくさんある。

　あまりにひどくて何も得るものが引き出せないような，さっさと忘れてしまった方が良いような試合も確かにある。重大な失敗があったとしても，すぐに修正する事ができなくてはならない。すぐにこれからに向けてのメッセージを提示することができなくてはならない。そして，プレーヤーに高い価値を与え，引き上げるようにしなくてはならない。

率直さ，誠実さを示す
　誠実さがやはり最も重要である。ミスをした１人のプレーヤーあるいはチームの１部に対する特別な恨みが発展するのを放っておくわけにはいかない（「バックスが悪かったから負けたんだ。」等）。全体を総合的にとらえ，ポジティブなポイントを強調した方がよい。失敗を通して進歩するものだと示すことで，失敗を管理することである。

　ひどい試合をした時に「良かった」などと言うことはできない。言うべきことと言うべきでないことがある。しかし落胆させたままにしておいてもいけない。もちろん最悪な状態ではどんな言葉をかけてもほとんど意味を持たないようなこともあるが（例えばフランスカップの決勝で負けた場合）。

　「レフリーのせいだ」「ピッチが悪かったせいだ」「照明あるいは風のせいだ」——プレスレベルには役立つかもしれないが，このようなタイプの説明はさっさとやめた方が良い。人は誰でも与えられた条件を受け入れ，その中でやっていかなくてはならない。

　試合後の話で，後でプレーヤーがプレスに対して言うことを既に方向付けるようにする。プレーヤーがコーチと全く矛盾するようなことを述べることはやはりできない。したがって，試合後すぐに話すことで，納得のいくような説明の全体的なトーンを与える。そして特にプレーヤー同士互いに対立させるような暴走を予防する。また，あまり良くなかったプレーヤーには予告しておく。

　「気をつけろ，問題にされるかもしれないぞ。私としてはこう言うつもりだ。君は今日はチームにフィットしていなかったが，それは君らしくないことだ，と。だから言い逃れしようと思うな。大したことはない。」

　プレーヤーがプレスから自分に関する情報を見聞きするようなことがあってはならない。内容については本人はあらかじめ知らされる権利がある。

もう一度言うが，**勇気を持つ**ことが必要である。困難な時こそ，あえて現実に立ち向かわなくてはならない。

> **まとめ**
>
> 1．確固たる安定した態度で，あらゆる状況を受け止める。
> 2．グループの可能性に自信を示す。
> 3．誠実さ，率直さを示す。
> 4．仕事を十分に良く準備する。
> 5．ポジティブに考え，改善していくようにする。
> 6．勝利も敗北も同じように評価できるようにする。
> 7．感情的にならず，認識，自覚を失わないようにする。
> 8．「コントロールされた率直さ」保つ。

年間，週間のプログラミング

変化するプログラム

　これはまず第一にプレーヤーグループと目標，競技レベル，戦略的な面による。「私はここに到達したい」という点が出発点となる。

　トレーニングのプログラムは，結果やプレーヤーの進歩との関係で，常に変化していく。これは決して絶対不変のものではない。非常にヘディングの強いプレーヤーがいた場合，プログラムではまずこの能力をさらに伸ばし高めるようにする。そしてこのプレーヤーのプレーをこの能力との関係で方向付ける。プレーヤーの能力の開発，活用は必然的に進化していく。

　変わらず入るのは体力的な部分の枠である。これはチームの平均年齢，テクニックの基本との関係から導き出される。しかしプログラミングは，まず第一に選択するプレーのタイプ，プレーヤーの元々のクオリティーに基づいて決め

るようにする。

プログラミングのベース
　以下の点を考慮に入れる。

- テクニック面についての年間プログラム（プレーヤーの特徴，ウイークポイントとの関係で）
- フィジカル面（異なるサイクルの連続）
- 最近の試合（認められた課題の改善）
- 次の対戦相手

　この最後の2つのポイントを1週間で同時に扱うのは簡単なことではない。目標のプライオリティーを選択しなくてはならない。試合で見出された課題への対策は，息の長い取り組みを必要とすることがしばしばある。数週間のピリオドを考えなくてはならない場合もある。
　プライオリティーの順位の中で，まず次の試合の準備をする。そして，許される期間の中で課題の修正を行う。トレーニングは前の試合と次の試合をつなぐものである。
　週間プログラムは，生きている流動的なものである。あらゆるファクターを考慮に入れなくてはならない。時には全く新しくしなくてはならないし，またある時にはより厳密な，よりベーシックなことをする。
　内容を変える柔軟性を持ち，より高い効果を求めるようにする。

厳密性と柔軟性
　プログラミングには，必然的にロジックな面，しっかりと構造化された面がなくてはならない。しかしながら，我々は，月曜の朝に1週間分の週間プログラムを掲示し貼り出すようなやり方を支持しない。そのようなタイプのセッションが好きでないプレーヤーは読むだけでうんざりしてしまう。
　短めのセッションを計画した場合に，トレーニングの雰囲気が非常にすばらしく，全員がもっとやりたいと感じているとしたら，それを断つ必要がどこにあるだろうか？　あるいは逆に，長めのセッションを計画したものの，45分で

プレーヤーに疲れが出始めたら…。

つまり，始めのベースから離れて状況に応じて柔軟に対応させるべきであるということである。

1週間の最後には，計画した分だけトレーニングが進んでいるかもしれない。しかし，もしも柔軟に対応していたら，もっと進んでいたことであろう。プログラムをあらかじめ与えておかなければ，計画していなかったことを付け加えても，始めのプランニングを修正しても，別にプレーヤーを当惑させることはない。プレーヤーは場所と時間しか知らないのであるから。

まとめ

1. 適応することができること
2. バラエティーを示すこと
3. まず来たるべき試合の準備をすること
4. プログラミングは変化するという原則から出発すること
5. 目標に優先順位を付けること

移動のマネージメント

習慣を持つこと

移動の際には，チームが一緒に行動する。したがって，全体が知っておくべき**望ましい行動の規範**，内部の約束事（暗黙の部分もある）がある。全員が同じ服装で，同じウエアを着用し，特定の時間に食事をとり，昼寝をする。これらは全て一つの儀式のようなものである。これが，一つの固有のアイデンティティーを強化し，帰属意識を育てる。

コーチの行動も同様に影響を持つ。例えば時間厳守は，移動の際のグループのルールである。また，あまりに長い時間やることがないと，だらけてしまう

可能性がある。長い空き時間を埋める意味でも軽いトレーニングをした方が良い。何もやらないことによって緩みが生じるのを避けるようにする。

しかし，移動全体の時間の短縮は，特別なケースでしか問題にされない。

移動は可能な限り良い条件で行う。そして，試合前ということで考慮する。ミーティングの場の選択，アクティビティーの提案等，各瞬間を，試合の準備との関係で考えるべきである。移動の形を様々に変えてみることを勧める。試合前日に出発，あるいは当日の朝出発等である。プレーヤーが望むことを感じ取るように努める。もちろん最終的な判断はコーチが下す。いつもプレーヤーが望む通りというわけにはいかない。

シーズン開始時，新しいプレーヤーを迎える

原則

最もよく起こりがちな間違いは，新人にとけ込むように要求することである。実際，とけ込めるようになるかどうかのファクターとなるべきなのは，**チームの魅力の強さ**，チームの習慣，チームの価値の方なのである。新人を「迎え入れる」のはチームの側である。新人の側は，チームの目標や機能のやり方に賛同し，参加するのである。新人に対抗しても，新人に無理にルールに従うよう強要しても何の役にも立たない。1人のプレーヤーを新しいクラブに迎え入れその中で燃え立たせるためには，そのプレーヤーが，自分がそこにいるのだということ，受け入れられているということ，自分が自分の能力をチームのために発揮するのに最高の状況にいるということを感じさせるようにしなくてはならない。そのプレーヤーが才能あふれる選手である場合には，その才能を発揮させるようにすることがチームにとって良いことなのだと，グループの方に理解させなくてはならない。

細かい点が問題となってチームが新人に強く反発することがある。そうなると新人はとけ込むことができず，グループから遠ざかってしまう。

新人の紹介

トレーニング開始の初日には，全員が挨拶した後，新人を紹介し歓迎するのが良い。同時に，これから始まるシーズンの目標の大筋を話し，そのために期

待されることにこれらの新人がどう貢献するかを位置づけるようにする。

　一般的に新人を採る場合，それはチームを強化，改善するため，新たな目標を可能にするためである。新人が加入したという事実をしっかりと位置づけなくてはならない。その新人に特別なクオリティーを認めたから，その新人が良いプレーヤーだから加入したのである。したがって，彼らはチームが試合で勝つように働き，チームの成功に貢献するはずである。

チームの側が新人を吸収する

　しかし，新人は，クラブ内で良い状況に置かれなければ，もっと厳密に言えば，グループが彼らを認め吸収しなければ，チームのために十分に力を発揮することはできないであろう。

　扉を開くのはグループの方である。新人はライバルのようでもあり，チームのバランスや自分のヒエラルキー，ひいては互いのステータスを覆すかもしれない。それでも不信や排斥の雰囲気を作らないようにしなくてはいけない。

　うまく融合するためには，相互の浸透が必要である。そして，クラブに元からいたメンバーの方が，クラブやチームの精神，活力，内部の約束事を伝えるのである。初日の練習から新入りと先輩が組むよう要求することで，このとけ込みを促進することができる。部屋割りも同様である。

　ビッグクラブでは，新入りに対しある種の教育係がつくことがある。これも注目に値する。基本的に先輩プレーヤーの1人あるいはキャプテンがこの役目を引き受ける。これによって，新入りに受け入れられたことを感じさせることができる。コーチはこの側面に敏感になる必要があるが，そればかりでなく自分自身のプレーヤーに対しても注意を払わなくてはならない。

　並行して，新入りにも努力を期待する。彼らは新しいルールを受け入れ，すぐにこの新しい規範に従うようにしなくてはならない。新しいプレーヤーは，歓迎され，開かれた温かい雰囲気の中にいると感じたら，力を発揮する。新入生を無視して隅に追いやり決して遊び仲間に入れてやらないような中学生のように振る舞っていてはいけない。

　気に入った住居が見つからず，ホテル住まいが予定よりも長くなることもある。クラブによっては，約束したはずのことがすぐには実行されずに待たされるようなことが残念ながらまだまだある。そのためグループ内部で起こること

にも十分に注意を払わなくてはならない。

　もちろん，新人を始めにプレーさせれば，統合を促進することができる。ただしそれは新人が良いコンディションにあり，自分の最高のレベルで力を発揮することができるということが条件である。一時的に不調な場合，調整が遅れている場合には待った方が良い。

　1つのクラブに入るということは，常にキャリアにおける新たな出発である。これをできるだけよくマネージメントしなくてはならない。できるだけ良いコンテクストの中で，できるだけ早く彼らのクオリティーを発揮させることで，この新たな道への良いスタートを切ることができる。コーチの側には，より高い注意を払うこと，より注意深く耳を傾けることが望まれる。

まとめ

1. 新しいプレーヤーがとけ込むのではなく，グループが彼をとけ込ませるのである。
2. 新しいプレーヤーは，受け入れられたと感じる必要がある。
3. 新しいクラブは，常にキャリアにおける新たな出発の機会である。
4. 温かい歓迎の雰囲気は，新しいプレーヤーのパフォーマンスを促進する。
5. クラブの価値や規範や精神を伝えるのは，前からいるプレーヤーの役目である。
6. それに対して，新しいプレーヤーは現行の規範を受け入れ，それに従うべきである。

第 3 章

特別な状況、困難な状況

私たちは，本章を執筆するにあたって数多くのコーチたちに協力を要請した。貴重な時間を割いて，様々なクラブの代表として参加してもらい，それぞれの特徴となる目標や関心について述べてもらった。協力者は以下の通りである。

Bergues P. (RC Lens)
Courbis R. (Girondins de Bordeaux)
Domenech R. (O Lyon)
Dos Santos A. (RC Lens)
Fernandez J. (O Marseille)
Gili G. (Montpellier-Herault)
Goethals R. (O Marseille)
Gress G. (RC Strasbourg)
Jacquet A.　エメ・ジャケ(98ワールドカップ・フランス代表監督)
Jeandupeaux D. (SM Caen)
Jorge A. (Paris-Saint-Germain)
Laurier A. (FC Istres)
Mankowski P. (Le Havre AC)
Mezy M. (Nimes Olympique, president)
Muller J. (FC Metz)
Platini M.　ミシェル・プラティニ(元フランス代表監督)
Roux G.　ギー・ルー(オセールで一貫指導体制を築き上げた名物監督)
Sacchi A.　アリゴ・サッキ(元ACミラン/イタリア代表監督)
Santini J. (AS Saint-Etienne)
Suadeau J.-C. (FC Nantes)
Smerecki F. (US Valenciennes-Anzin)
Takac S. (FC Schaux)
Wenger A.　アンセーヌ・ベンゲル(元グランパスエイト/現アーセナル監督)

まず第1に，我々の質問に答えることを快く承知してくれた彼らに感謝する。彼らの協力は非常に質の高いものであり，その分析の中には，誠実さと正当性が刻み込まれている。

各自はおそらくクラブとの関係を考えて，そのランクやある特定時の短期的な目標については触れていない。それでも，そこから指導上の指針を引き出すことはできる。その指針は，新しい若いコーチたち，あるいはもっと単純に，パーフェクトを目指すコーチたちの興味を引くようなものとなったと我々は考えている。

まとめることの難しさ

我々は，各コーチからの回答は，点線の囲みの中に『』つきで極力忠実に引用させてもらったが，それぞれの回答が誰のものであるかは敢えて伏せることにした。

いくつかのポイントでは全員一致であった（例えば，プレーヤーに信頼を与えることの必要性を強調するという点については，全員が一致した）が，反対に，質問によっては，全ての点で反対というわけではないまでも，多様な意見が出されたものもあった（例えば，交代選手のマネージメントについて，パリやマルセイユ，モナコ，メッツでは意見が異なった）。

それは言うなれば，成功に至る手段や道筋はたくさんあり，場合によってはかなりのバリエーションが見られたということである。そこには別に驚くような斬新な方法はない。勝利や結果というものは，互いに異なった実に様々なやり方で獲得しうるのである。したがって我々は，各質問について，中心となる傾向を引き出し，場合によっては反対の立場もあるということを明らかにするように努めた。必ずしも判定はしなかった。

匿名にしておくことには，もう一つ非常に大きな利点がある。そうすることで恐れることなく率直に表現してもらうことができ，明快で率直，誠実な立場での回答を得ることができたという点である。

共通のポイント

我々は読者がまず第一に以下のポイントをとらえてくれることを望んでいる。

— ハイレベルのコーチは，偶然にそうなったわけではない。彼らは非常に様々な面のクオリティーや思考のレベルに関して自分を高めてきたのであり，そしておそらくそのことが他の大多数のコーチとの差となっている。

－ 彼らの仕事の持続時間も，同様に非常に意味のある指標となっている。統計的に見て，特別な成功をしているにもかかわらず流星のようにつかの間で去ってしまうようなコーチは少ない。
－ 彼らは全て，しっかりと確立されたパーソナリティー，独自の哲学，おそらく不変ではない行動指針を持ち合わせている。そしてまた1つのロジックを示す。そのロジックは経験と共に磨かれていくものであり，しかも彼らは折に触れてそれを改めて再検討するオープンマインドで柔軟な姿勢を備えている。

さらに，彼らの言葉の端々から，その哲学が謙虚さも持っていることに気づかされる。その謙虚さは，弱さの証拠とは異なるものである。レベルが高いほどオープンマインドになるということ，これは，コーチ組合のあるメンバーたちの示す態度や確信とは対照的である。このコーチたちは，自分の実力を低いカテゴリーのクラブでしか発揮しない。それではありきたりの意味のない意見を持つようになってしまうのは仕方がない。

ハイレベルのコーチは一般的に，常に完璧を求める気持を持ち，オープンマインドで，対話の意志を持ち，判断が成熟している。強い確信を持ち，また常に自らに問い続ける。同様に情熱も不可欠である。この仕事ではとりわけメディアの追求が以前よりもより厳しくなり，結果の影響が経営面にまで及ぶようになり，ますますプレッシャーが強くなってきている。それでも情熱があるからこそ，仕事の中で出会うあらゆる困難に耐えていけるのである。

絶対的に確かなことなど何もない。誰かにとって価値があるからといって，必ずしも別の人にもそうであるとは限らない。1つのクラブで真実であるからといって，必ずしも他のクラブでもそうであるとは限らないのである。

ミラクルレシピなどない

どんな状況にも当てはまる万能のミラクルレシピなど存在しない。ハイレベルであっても，それは同じことである。進歩を促し，時に非常にデリケートな状況に適応できるようになるには，経験を積むことが必要なのである。

誰もがよくわかっている。偉大なチームは，何よりもまずプレーヤーの質が高い。ただし，その彼らをマネージメントできなくてはならないのである。

一人一人にそれぞれの真実

　読者には，それぞれ自分なりの情報を引き出し，それらによって自分自身の熟考を豊かにし，自分自身にとって重要ないくつかのオプションを固め，他のものを再検討してほしい。我々が提案した幅広い答えの中から，自分自身のパーソナリティーや物事の進め方，物の見方に最も合うものを選択するのは，各自の役目なのである。

　イントロダクションを結ぶに当たって，付け加えておこう。ここに記録された意見は，私たちの質問に対する解答としての期待を遥かに越えたものであった。解答してくれたコーチたちが，テーマに対し非常に高いコミュニケーションの情熱と関心を示してくれたので，掘り下げた分析をすることができた。貴重な解答のいくつかは，この章以外でも再び引用させてもらった。それぞれの時における仕事の「本質」を特徴づけているこれらの言葉をこの章だけに割り当てるのは難しく，またもったいなかったからである。

特別な意味を持った試合にどのようにアプローチするか？
（フランスカップ，UEFAカップ等）

　プロフェッショナルレベルでは，全ての試合に勝たなくてはならない。あるいは少なくとも負けてはならない。

　しかしながら，対戦の中には，望もうと望むまいと，他の試合よりも重要と思われるものがある（例えば，フランスカップのファイナルでプレーすること，UEFAカップへの出場権を得ること）。こうした大試合に臨むにあたっては，それに向けての準備に望ましいことを見極める努力をすべきである。

　対戦する相手チームの強さによって，アプローチは完全に異なる。名高い相手と対戦する場合に，同じレベルや劣ったレベルのチームと対戦する時と同じやり方で準備をすることはない。

「大試合」は準備がしやすい

　特別な試合に際しては，プレーヤーは本能的に異なった準備をする。

> 『試合が重要であればあるほど準備はしやすい。モチベーションを高めるよりも「ブレーキ」をかける方が常により簡単である。』

　1つのチームにとって，大試合を戦うということは，ある意味「御褒美」という面がある。それは，チームがそれに値するということの証明である。トーナメントを勝ち抜いたことで，あるいはチャンピオンシップで良い成績をおさめたことで，ヨーロッパのカップ戦を戦う資格を得るのである。トレーニングでもプレーヤーは，いつもより飲み込みが良く，遥かに熱心でモチベーションも高い（もちろん大きな個人差はあるが）。試合の重要性に直面すると，プレーヤーは安心や信頼感を感じたがる。いつもの試合では多少うぬぼれていたり，あまり飲み込みが良くなかったりするのに，こういう時には指示を受けることによって安心したがる。つまり，コーチが同じプログラムを与えても（全ての試合に同じように準備をする者もいるようだが），試合の重要性によって，その精神は異なるのである。ただし，負け続けているとか勝ち続けているといったことによっても異なるであろう。

試合環境

　外的なファクターによって，準備のやり方が変わることもある。プレスでの発表，批判の激しさ，あるいは会長の反応等がそれに当たる。1週間のトレーニングでのプレーヤーの反応も，メディアの重圧，インタビュー，テレビ中継等によって，完全に変化する。

　試合に際しての報道や注目は，プレーヤーにとっては自分のクオリティーを大々的に表現するチャンスをものにしようという意識となり，成功への熱意と意志を著しく増大させる。また，特別な（例外的な）状況では，大衆のサポートが非常に重要となるのも確かである。悪いパスをしてもそれが徹底的にブーイングされるようなことがなく，プレーヤーはサポートをいつもより一層心強く感じ，それでさらに一層解放されることもある。

　「大試合の香り」がしてきたとたんに，自分の実力が著しく増大したと思いこむプレーヤーもいるし，そうでないプレーヤーもいる。しかしいずれにせよ，

モチベーションに関しては，自然にすぐに上がるということを頭に入れて，戦術的な側面を優先的に強調するのが適当であろう。

どのようなタイプの準備をするのか？

全試合に真剣に準備をするにしても，やはり例外的な試合はあり，それには特別な準備が必要となる。

このような場合には，チームはいつもに増して刺激されるが，気を散らすような有害な要素（招待等）を可能な限り避け，チームをある程度保護する努力が必要となる。試合を取り巻く熱狂は，注意をしないと雑音となりうる。

> 『静かな場所へ逃れる時には，グループの人数は制限した方がよい。プレーヤーとリザーブ，監督，コーチ，メディカル担当者だけにすべきである。』

これによって，気を散らされることなく，取り組むべきテーマに集中を保つことができる。これによって，遥かに緻密なアプローチができ，重要なコンタクトや，チームの雰囲気を活気づけるためのやりとりを促進することができる。したがって，パフォーマンスに有利に働くような雰囲気を生み出すようにし，またプレーヤーをある程度冷静にさせるように，準備をうまく活用する。

その前の試合

UEFAカップあるいはフランスカップの前にある試合を，準備の最後の手段として活用することができる。これらの試合は，結果の面で成功することが望ましい。それによって，来るべき決着の日に向けて，大きな自信になる。決定的な試合の前に負けるような可能性は，意図的に小さくすることが可能である。しかしながら，ここで良い結果を獲得すれば，あらゆる面を強化する要素となり，また非常に望ましい最終的な客観的指標となる。

非常に細かい点への配慮

　今日，特別な試合に向けては，最も細かい部分に至るまで配慮しているのが見受けられる。チームの構成（メンバー）を試合の30分前に発表する，環境のプレッシャーによって，プレーヤー各自の目標を変更する，等である。

　普段とは違った試合でも，習慣が完全に一変してしまうわけではない。しかしコーチは，その試合を戦おうとしているプレーヤーに，いくつかの条件を変更したことを理解させる必要がある。

大きなクラブの精密な基準

　フランスでもイタリアでも，常にヨーロッパで戦うようなビッククラブの場合には，ほぼ変わらないやり方というものがある。

> 『クラブ自体が準備の方法を指図する（出発日，チャーター機，専属コック，食料品の輸送等）。コーチはそれらにうまく順応するのである。』

　変更があるとしても，非常に小さな部分でしかない（ミーティングの時間等）。その他については，多くのクラブは，試合前日に集合して一緒に過ごすことを好む。家にいたら何かちょっとした不快（突然の訪問，年齢の小さい子どもが睡眠を妨げる等）が不意に訪れるかもしれないが，そういったことも避けることができる。

試合のコンテクスト

　試合は何らかのコンテクストの中におかれている。フランスカップへの出場権を得た後は，リーグ戦の結果には最小の関心しか示さない場合もある（この場合，プライオリティーは，ディビジョン内でのリーグ戦の順位を維持するということとは別の所にある）。また，フランスカップは，リーグ戦での成績が，シーズン初めの期待通りだった場合や，そのシーズンをよく過ごせた場合のプラスアルファ的な存在であり，いわば「御褒美」としての意味を持つ。相手や試合の行われるスタジアムによって，あるいは環境のプレッシャーによって，

特別な準備を要する，他の試合よりも発奮させるような要素を持つ特別な時なのである。

我々は誰の目からも明らかだと思われるようなことを長々と論じるつもりはない。したがって，技術や特別な戦術の準備についてはここでは扱わない。

強力なモチベーション

一般的に，フランスカップ，そしてさらにヨーロッパのカップ戦は，幸運にもプレーする機会を得た者にとって，それ自体が強いモチベーションを生み出す。それにはアドバンテージもディスアドバンテージもあらゆることが含まれる。一方では勝ち残りたいという気持が強まり，また一方では不安が増大し，パフォーマンスや意識の冴えが低下する可能性もある。

相手との間に元々ランクの差があれば，当然，特別な準備をすることとなる。それでもクラブによっては，大きい部分を変えようとしない。チームが自分のプレーのベース，スタイル，主要な戦い方を持つチャンスがあれば，それが最も重要である。それは相手に関心を持たないと言うことではない。

いずれにせよ大試合では相手のことを無視することはできない。どう見ても負けるであろうと思われるような場合，失うものなど何もないとかえって開き直って確信をもってプレーするチームもある。これがあきらめではなく開き直りにつながれば，持てる実力の最大限でプレーすることができ，場合によっては番狂わせを起こすこともありうる。

戦術面の準備とメンタル面の準備

1つの試合の戦術面の準備とメンタル面の準備はとかく切り離されがちであるが，これは間違いである。

コーチの戦術上の判断は結局，**相手との間に想定された力関係から導き出されたものに他ならない。メンタル面はその第1の要素となるのである**（対戦相手との力関係の評価）。これは，特別な試合では，常に相手に関して完璧な知識を持つということである。

予想外の敗北の原因を，想定された力関係のギャップや，実際にフィールド上で起こること以外の点に求めてはならない。チームのランクは上であるのに相手の力を恐れていると自信が持てなくなる。最初に感じた恐れを裏付けるこ

とができず，あまりに臆病な姿勢をとっていると，負ける条件が自ずから整っていく。

チームにとって，全てを試み，全てを賭けなかった試合に負けることほど悪いことはない。よく言われる表現をここでも使うが，「もしそう信じることができたらうまくいっただろうに」とか「信じるのが遅すぎた」などと言っているようでは，大きな失望を味わうことになるだろう。

大雑把なミスに注意

戦術の計画やそれがチームへ及ぼす効果について，できるだけ幅広く再検討してみよう。その際，**メンタル面の重要性**を見くびってはいけない。これでおそらく大雑把なミスはある程度防ぐことができるだろう。

> 『プレーヤーの不安を軽減しようと，「カップ戦のファイナルは他と同じ1つの試合にすぎない」などと言ってみたところで，何の意味もない。』

プレーヤーには十分にわかっている。このチャンスはおそらく自分のキャリアの中で二度と再びお目にかかれるようなものではないと。それが怪我やチームのメンバー選考，コーチとの対立，その他あらゆることで台無しとなってしまうかもしれない。公式記録のリストはほんの2〜3年の結果に基づいて作られる。だからどんなチャンスでも無駄にするわけにはいかないのである。

プレーヤーは，大試合のインパクトをわざと低くするのがあまりうまくない。試合が重要であれば最適なモチベーションは必然的に高まるのである。

「試合の劇的要素を排除する。深刻に考えない」

試合のドラマ性を排除することができなくてはならない。そしてアクセントは結果よりも集団としてのパフォーマンスの方におくようにしなくてはならない。「結果がどうであれ後悔することの無いようにする」──これが良く言われる公式である。

ただしその反面，プレーヤーがおそらくキャリアで随一の大試合を戦うと意

識することで（例えばワールドカップやヨーロッパ選手権）自然に特別なモチベーションが生まれポジティブな方向に働くと信じるのは、単純なお人好しである。必ずしもそうではないのである。賭けるものの大きさと「チャンスは1回しかない」と意識することで、最初はモチベーションが非常に高まったとしても、そのプレッシャーから停滞や能力の低下をもたらし、実力の最大限を発揮できなくなるかもしれないのである。

「プレッシャーを与える」

刺激的で心を乱されるような試合がある時ほど、格下と思われる相手との試合（例えばフランスカップ）には特別なアプローチが必要となる。弱い相手との試合の落とし穴に注意しよう！

> 『カップ戦で下のディビジョンのチームと戦う時には、合宿を行うことで、プレーヤーの気を引き締め、相手を尊重する気持を起こさせるようにしている。』

弱いと推測される（客観的に見て弱い）相手と戦うことは、多かれ少なかれモチベーションの低下を生み出す傾向があることは良く知られている。「ストレス」が完全に欠けている時には、「チャンスを逃す」リスクは非常に大きい。プレーヤーは楽に勝とうと思い、もっと悪いケースでは、負けることなどあり得ないなどと思ってしまう。

このようなケースの場合は「びびらせる」のが良い。場合によってはわずかだがリスクもあるのだということを効果的に見せることである。

1週前に相手について話題にし始め、いくつかの戦術ポイントを強調する。プレーヤーの頭の中を少しずつゲームのモードにしていく。そうすることで試合の初めから準備ができているようにする。シーズンでいくつも下のディビジョンのチームが重大な危険であると思わせるのもバカげている。

しかしもっとうまい考え方もありうる。「試合をやる前から勝った気になる」傾向にある者たちに警鐘を鳴らすには、負けた場合に起こりうる様々な悪影響

を悟らせれば大抵の場合十分である。

伝統的な試合は，準備が難しい。そして，モチベーションのレベルや勝ちたいと思う気持のレベルを上げるものはいつでも簡単に見つかるわけではない。

> 『あるプレーヤーがどうもついて来ていない，どことなくうわの空で気持が引いている，と感じた時，私は全員の前でそのプレーヤーをあおるようにしている。これがチーム全体を刺激する。プレッシャーを効果的に高めなくてはならないと感じさせるのである。ただし，あまりあからさまにはしない。』

ジャーナリスト相手の仕事で，多少無茶なことをふっかけることによって，大衆やチームを「たきつける」こともありうるし，これが引き金となることもある。

反対に，タイミングの悪い下手な宣言はしないよう，注意しなくてはならない。これは相手のコーチにチャンスをみすみす与えてしまい，相手プレーヤーに余計なモチベーションを与えるきっかけとなってしまう場合がある。

プレーヤーを良く知ること

プレーヤーを良く知るということは，特別な状況に応じて心理的アプローチが様々に変わるということも意味する。あるプレーヤーが一見ふざけた態度をとったとしても，必ずしもそのプレーヤーが本心からそうしているとは限らない。

> 『重要な試合に対する不安自体を抑えることができなかったら，その代わりにプレーヤーを昇華させ気持を高める。現在の彼の価値の非常にポジティブなイメージを再び思い起こさせることで，気持を不安からそらせるのである。』

何も忘れない

試合前には，何も忘れないこと，プレーヤーを重要な全てのポイントに対し敏感にさせること，バランスを良い方へ傾かせるあらゆる細かい点を考慮することである。

そうしたら後は，試合はプレーヤーのものである。

「できることへの確信」を生み出す

コーチはプレーヤーに自分ができることを確信させ，プレーヤーの現実の価値を強調することによって，プレーヤーが試合に臨むのを助ける。このポイントは非常に重要である。プレーヤーは信じたいのである。「試合はうまく運ぶだろう」，「ゲームプランが良いし，きっとうまくいくだろう」と納得したいのである。「相手がどれだけ強かろうと打ち負かすことができる」と確信したいのである。

一つ理解しておくべきなのは，人が特別なゲームという場合，それは微妙な状況にいるために「負けてはいけない」試合（例えば残留をかけた試合）である場合があるということである。また同様に，多かれ少なかれ，危機の時代や悪い結果が続いている時期から回復する試合の場合もある。このような場合については，後でまた言及する。

まとめ

1. プレーヤーを本当に安心させ，自信を強化させるよう努める。
2. モチベーションは既に非常に高まっているので，それよりも戦術面や各自の役割を強調する。
3. 準備の戦略や精密な原則を持つようにする。
4. 戦術的な準備と心理的な準備を組み合わせる。
5. 場合によっては，戦力に対する不安を有効に使う。
6. 最大限の努力をする，勝つためにはあらゆることを試み，試合後に後悔しないという点を強調する。
7. 意図的に無理に試合の重要性を落とすようなことはしない。

8. 試合の重要性が高くてプレーヤーが動揺しているのを感じたら，劇的な要素を排除し，深刻に考えすぎないようにさせる。
9. 可能であること，できることに確信を持たせる。
10. 「試合を感じる」。プレーヤーに起こっていることを理解するよう試みる。その結果で準備を調整する。

ストレスや重大な賭の前でまいっているプレーヤーをどのように助けるか？

　全ての試合が同じ重要性を持つわけではない。もしもあるシーズンの目的が残留であった場合，降格のラインから，わずかながら，常に2〜3ポイントをキープすることができていれば，ある程度落ち着いていることができる。

　しかし，降格ラインぎりぎりや，優勝争いとなると，常に高いストレス状況となる。

『勝ちと負けの2つの中間を取って考えることができる状況なら，良いコンディションでの強制もなく過度のストレスもない状況で仕事ができ，1つの敗北との関連で対応することができる。』

　これはメッセージに有利に働く。メッセージは疑いが出てくるやいなや，全く伝わらなくなる場合がある。それ以上のことについて，知的レベルが平凡な者にアドバイスを与えるのはおそらく難しい。

　試合前は誰でも怖い。そのこと自体は問題ではない。ほとんど全てのプレーヤーが，プレー前にはある種の不安を感じるものである。ただし，対戦前の上がりや気後れが試合開始の瞬間になっても和らがないと問題である。キックオ

フと共にプレーヤーは解放されなくてはならない。

ケースバイケースで働きかける

ストレスのかかっているプレーヤーを助けることは，同時に集団（チーム全体）のための仕事となるが，それは，各プレーヤーについての知識に応じて，個人的なアプローチによってなされる。

キャリアの間中ずっとストレスを感じ続けているプレーヤーがいる。そのようなプレーヤーは親善マッチでも胃が締め付けられるような思いをする。そのようなプレーヤーは，自分の実力以上を発揮してプレーしたとしてもこのようなストレスを多かれ少なかれ感じる。しかしながら，彼らは認めている。もっと気持を楽にすることができたらおそらくもっとやれたはずであると。

『いつでも必ずプレーヤーを助けることができるとは限らない。初めのうちはストレス，おそれを軽減してあげられるかもしれない。しかし，ストレスを完全に排除することなど不可能である。』

プレーヤーの多くは大試合に際して，その試合をすごく戦いたいという気持と同時に，ひどく不安な気持を持つ。そのストレスから逃れるために他のことを考えるプレーヤーもいるが，現実の目的から目をそらせてはいけない。

『場合によっては，私はプレーヤーを挑発し，傷つけるようなことも言い，抱えている問題に目を向けさせることがある。逆説的なやり方ではあるが，それが彼らの行動を修正することになると思うからである。』

プレーヤーがコーチに皮肉を言われて発憤したら，その時はちょっとした進歩だと感じられる。しかし，生来の性質は，しばしばすぐ元に戻ってしまい，その後の試合では同じ問題が再び現れてしまうことが多い。

良いチームは一般的に，恐れないチームである。ひどい試合をしてしまうことは誰にでもある。その原因は必ずしもストレスや不安のためであるとは限らない。本当に困難を抱えたプレーヤーについては，結果を相対化しなくてはならない。ゲームのことを考えるように，そしてゲームが終了時にやれることは全てやったという気持を持っていられるように要求する。その上で負けたとしたら，それは相手の方が強かったということであり，文句を付けることは何もない。賭けるもの，それは**自分自身であること**，最大限やること，それが全てである。それ以上のプレッシャーをかけるのはバカげている。このようなもの全てを制御しコントロールするのがコーチの役割である。

> 『私は，ラグビーで，勝者がロッカールームに戻るのを敗者が拍手で送るというのを好ましく思っている。サッカーでも同じようにすれば良いのにと思う。自分よりも強い相手に負けるのは恥ずべきことではない。』

これらの対策を試みても結果が出なかった場合，ストレスが残った場合，それはもっと根が深くて深刻な，病的な場合である。

コミュニケーションを強調する

一貫して細部にわたるまでディスカッションをすること，気を配ること，コミュニケーションをとることで，困難な状況にあるプレーヤーを助ける。こうすることで，戦術面で良くオーガナイズされていて，自分自身のプレーについて正確な指標があるという安心感を持たせることができる。このような安心感が重要なベースとなる。

プレーヤーは自分のクオリティーとウイークポイントを知っておくべきである。そして試合中に自分の欠陥をあらわに目立たせることのないように，試合前に指標とすべきポイントを持っておくべきである。

トレーニングでの努力で安心感を持つ

フィールドでの努力は，自覚を促進し，同時に**集団としての自信**も促進する。

チームをしかるべき場所にしっかりと据え，チームを良くオーガナイズさせるために全てのことを試みるべきである。

> 『私はたった 1 人のプレーヤーを改善するためにチーム全体をトレーニングさせたことがあった。他の者はその練習が特別に彼だけのためのものだとは気づかずにいたが。』

　プレーヤーの間でディスカッションをさせることは，一般的にポジティブな効果を持つ。各自が自分の意見を述べ，チームの全体の枠組みの中での自分の役割を仲間が正確にわかっているということを知り，自分の役割を果たすための準備をする。
　個人レベルでは，あらゆる面で自分で自分のストレスを生み出すプレーヤーがいる。他のプレーヤーが皆その重大な賭によって昇華され気持が高められているにもかかわらず，自分だけストレスを生み出してしまうのである。同じ出来事に直面しても，個人によって反応は根本的に異なる。ある人は，1 週間頑張ってきて対戦の準備に最大限の努力をしてきたということで，十分に安心感を持つことができる。またある人はそれでは足りない。一般的には経験があればストレスは軽減し，たとえストレスが絶えずあったとしてもあまり心を乱されなくなる。

> 『非の打ち所無く生活をコントロールし，まじめに熱心に頑張ってくることで自信は促進される。しかし残念なことに，経験上わかったことだが，不安な人はいつだって不安なのである！』

経験の役割

　経験に関して（決まり文句で言い換えることなどできない），やはり，大試合を既に戦った経験のあるプレーヤーは，一般的に，大きな賭けを前にしても

他の人よりは遥かに気持ちを落ち着かせていられるようである。(旧) ヨーロッパカップを勝ち取ったことのあるチームを見てみると，この勝利は既に何回かファイナルでの負けを経験してきた後の成果であることが非常に多い。まるで勝利を味わう前には敗北の経験を必ず持たなくてはならないかのようである。非常に困難な試合の連続や大試合の経験は，大多数のプレーヤーにとっては，かけがえのないものとなる。

賭けるものがさらに一層重大な時，プレッシャーが高まっている時，責任を負わなくてはならない時，大試合は「啓示者」となり物事をあらわにする。経験豊富な真の競技者はその中で自信を発揮する。しかし，ためらい，恐れ，思い切ったことができず，何も試みないプレーヤーは，試合が始まった途端にあがってしまうのである。

『1年を通してずっと良かったのに，決定的な試合，威信をかけた試合で崩れてしまうプレーヤーもいる。』

「頭の中の強さ，弱さ」

少年期には，重要な試合になると多かれ少なかれ引いてしまうプレーヤーと，あるいは逆に目立つプレーヤーをしばしば見かける。そこには2つの見解がある。1つは強いメンタリティーは生来的なもので，持たざる者はそのまま持てないというものであり，もう1つは経験によって改善することが可能だというものである。この2つの判断は両方とも有効なものと思われる。

『私は常に注目してきた。他の者が怖じ気づいている時でも，チャンピオンは怖じ気づかないものである。』

したがって，前者のようなプレーヤーに対して，コーチは，改善の可能性を信じるのか，あるいはあきらめて他の選手を求めるのかの二つに一つである。

> 『リクルートの際に，重視すべき面が２つある。テクニカル面の能力とメンタル面の強さである。私は，テクニカル面で飛び抜けて素晴らしかったが，メンタル面であまりに弱すぎたために，あるプレーヤーをあきらめたことがあった。』

　人はしばしば，良いと思ったプレーヤーを，マネージメントしやすくはない，扱いにくい，とわかっていながら，あるいはメンタル的にもろいとわかっていながらとってしまうことがある。難しいと評判のプレーヤーをとった方が良いだろうとする賭には慎重にならなくてはいけない。経験からしばしば示されているように，最初のうちは目標に達するが，次には同僚が味わった難しさを思い知り，そしてついには自分の判断を後悔することになるからである。

　しかしながら，最終結果，総合評価が出るのは，キャリアの最後である。１人のプレーヤーについての決定的な判断は，最後まで避けるべきである。重大な欠陥はなくなっていくものである。プレーヤーは徐々にでき事をより良く分析できるようになり，自分の行動をより良くコントロールすることができるようになるからである。このような進歩は晩年になって現れてくる。より好ましい状況の中であれば，あるいは他のクラブであれば，プレーヤーは自分のパーソナリティーの別の面を表現しうる場合がある。

　若いインターナショナルプレーヤーも，よりストレスのかかる状況でレベルの高いプレーを発揮するのに困難を覚える。これは，レギュラーチームに戻ったプレーヤー，自分の位置に不安を覚えているプレーヤーにとっても同じことである。競争は人を昇華し高めもするし，破壊もするが，それは場合による。調子が完璧に良く，トレーニングではあらゆる種目で第１級の実力を発揮するにもかかわらず，今触れてきたような状況で身動きがとれなくなってしまうようなプレーヤーも多く見受けられる。

　毎日のトレーニングは，プレーヤーを特にテクニカル面で進歩させる。そしてそれは当然のことながら大きな自信となり，そのことが相対的にストレスを軽減するのに役立つのである。

試合前のマネージメント，ポジティブな指標を与える

　試合前の現象を考慮に入れ，信頼の雰囲気を作ってそれらのストレスを軽減することは，プレーヤーの助けとなる。適切な言葉をかけたりそれに見合った態度をとることでそれが可能となる。

> 『何よりもプレーのことを考えろ。自分の力を信じろ。ネガティブな思考を追い出せ。フィールド上では皆がおまえを助けてくれる。自分自身の最大限を出せ。そうすれば全てがうまくいくだろう。』

　プレーヤーには，まず，自分自身のパフォーマンスとチームへの貢献を考えさせる。むやみに結果を強調しない。この時に，アドバイスが彼らを安心させるのは確かである。各自があらゆる状況で自分がすべきことを正確に知っておくようにし，さらにポジティブな指標を持っているべきである。そうすることで，試合前の不安は軽減する。

> 『あまり多くのことをやろうと思うと，やり損なう。』

　できることに集中した方がよい。パフォーマンスが良ければ，結果は自ずとついてくるであろう。
　大試合に際しては，プレーヤーは，キャリアの中の1つのステップであり，大きなクラブにはっきりと見てもらえるチャンスであって，ここで頑張ればそのうちもっと高い状況の中で自分を表現するチャンスを得られるかもしれない，というふうに考えるようにすべきである。したがって，このような機会は，受け止めるのが大変なプレッシャーとしてではなく，ステップアップのチャンスとして考えるべきなのである。

結果ではなく各自のパフォーマンスを強調する

　ミーティングで結果の重要性を強調することは，当初のストレスを強調することにしかならないことがしばしばである。まず，個人のパフォーマンス，チームのパフォーマンス，自信，最大限を発揮する意志を強調することが望ましい。そして条件が満たされれば結果もそれについて来るであろう。

　コーチにとって，試合前に一人一人の反応を伺うことは非常に役立つと思われる。チームとして物事を受け入れる姿勢を示しても，それは必ずしも個人の問題を解決しない。そして個人はそのような問題をあえて言わないことも多い。試合を取り巻く状況（例えば外には敵意を持った大衆が待ちかまえている）を分析してしまうプレーヤーもいる。彼らが極度に集中している場合，それは彼らの内的な不安のサインに他ならない（顔面蒼白，引きつった表情等）。個人的に励ましの言葉をかけて，より良い対応ができるようにする。それはコーチがプレーヤー時代に，同じ状況で同じように心の支えと感じたものであるはずである。

> 『プレーヤーは，自分がどのように感じているのかをコーチが理解していることを知っていて，何らかの精神的な励ましを期待している。』

　このようなケースでは，何を言ってあげることができるのだろうか？
　ちょっとした簡単な言葉で十分である。あるいはもっと単純に，自分がプレーヤーの立場だったら言ってほしいことで十分なのである。そしてこれは，デリケートな状況にいる時ほど，プレスの批判を受けている時ほど，あるいは前の試合の負けに個人的に責任を負っている時ほど，当てはまることなのである。

暗黙の了解を持つ

　プレーヤーを良く知った上でのコーチとプレーヤーとの暗黙の了解（ある程度の時間を共に過ごした後でないと不可能である）は，当然のことながら，このケースでは大事な切り札となり，プレーヤーにあまりに多くの自問をさせるのを防ぐ。これはプレーヤーが自分の発揮できる影響力に疑いを持った時に最

も効果的である。

　これには絶対に確実な決定的な方法というものはない。有効と思われることを試し、必要を感じたら進んでプランを修正するようにすべきである。しかしながら、プレーヤーの集団の中にあるこのようなタイプの問題に必ず気づくことができるかどうかはわからない。少なくとも鋭い注意が必要である。

　我々は、当然全てが試合自体やその試合の重要性、そのプレーヤーにとっての意味によって異なるものであるということに賛成である。プレーヤーの中にはどんな状況であろうと外的な助けを必要とせず、とりわけ一人で静かにして置いてもらうことを望む者もいる（それが全くできないコーチもいる）。

　その反対に、安心したいと感じるプレーヤーもいる。いつもあえてそれを示しはしないものの、密かに安心を求めているのである。

　コーチがその表情から示す信頼というのが、場合によっては特に有効となる。

試合前／中のストレス

　試合前に感じるストレスと、試合の最中に例えば得点経過によって起こりうるストレスは分けて考えるべきである。統計的に見て、1点目を食らった直後に2点目を失うケースが多い。

　私たちは、戦術的な部分を軽視するつもりは全くない。得点をとらなくてはならないということは明らかに、一層リスクを冒すことになり、ディフェンシブな面を危険にさらすことになる。しかしながら、困難な時に、能力や明晰さを失い、試合前の指示を全てあるいはほとんどを忘れてしまうようなプレーヤーやチームがある。おそらく、試合前に得点経過のあらゆる可能性のシミュレーションをしておくことが望ましいであろう。

　常に好ましい典型的なケースで試合を進められるわけではない。これは、決定的な試合（予選勝ち抜きやファイナル）の中でプレーヤーたちがストレスに対して身を守るための1つの手段である。

　得点はゲームの不可欠な部分ではあるが、プレーヤーをひどく動揺させたり不安に陥れたりするべきではない。そうすることで能力を失ったりゲームの原則を放棄してしまうようでは元も子もない。チームは時にほんの少しの間（試合中のほんの15分間）能力の全てを失うことがある。しかしたったそれだけでもゲームを失うのに十分なのである。

自分自身の感情に気を配る

　プレーヤーに対し大した影響力は無いと思っていても，コーチの内面の状態は，送るメッセージに大きな影響を与える。

　コーチが不安を感じていたら，その不安はプレーヤーに伝わる。自分がその不安を隠したいと思っても，いや，そのような時にこそ伝わるのである。恐れている人は恐れを伝える。したがって，自分自身をコントロールすることができた時，自分の内的な状態がその時の要求に見合っている時，そのような時こそプレーヤーのストレスを軽減できると言えるだろう。このことは，同様に対戦相手にも当てはまる。

『私はプレーヤーの緊張をほぐそうと，こう言ったことがある。「見ろ，やつらの監督の顔を。真っ青じゃないか。あれは敗者の顔さ」それでプレーヤーたちは笑って，確信を深めた。このようなことは，自分自身が自分のストレスから解放される努力をしてからでないとできない。私はそれがかなりできるようになった。』

　自分自身に取り組み，自分の役割を分析することから，解決は見出されるのである。この内的な安心は，発する言葉よりもよほど重要である。何が伝わるのか，それは言葉よりも心の奥底で感じていることなのである。

『私が自分に確信が持てれば，チームも自分たちに確信を持つことができる。私が疑っていたら，チームも疑う。私の感情がチームに伝染するのである。』

まとめ

1. 各プレーヤーを，各自の性格や個人的な要求との関連で考慮する。
2. プレーヤー間やプレーヤーとコーチの対話，交流を促進する。
3. 明確な戦術上の指標を与える。
4. 賭かっているものよりも，個人のプレーやパフォーマンスのクオリティーを強調する。
5. わざと試合の重要性を下げるようなことはしない。
6. プレーヤーやチームの能力への自覚を高めさせる。
7. 試合の展開のいくつかのシナリオを検討する。
   スコアがどうなろうと，競争力やチーム力が落ちないように。
8. プレーヤーにポジティブな要素を伝えられるよう，自分自身努力する。

リザーブのプレーヤー，プレー機会の少ないプレーヤーをどのようにマネージメントするか？

『私自身，現役プレーヤー時代はリザーブだった。自分自身がそのような経験をしたことがなければ，プレーをしない者の気持なんて決してわからないと思う。偉大なプレーヤーには，それがどんなものだかわかるまい。もしもいつかコーチになることがあっても，その問題を本当に理解することはできないだろう。』

この証言は，交代選手のマネージメントの難しさを良く表している。

> 『良いコーチというのは，必然的にプレーヤーだった人である。そのレベルについてはあまり重要でない。しかしリザーブの選手が頭の中で実際に思っていることを理解するためには，ベンチで過ごした経験を持っていなくては無理だろう。』

　このことを想定した上で，チーム内において重要なのは，何よりもまずプレーする者，ピッチ上に立つ者である。ベンチに座っている選手を尊重することは重要であるが，ピッチの上でプレーするプレーヤーを犠牲にしてまでそうすることはできない。

> 『自分が悪くてリザーブの立場にある選手もいる。十分な努力をしない，十分に戦わないといった選手である。生活態度が悪い者，安易な方向に流されやすい者は，本来であれば受けるに値する立場を自分のものとすることができない。』

　交代選手の中には，当然レギュラーになれる実力を持ちながら，必要なことをしないためにそうならないプレーヤーがいる。それは彼らにとって，非常に残念なことである。
　生まれながらの才能が他の者よりも多少劣っている者については，他に自分にあった仕事をするチャンス，正に自分自身の人生を得るチャンスがある。それもそう悪いものではない。もちろん，アマチュアの場合には，別の話となる。別の説得手段を見つけなくてはならない。

「レギュラーとリザーブ」
　リザーブの状況というのは，メンバーの一部にしか関わらないことである。さらに，重要な（プレーする）グループの中でさえ，実際に全ての時間プレーするのは常に7～8人である。したがって，リザーブの問題というのは，残り

のプレーヤーに関わることである。

　彼らは別の場をめぐってしのぎを削る。コーチにとって大切なことは，期待させすぎることなしに，言い過ぎることなしに，全員を良いコンディションに保つことである。

　コーチは常にチームのタイプを引き出そうとし，**ある程度の安定性**を得ようとする。したがって，一般的には，少なくとも一時期の間に関しては，すぐに何らかの形が明らかになる。それでもやはり，テクニカルな面を考えた場合，期待に応えたチームというのは何らかの変化を経験しているのも確かである。その場合には，最初の試合での活躍がメンバー選考の唯一の基準とはならない。

　この原則を受け入れさせるために最も良いのは，1年の初めに，メンバーに現在の方法やアプローチについて知らせておくことである。ルールがグループ全体，チーム全体に行き渡って有効であれば，特別な戦術的な考慮によって出されたローテーションや選択をより良く受け入れることができるであろう。

　各試合では，対戦する相手との関連で，メンバーを最適に活用することが前提となる。ビッグクラブで起こることを考えれば，この変化はやむを得ないことである。レギュラーの観念は，もはや以前ほど強いものではない。

『キャリアは変化するものであり，メンバーもまた変化する。必要に応じてメンタリティーを変えられなくてはならない。』

　ただし，例外的な成功が続いている時（例えば相当な数の連勝）のことを考えると，その間のメンバーにはある連続性が認められることがほとんどである。

『やっていることに一貫性があれば，建設的な変化に対する意見も受け入れられる。連続性というものは，ピッチの上で実現されるべきものなのである。』

> 『一時的な失敗はあっても，その組織を下手にいじらずそのままにしておいた方が得策である。』

　チームのまとまりは，選手に対して（時にはその価値が疑われるようなことがあっても）信頼を維持することによって作り上げられる。

　良いパフォーマンスが続けば，コーチは同じグループへの信頼を維持する。自分の特徴を持つプレーヤー，自信を持つプレーヤー，うまく切り抜けられなかった試合にびくびくすることのないプレーヤーによって，推進力が生み出され，良い結果へとつながるのである。

　多少の例外は除いて，プレーヤーは一般的に，チームの中で誰がうまいのかがわかっている。リザーブの問題を考える時，これについていくつかの典型的な例がある。

1つのグループを引き出す

　1つのグループが比較的明らかに飛び抜けている場合は大した問題にならない。なぜなら最高の者たちがプレーしているのが全員にわかっているからである。他の者たちは，チャンスが巡ってくるのを待つ。そのチャンスというのは，必然的に，誰かが調子を崩す，出場停止となる，怪我をする，といったことである。

> 『私の頭の中では常にチームのことが60％を占めている。それぞれに有効な価値のあるオプションがいくつかある場合には別に困らない。私は決断するのみであり，それが私の任務である。オプションが全てひどいと感じられた時には——気楽にしてはいられない。』

　場合によってはコーチが**保守主義**なのもよい。元ドイツ代表監督ヘルムト・ショーンの代表選手（22名）選考の戦略を紹介しよう。彼は，最初の15名を選

んだ後，リザーブとして，最高のプレーヤーはとらず，レギュラーチームに入ることを期待せずそこにいられることだけで満足するであろうとあらかじめわかっていたプレーヤーを選んだ。共に生活をする長い期間（例えばワールドカップ），グループのバランスはこのようにレギュラーでない者によって保たれたのである。

ミシェル・プラティニはこう言っている。

> 『リザーブのプレーヤーの行動が雰囲気を生み出し，また彼らの行動がチームの空気を良い状態に保つ。それでも，プレーしている者は常に幸福であり，プレーしない者は常に不幸なのである。』

プレーの機会の少ないプレーヤーをどうするか？

やはり，最も難しいのは，プレー機会の少ないプレーヤーのマネージメントである。試合でのプレーの機会が少なくても，そのプレーヤーは他のプレーヤーと同じように取り組むことを要求される。そのようなプレーヤーは，トレーニングで頑張った結果がどのように形になるのかが見えない。特別な場合でもなければ（若いプレーヤー，ビッグクラブでの準レギュラークラスのプレーヤー，契約時に自分が16番目や17番目に達しているとわかったプレーヤー），この状態をずっと続けていることはできない。

このような状況を多少なりとも改善するために，いくつかの注意点はある。リザーブのプレーヤーに，トレーニンググループから**除外されたと感じさせてはならない**。コーチの注目や関心からはずれたと思わせてはならない。

注意，関心を示す

様々な方法で気配りを示し，問題のプレーヤーがその努力や進歩を自分で感じられるようにしなくてはならない。たとえそれがチーム内のセレクションにすぐに結果となって現れなかったとしてもである。

これは，トレーニング時に適切に接することによって可能となる。場合によっては個人練習をしたり，週の間にそのプレーヤーを使ったりする（ただし，

それが試合当日にそのプレーヤーを傷つける結果を生むことは理解しておかなくてはならない)。

『プレーヤーには，自分が試合に出られないだろうということがよくわかっている。そしてそのことに対し心の痛みを頻繁に感じる。それでもコーチはそのプレーヤーに関心を持ち，トレーニングさせ，軽視せず，放っておいたりしないのだということを認めさせなくてはならない。』

それでも，レギュラーとその他のプレーヤーの間の差を際立たせないよう注意すべきである。軽率にもそれを目立たせれば，悪くとられる可能性がある。試合に出ない者をもっと頑張らせようと誇張した要求をしても，そこから期待した結果が得られるとは限らない。

『彼らの気持ちを離れさせてはいけない。試合でマイナスとならないように，私は気を遣って彼らに頑張らせるようにしている。』

シーズン中には，レギュラーでなかったプレーヤーが必要となる時が必ずある。それを最初に予測させることによって，リザーブのプレーヤーをフィジカル的にもメンタル的にも良い状態に保つことができる。したがってこれは**絶えることのない仕事**なのである。そこをおさえておかないと，プレー機会の少ないプレーヤーはやる気を無くし，肝心な時に役に立たなくなってしまう。

『私は絶対にリザーブという言い方はしない。私はこの言葉が好きではない。彼らは，その時チームに入っていないというだけで，同じプレーヤーである。私はそのようなプレーヤーに対し，もっとも気を配っている。』

チームの利益は、このようなアプローチによって得られる。大切なのはチームであって、全員で勝利を目指して作り上げていくものなのである。

『それでも、ごくわずかな部分のことを問題にするよりも、勝とうとすることにより多くの時間をかけなくてはならない。』

自分の境遇に泣き言ばかり言っていたら、競技者や勝利者にはなれない。

『しかし、「幸福」なレギュラーも、非常に不幸な思いをしているリザーブの選手と接していたら、幸福になりきることはできない。グループは、内部に不幸なつらい思いをしている者たちを抱えていると、良い状態でやっていくことができない。自分が幸福であることやプレーすることを恥じる気にさえなってしまうのである。』

「集団の精神」

多くのプレーヤーは（幸いなことに全員ではないが）、常に自分の個人的利益をチームの利益に優先させる。しかし、良いプレーヤーに見られる最も重要なクオリティーは、集団の精神なのである。この精神がどこにでもあるものかどうかは定かではない。

数年間にわたって成功していて、温かい率直な関係を持った、「大家族」のイメージを持ったクラブがある。また常に緊張状態にあり、多くの対立を抱えているクラブもある。あるいは、より平和で穏やかなクラブがあるが、だからといって、野心が重要でないわけではない。

テクニカル面のクオリティーが高くても、パーソナリティーも含めた「プレーヤー」としての真のクオリティーがそれに伴わない場合がしばしばある。

> 『私は，プレーヤーは高く評価されるほどエゴイストになると感じている。ビッグクラブでは実際，各自が自分のことにしか関心が無く，控えの選手をかなりバカにしている。』

　より人数が少なくクオリティーの低いグループで，より家庭的なマネージメントをするようなクラブでは，人間関係の面がおそらく最も重要となる。そうすれば雰囲気はかなり変わり，団結はより実質的なものとなる。

　困難な状況にあるクラブでは，リザーブの役割を受け入れること，各自が集団の要求に従うことの必要性を強調した方がよい。一時的な各自の利益よりもクラブの利益の方が優先されるのだということを，プレーヤーに理解させなくてはならない。これは，批判はグループのメンバー全員に公平に分配されるべきであるということを意味する。コーチの中には，1番若いプレーヤーたちや何も言わないプレーヤーたちに批判を集中する者がよく見かけられる。信頼は，メンバー全員の一人一人に対する誠実さから生まれる。そしてその指摘は，プレーについてのものであって，個人の人格についてのものではない。これは，1つの「正当性」であり，プレーヤー全員がそれを感じるようにする。コーチに少しでももろさがあると，信頼性が危うくなる。少しでも欠陥があると，プレーヤーはいつでもそれにつけこむ。

　グループ内の対立は，必ずと言っていいほど選ばれていないプレーヤーから起こる。それが，センセーショナルなスクープに飢えて愛想良く近づいてくるジャーナリストの耳に入ってしまうのである。

> 『ジャーナリストの中にはこのことのスペシャリストがいる。その手のジャーナリストはレギュラーよりもリザーブについて話す。彼らの関心は対立や問題であって，チーム自体ではないのである。』

2 グループに分かれてトレーニング

　極端なケースでは，グループを2つに分け，同時にトレーニングさせない方法もある。例えば午前はレギュラー組，午後はリザーブといった具合である。

　一時的に見捨てられたプレーヤーをマネージメントするのに最適な立場にいるのはアシスタントコーチであろう。はずされたことで困惑して苛立ったプレーヤーには，この状態は永久に続くわけではないと示し安心させてやることで，落ち着きを取り戻させるようにしなくてはならない。

メンバーの重要性

　しかし，このマネージメントは複雑で難しい。メンバーが少ないクラブでは特に難しい。

> 『リザーブに入らなかったプレーヤー，リザーブに入ったが試合に出なかったプレーヤーのために4～5人のトレーニングを試合翌日に行うことは，実際，非常に難しいものである。』

　このようなケースでは，セッションを活気づける精神はめったに見られない。しかしながら，頑張り抜く者ややる気のある者と，自分がチームに入るべきだったと思いこんでいてしぶしぶやっている者とを識別しなくてはならない。

　1週間のトレーニング量に関しては，リザーブの問題はさらに難しく，満足な解決をするのは難しい。せいぜいトレーニング負荷を高めるとか，ある者たちのためにセッションを延長するといった程度である。しかしそれも人数の少ないクラブでは困難である。

　ヘッドコーチには解決すべき問題が山積みで，チームを勝たせること，チームをできる限り良い状態に整えることといった自分の基本的な目標以外のことに気を配る余裕がない。テクニカルスタッフ，特にアシスタントコーチが，ヘッドコーチに，ある行動の大もとの原因がわかるように，ある問題が予測できるように，1つの危機に振り回されないように，最大限のインフォメーションを提供するようにすべきである。

リザーブの選手については，**試合でプレーしたのと同じようにトレーニングすること**，そしていつになるかはわからないけれど，呼ばれた時には肉体的にも精神的にも絶好調であるようにトレーニングしておくことが重要となる。

> 『プレーヤーの数に関して言えば，理想的には11人で，それが常に好調で，絶対に怪我をしなければよい。冗談はともかくとして，最適な人数は，クラブの特徴との兼ねあわせで選ぶことになるだろう。』

代表選手がいないクラブ，UEFAカップに出場しないようなクラブでは，16人のプロと，後は研修生で補えば十分であろう。ビッグクラブで何人かを代表チームに送り込むようなクラブでは，18～19人プラス補充の若手となる。

メンバーの数にはそれぞれのケースで最適な人数があるだろうが，当然クラブの目標や経済力によって決まる面がある。他国（例えばドイツやポルトガル）ではこの問題は異なるということを指摘しておこう。これらの国では契約選手は25人いて，そのヒエラルキーの最下位辺りにいるプレーヤーは，クラブの主要な活動にはめったに関わることがない。彼らは単にプレーのチャンスを得るためのチームを失いたくないのである。これは，何か問題があった時や怪我があった時にリザーブの選択肢が豊富になるというアドバンテージにはなるものの，しばしば悪い雰囲気を生み出す場合がある。

グループのまとまりを保持する

マネージメントのやり方には正反対な方法も見られる。

例えばヘッドコーチが，ある時間枠をレギュラー以外のメンバーのために割き，彼らが見捨てられたと感じないようにする，といった方法である。

> 『サッカーというのは不確実なものだ。6ヶ月先までチームに入る見込みがないと思われたプレーヤーが明日には必要な人間となることもありうるのである。』

コーチの仕事には慎重さが必要である。3日後に必要になるかもしれないプレーヤーを公然と批判することなどできない。一般的なポイントについては述べることができても，プレーヤーに関することをあまり断定的に言うわけにはいかない。

　順位が中位のクラブで，メンバーの数がドイツ等のクラブよりも少ないようなところでは，ミーティングの時にコーチがまずリザーブのことから言うことも稀ではない。そうしてリザーブに全体的な視野でクラブのことを考えようという意志をしっかりと植え付け，チームについて考えさせるようにする。

　もしもあるプレーヤーが自分のポジションを失ったら，直ちに理由を説明してもらいたがるであろう。

> 『思ったことをそのまま言うことはできない。追加で必要となる可能性があるプレーヤーをどうして傷つけることができるだろう？』

　目標は，プレーヤーが，自分たちの間でたとえ競争状態にあっても心地よく感じることができるよう，常に試みることだ。この競争は，彼らの出来事ではない。クラブや競技上の出来事なのである。たくさんの試合があって，それに首尾一貫したメンバーが必要なのである。日々の努力の中でしっかりとやっていくためには，人生の喜び，熱狂を守ってやることができなくてはならない。そして他のこと，個人の欲望や計画といった障害となることを考えないようにさせなくてはならない。

> 『困難な時には互いに助け合った方が，各自が自分の殻に閉じこもっているよりも，よほど良い結果をもたらすものである。』

議論で時間を無駄にしない

　議論が長引いたら，状況が悪化しないまでも，何の結論にも達しない危険性

がある。

> 『本題の説明から逸れていってしまう危険があり，それが後になって逆に降りかかって来る恐れがある。』

　納得するのを拒む人に納得させることはできない。もっと悪いことには，議論が続くにつれ，お互いがさらに離反してしまう危険性がある。

> 『前にこんなことがあった。ある時一人のプレーヤーに，試合で使わない理由を説明しようとした。話を始めた時には，その溝はちょっとしたものだった。しかし1時間半におよぶつらい議論の果てに，我々の間には深い淵ができ上がってしまっていた。以来私は同じことを決して繰り返さない。現在私は，チームを12～15人にしている。プレーヤーに対し，「君は最初の11人に値するはずだった」などということは，めったに口にしなくなった。ただそれは私の判断であって，多少不当だと思われるかもしれないのは認める。私はそのプレーヤーにどう思うかは尋ねない。悪い方向にしか行かないような話し合いは始めない。』

　コーチに対し，メンバー選考の意図を考え直してほしいと望むプレーヤーは，自分の関心の方向に向かうものしか頭の中にない。自分が望むことしかわかっていないし考えていない。自分には資格があり，次は試合に出てプレーするべきなのだと思いこんでいる。そして，なぜ選ばれなかったかという理由を説明しようとしても，そのことをすぐに全て忘れてしまう。

> 『次にメンバーに戻るためだったら，自分が要求された以上のことを約束するものである。』

わずかでもチームが満足を与えれば，その約束を守ることなどもはや決してない。そこからそのプレーヤーとのさらなる対立の原因が生まれる。だから注意しておこう。慎重に，軽率な約束はしないこと。プレーヤーに要求されても自分の判断について完全な説明はしない方が良い。

> 『プレーヤーが何も尋ねない限り，私は説明をしないようにしている。あるいは聞かれたことについてかいつまんで話すだけにしている。外国人監督はむしろこの方法を採っているだろう。』

話していると，しばしば脱線することがある。プレーヤーの中には，自分自身のことだけ，自分の今の問題だけしか話さない者がいる。しかし一方で，名前こそ挙げないが常にチームメイトのことに触れるプレーヤーもいる。自分よりも良いとは思えず，あんなやつが出て自分が出られないのはおかしい，等と言う。このような脱線は受け入れてはならない。

> 『ポスト争いなのだから，個人的な会話の時に他のプレーヤーがターゲットになることは許されない。それはこの議論の話題ではないからだ。』

これをある程度避ける方法としては，シーズンの初めに立場を明確にしておくことである。例えば，選ばれなかったプレーヤーに弁明はしないと，あらかじめ宣言しておくことである。

時折，一人のプレーヤーが他よりも優れているというポジティブな判断が，あまり確固としたものではない理由に基づいている場合がある。トレーニング中の印象であるとか，次の試合の展開についての考え等である。「君が選ばれなかったのは印象のせいだ」とプレーヤーに説明することはできない。また，プレーさせないでおきながら「トレーニング中の姿勢に満足している」などと言うこともできない。しかしながら，これは，2人のプレーヤーが互いに非常

に拮抗している時にはたまに起こりうるケースである。

> 『私は時々プレーヤーを呼び出して自分の考えを伝えるようにしている。詳細に立ち入ることはせず，説明を求められたことに簡潔に答えるようにしている。』

苦しい説明をする危険を冒すよりは，判断は簡潔に述べることが望ましい。

> 『私は，簡潔な説明が最高だと思っている。「私は自分の判断をした。別の考え方もあるだろうし，それも良いかもしれないとは認める。しかし，これが私の判断だ」──12番目になったプレーヤーに説明するのに30分もかけない。それは30分の無駄遣いだからだ。』

簡潔に，言い過ぎないようにし，自分の好みは隠すようにする。望もうと望むまいと，他の者よりもコーチに愛され，より一層の親近感を抱かれるプレーヤーはいるものなのである。

時間を割いて全てを説明しないまでも，情報を与えた方がよいと思われる典型的なケースがある。それは，レギュラーであったプレーヤーがチームをはずれた場合である。このプレーヤーはその理由を知る権利がある。

> 『私はその選手に，なぜはずしたかを1度説明する。それは競争のため，他の者の方がより良いと思われたからである。また，同様に，自分が彼に期待することを伝え，より良いレベルに戻ると思っているし，その位置はもちろんライバルのパフォーマンスにもよるものである，と伝える。』

もしもそのプレーヤーが，その位置で，ポジションの奪回を目指して闘おうという姿勢，下のチームで良い精神を示して努力しようと思うのであれば，それで全てOKである。もしも機嫌を損ねるようであれば，自分から離れていってグループ内に問題のもとを生み出すようになるだろう。それが注目されるプレーヤー，重要なポジションであった場合はなおさらである。

試合数，グループの大きさと価値

リザーブのマネージメントは，今日コーチの役割の中でもおそらく最も複雑な側面の1つである。しかしまた，おそらくもっとも興味深い側面の1つでもある。

いくつかの大会で戦わなくてはならないようなクラブは，1つのシーズンを13〜14人のプレーヤーで計画することが重要である。決定的な試合は大体シーズンの終わりに来るが，リーグ戦でもカップ戦でも，メンバーの一部の能力が鈍る時になる可能性がある。シーズンは，常に最後，ヨーロッパでは3月からが勝負となる。そして，決定的な闘いの時が到来した時にメンバーが不十分な状態だったら，今までの努力の全てを失ってしまう危険性がある。

したがって，相応の人数のグループを起点としなくてはならない。しかしその理想的なサイズは，コーチとクラブの野心や置かれている立場によってかなり異なる。マネージメントはプレーヤーの数によって非常にデリケートな問題となる。

> 『シーズンによってはリザーブの問題が特に出ないこともある。なぜなら私のチームのプロは17人で，怪我人や出場停止が出るので，実際は試合に出ないプレーヤーがいないからである。』

リクルートの際には，問題を予測しなくてはならない。どのポジションの競争が十分で，どこが不十分かを把握し，分析するようにする。

リクルートされたプレーヤーの特徴も同様に重要である。年齢，経験もまた重要な資料となる。それらを知ることで，シーズン全体を通してチームのマネ

ージメントが多少なりともやりやすくなる。

　確かに，怪我人や出場停止は，そんなにたくさんあるものではない。個人の一時的な不調は，他の好調なプレーヤーで埋め合わせることができる。反対に，全てのプレーヤーを常に競争状態に置くという手段をとることもできる（クラブの経済力が許せば）。ただしこの場合はシーズンの初めに各自がルールを正確に知り，受け入れることが前提となる。

> 『20人で戦っていこうと思う場合，最初の契約のことを常に繰り返さなくてはならないようにすべきではない。』

　常により良い者たちがプレーすると考えれば，そして「チームを作るのはコーチではなくプレーヤーがその調子に応じて作るものだ」と考えれば，曖昧さや不明確な点は存在するはずがない。この問題を公式化して整理することは難しく，ケースによって慎重に個別に扱うべきである。そして，日々のトレーニングの中で，注意深く慎重に対処することである。

> 『試合に出ないプレーヤーをサポートしなくてはならない。ましてやそれが4〜5ヶ月前から続いていることであればなおさらである。彼らが埋もれないように，落胆しないように，かと言って甘い言葉をかけて期待を抱かせるようなやり方ではなく真実を話しながら，プロフェッショナルな方法で助けるのである。』

　これが彼らと向かい合う唯一のやり方である。この観点では，2グループに分けてやることはなく，1つである。その中で，トレーニングの負荷は，プレーした試合やその結果に応じて決める。これには，前提として裂け目やウイークポイントのない良いチームであることが必要とされる。今日では，代表のプレーヤーでもクラブでレギュラーでないケースがある。状況が厄介なことにな

らないように、チームのフロントとテクニカルスタッフは一丸とならなくてはいけない。そして団結を持続させることの必要性を意識し、互いの機能とテリトリーを尊重するようにしなくてはならない。

ぎりぎりのバランス

　競争の状態をコーチが1人でマネージメントすることはできない。グループが大人数である時には、常にぎりぎりのバランスの中にあり、そのため常にリスクがある。シーズン中のいくつかの目標を追求するためには、ある程度の人数のプレーヤーを擁する必要がある。その意義や利益と、その裏側に存在するリスクとの関係をどのように考えればよいのだろうか。

　競争は、グループが進歩できる唯一の可能性であると言うことができる。そして、最終的に、強いメンバーを擁していたチームが勝者となる。シーズンで戦う試合数から考えると、またゲームのレベルの向上を考えると、いずれにせよビッグクラブではこの公式は避けがたいように思われる。1つ1つの試合全て（リーグ戦やカップ戦）を戦うことを期待される以上、十分な人数のメンバーを擁している必要がある。対戦が繰り返される状況では、1人のプレーヤーが常に自分の能力の100%を発揮することが困難であるし、怪我のリスクもある。疲労がたまってくると怪我をする危険性も著しく高まる。

　パフォーマンスが良くないと、モチベーション面の問題がよく取り上げられるが、話はもっと単純である。疲れたプレーヤーは、フィジカルのキャパシティーが低下するために、普段のパフォーマンスを発揮しきれないのである。

ポジティブな態度

　レギュラー以外のプレーヤーの中にも、プレスの挑発的な報道に不満を持ち、ピッチ上やトレーニングで答えを出すことを望む者たちがいる。それは「良いプロ」で、呼ばれた時には**常に最大限を発揮する者たち**である。彼らは来るべき出番に備えて日頃から常に準備し、自分の欠点を知り、それを克服しようと取り組んでいるからである。

『リザーブは，自分の境遇に決して満足しない。それでも，配慮や関心を示してもらった時にはある程度の感謝を示す場合もある。』

　全てのクラブで望み通りのことが実現するわけではない。
　問題を抱えているプレーヤーこそ，コミュニケーションを必要とし，たとえ試合に出なくとも阻害されていないと感じさせる必要がある。こうすれば，一時的にリザーブになっても，より我慢しやすくなる。
　リザーブのプレーヤーがまだ若く，あまりプレー機会がないことをより簡単に受け入れられる場合でもそうである。ベンチにいることを，研修期間の最終段階として位置づける。シーズンの大部分を，チームメイトが良くなっていくのを見ることで過ごすことで，若いプレーヤーに自分の犯したミスを理解させ，外からゲームを見ることを学ばせ，問題に対する改善を位置づけさせるのを助けることができる。そうすれば，リザーブのステータスもより能動的，積極的なものとなり，個人の経験を分析することによってより価値を高めたいという意志を含むものとなる。これは比較的短期間で発達する。これによって，そのプレーヤーはミスを正確に認識し，それを再現しないようになる。このようなケースでは，リザーブの状況はより受け入れられやすい。
　しかし，たとえ20歳のプレーヤーにとってはそうであっても，経験のあるプレーヤーにはそうではない。言うまでもなく，問題はもっと複雑である。

『私はキャリアの終盤にさしかかったプレーヤーをリザーブに置くことを極力避けるようにしている。チームの雰囲気を悪くするからである。それよりは問題を起こさない若いプレーヤーの方が良い。』

　しかし，全てはクラブのレベル，目標，野心，メンバーの問題である。よりファミリー的なマネージメントをするクラブに当てはまるやり方もあれば，より予算の大きい，野心の高い，メンバーの多いクラブに当てはまるやり方もあ

る。それぞれのケースで適用されるルールは，必然的に大きく異なる。

いつメンバーを発表すべきか

この問題については，意見が大きく分かれている。

ある者は，プレーヤーがより良い準備をするためには，前もって十分な時間をとって知らせるべきであると考える。またある者は，グループ全体にできるだけ長い時間プレッシャーをかけておくべきであると考える。

我々としては，**時に応じてコミュニケーションのモードを変える**ことをお勧めする。

慎重に，例えばリザーブであるとあらかじめ個人的に知らせることにする時もあれば，必ずしもそうすべきではない時もある。戦略は修正することができる。そのようにして，場合によっては激しく直情的な反応（も起こりうるが）を避け，それによって起こりうる対立も避けるようにする。

> 『このタイプの個別の調整をすることで，選ばれなかったプレーヤーに少しの失望を飲み込ませ，怒りを表に出させないようにすることができる。』

また同様に，先に知らせることで，自分は試合に出ないだろうと思っていたプレーヤーは安心する。彼らは誰よりも先にチームに入っていることを知る権利がある。そして，コーチの期待により良く集中できるようにする。

チームをセッションの前や中，後に発表することも考えられる。ロッカールームあるいはフィールドで，試合の前日あるいは当日の朝にすることも可能である。この判断は，個人が抱くであろうセンセーションや衝撃，その時の印象との関連で行う。

それでも対立を避けるのは難しい

しかしながら，リザーブの状況は，ほとんど必ずと言っていいほど，多少なりとも重大な対立を伴うものである。このように避けがたい対立にも，論理的に明確に対処しなくてはならない。またプレーの概要や戦術上のフォーメーシ

ョンに関するコーチの判断が，受け入れられないまでも理解されるようでなくてはならない。

　これは，実りのない長々とした説明をしなくてはならないということではない。そんなことをしても何にもならない。しかし，チームからはずされたプレーヤーに，自分はグループの一員でありいつか自分の番が来るということを，強調しすぎることなく感じさせることはできるであろう。

　リザーブを放っておくと，必ずと言っていいほど，自分やクラブの取り巻きの中に，彼らの不公平感に同意してくれるような人々を見つけ出す。このことは，ネガティブな方向で彼らを励まし，プレーヤーとグループの雰囲気にネガティブな影響を与える。こうなると大抵の場合，関係の崩壊に至る。

『もしも試合に出られないとすれば，それは（一時的にでも）より良いプレーヤーがいるからであるということ，そして最もよくないことは隅っこでふくれていることだとプレーヤーに理解させることが理想である。』

　もちろん，働きの悪いプレーヤー，悪い精神で働くプレーヤーは，自分のポジションを獲得するチャンスを得ることはない。また，経験のあるプレーヤーは，いかに論理的かつ納得できうる手段で説明したとしても，実際はこのリザーブの状況をなかなか受け入れられない。これに関しては，シーズンの初めに，グループの人数や，レギュラーになれないかもしれないプレーヤーの年齢やメンタリティーを考慮するようにすべきであることを再度助言しておく。

『シーズン初めのクラブの方向付けの段階で，誰がそうなるのかを明確にしなくてはならない。来たばかりの若いプレーヤーは，おそらくそれほど多くの試合に出ることはない。彼らも，自分が入るのはレギュラーがいない時であることを感じている。そこで出番を待ちながらグループの一員となってトレーニングに励み，試合に出てプレーする者と同じ成果を得るのである。』

変化する関係

　プレーヤーとコーチの間の親密さは，大いに個人的な問題である。それぞれが，自分の原則とパーソナリティー，性格との兼ねあわせで行動する。

> 『私は自分と合わないと感じられた人間と一緒に仕事をすることはできない。自分を表現するためには，真実の関係が必要である。それは友達とは違う。私は常に，プレーの面だけなく，人間性を考慮する。そうでなくては，機能することなどできない。』

　コーチとプレーヤーの関係において，各自の関心は様々である。リザーブの問題は，それを良く表している。斬新な意見ではないが，やはり，関係の中である距離を保つことが重要であると思われる。

> 『私は，プレーヤーが昔よりも自発的でなくなってきているように感じている。彼らは以前のような動機では動かない。彼らはもっと自分自身の関心の方を気にかけている。だから私は態度を変え，あまり話さず，あまり心の内をうち明けないようになった。』

　つまり，感情的な面が無くなってきて，プロフェッショナルな面が徐々に増してきていると言える。

> 『結果が必要であり，守らなくてはならないヒエラルキーがある。だから私は，プレーヤーとあまり個人的な関係を持たないようにしている。』

コーチはプレーヤーと同じ落胆や喜びを味わう。しかし，それぞれが自分の立場に留まるのである。1試合が終わるとすぐに，コーチは次の試合のことを問題にし始める。それに対してプレーヤーは，自分がその試合を正しく実践したとわかっていれば，自分の週末やその晩のことを考え，他のことは気にかけない。

『闘いが終わった時には，言葉に出ずとも共通の感情を持つことができる。しかしそれは，試合終了からロッカールームまでであり，そこで終わる。』

　同一の賭に関わっているにもかかわらず，ここではっきり暗黙の了解の限界が見える。
　ある距離を保ちながら非常に近くもなることは確かに可能であるが，ここでこれ以上立ち入ることはやめておく。後はコーチの自由だからである。

『一緒に仕事をしている間は，プレーヤーと真の友人関係を持つことは不可能である。』

　おそらくこの面については，プロとアマチュアで大きな違いがあるだろう。

まとめ

1. 交代選手のマネージメントは，コーチが解決すべき最もデリケートな問題の1つである。
2. 対立の原因で最も多いのはこの面である。
3. チームの人数は，クラブの目標や経済力によって決まる。
4. 交代選手の年齢が重要である。年齢を考慮することで，マネージメントはある程度やりやすくなる。
5. レギュラーでないプレーヤーとの話し合いは，概して危険かつ無益である。
6. 交代プレーヤーをトレーニングで尊重しなくてはならない。そして，彼らに最も利益になるように仕事をさせなくてはならない。
7. 「本当のこと」を話し，戦術上のオプションを強調する。
8. プレーヤーの，集団に対する精神とプロフェッショナリズムが，リクルート時の重要な基準となる。
9. 対立が起こった場合は，コーチだけではなく，クラブ全体で考えるべきである。
10. コーチが自らの行動の基準に誠実であり原則に忠実であることが，最終的にはプレーヤーの側の信頼を得ることにつながる。

プレスから攻撃を受けているプレーヤーにどう対応するか？

調整の意志

多くのコーチの1日は，チームについて書かれた記事に目を通すことから始まる。それは，それらの記事によって起こりうる反応を予測するためである。つまり，ジャーナリストが起こすあらゆることをシステマティックに調整しようという意志を持つということである。最初に重要なものを特定する。これはコーチが考えるべきことである。

その攻撃が妥当か否か

全体的に見て，典型的なケースが２つある。

１．あるプレーヤーが批評され，コーチがその批評と同じ意見であるケース（彼がその批評を刺激したのではない時）：コーチが次にその問題のプレーヤーにかける言葉は，ポジティブな反応を起こさせることを目的としたものではない。その他のことについて長々と述べたりしない。

時にはプレスが欠陥を何度も繰り返し強調することによって，コーチに貢献することもある。公表されたことは，ケースによっては，個人的でも集団の面でもポジティブな反応にいたることもある。

> 『私は，チーム全体を問題にしたプレスの切り抜きを使ったことがある。結果が悪かった時にチーム全体にそのことを恥じる気持を強く持たせるためである。』

あまり心地よくない言葉によって，チーム全体が傷ついた時は，コーチは一つの反応を得るための説得手段を持つ。グループの自尊心が傷つけられることで有益な反応に至ることもある。そしてその不快な言葉を打ち消そうという強固な意志を持たせる。

２．あるプレーヤーが不当に攻撃されるケース：そのような時には，何としてでもそのプレーヤーを守り，彼がその批判によって悪影響を受けパフォーマンスを低下させたりすることのないよう，助けなくてはならない。

プレーヤーが悪い時期にあって最高の状態ではない時には，それ以上苦しめても何の役にも立たない。ただしその場合も，本人自身が立ち直るために必要な努力をすることが重要である。フォワードやゴールキーパーのようなキーとなるポジションでは，ミスが非常に重みを持つ。失敗の後にポジティブに反応できるようにするためには，この不幸なプレーヤーを励ましてやるべきである。

同じような考え方で，プレーヤーにはこれから受けるであろうチャレンジを

予告しておくと良い。前にそのポジションをしていたプレーヤーと比較して，例えばそのプレーヤーが良いパフォーマンスをチームや観衆に印象づけた時，比較は避けられない。あとから気付いて余計な負担を感じるよりは，それをあらかじめ知っておいて，その挑戦に応じる方が良い。また，プレスがあまり強調しないことも高く評価すべきである。例えば，個人的な成功の見込みが無いにもかかわらず，チームのために全体に関わる働きをしたといったことは，評価に値する。

フランスのプレスと外国のプレス

『外国と比べるとフランスのプレーヤーは，プレスからより保護されているようである。激しく徹底的に攻撃されることはめったにない。プレスはコーチや時にはフロントを攻撃する方を好む。』

*Bildzeitung*や*Blick*といったドイツの新聞は，攻撃のスペシャリストである。このようなものはフランスでは見られない。外国人監督は，全員一致でこう言う。

「フランスのプレスは，ドイツ，スペイン，ポルトガル，スイス，ブラジル，いわんやイタリアといった外国のプレスに比べて全然攻撃的ではない。」

これは批判を受け入れさせるための理由として付け加えたものであって，別に誉め言葉ではない。

さらに残念なことに，プレーヤー（大抵ベテランの選手）と特定のジャーナリストの結びつきによる「仲間びいき」がある。プレーヤーは，自分の利益を守るために，たとえ相手がそれに値しなくても同盟を結ぶのである。ジャーナリストの方は，それによってクラブの内部事情を知るための特別な情報源を得る。これを断固として禁止しようとしても，そのことによってかえってクラブ自体が受けるであろうダメージのレベルから考えればあまり意味がないかもしれない。かえって悪影響を与え，プレーヤー間の分裂を起こし，それが必然的に結果に反映することになる恐れがある。

誠実さと相対化

　一般的に，ジャーナリストのメッセージを，その記事に関わったプレーヤーとの率直な話し合いに基づいて規制するのは非常に良いことである。と言うのは，それによってそのプレーヤーを傷つけたかもしれない言葉のバランスをとり，表現を和らげることができるからである。それは，ジャーナリストが人を傷つけるようなことを言うものであるからということではなく，ジャーナリストの意見が一般大衆に対して力を持つという点を考慮しなくてはならないということなのである。また，場合によっては，批判を受け入れる努力をする（プレーヤーが自分のパフォーマンスについて明晰でいられるという条件で，ではあるが）。

> 『重要なのは何よりもコーチの意見である。プレスは賞賛することも破壊することもできる。そのように受け止め，そっとしておくべきである。』

　多くのコーチは，プレーヤー自身その攻撃が間違いや不当であるという確信を全く持てない場合であっても，公に対してはプレーヤーを守る。

> 『私はプレーヤーを守る。たとえ彼らが間違っていたとしてもだ。それはグループを守ることになる。確かに詭弁を使うこともあるが，彼らを守ることが私の任務である。彼らを後から罰することになるかもしれないが，それは仕方がない。』

　もしもあるプレーヤーが攻撃されていて，コーチがそのプレーヤーはチームに必要であると感じたら，擁護した方がよい。他のプレーヤーもそれを見て思うであろう。万一自分が同じ状況に陥ってもきっと守ってもらえると。
　場合によってはプレーヤーが，コーチの出した指示に見合った攻撃を受けることもある。そうしたら明確に説明する。プレーヤーはこの「保護」，彼の体

面を保つダブルランゲージを恩義に感じる。このようなケースではコーチは盾となり，当事者のこれからの努力を促すようにする。

しかし，あらゆる典型的なケースで，ジャーナリストに最も良く反応できるのは，フィールド上においてである。あるプレーヤーが不当に攻撃されているのを感じたら，コーチはそのプレーヤーを助け，抵抗させ，自分にできることを示すようにさせる。

もう一つ可能性が残っている。当事者に影響を与えるような記事は読まないことである。ひどい試合をしてしまい，自分でなぜ負けたかがわかっていて，各自が自分の責任を認めている時であれば，プレスの記事を読んでも仕方がない。誰が見てもわかるような欠陥を確認するだけの記事に不平を言って何の役に立つというのだろう。痛いところをさらにえぐる必要はない。

関係のある記事をいっさい読まないことも，おそらく距離をとる余裕と意識の高さを必要とする。特に若いプレーヤーや若いコーチは自分たちの仕事のこの側面を過度に重要視してしまいがちである。

まとめ　プレスの攻撃を受けている選手をどうするか

1. 公共の仕事に従事するということは，批判を受け入れることが含まれる。
2. 批判の妥当性に応じて，コーチはそれに境界（限度）を示したり，あるいは逆に利用する。
3. ジャーナリストのメッセージの規制は，必要である。
4. ダブルランゲージを使うこと（大衆へとチームへの使い分け）は，ある面で不愉快ではあるが，それでもしばしば必要となる。これは大変な技術を要する。まずプレーヤーを守る。しかしその後，個人的に彼に思っていることを言うことを躊躇する必要はない。
5. 記事のインパクトを相対的に見ることができなくてはならない。何でも被害者意識をもって見てしまってはいけない。

去りゆくプレーヤー，契約終了のプレーヤーをどのようにマネージメントするか？

　この問題は，クラブが最後の試合までそのプレーヤーの最良の要素を必要としている時には，そして契約終了のプレーヤーがその一部をなしている時には，問題にされることはない。

> 『私はチームのプレーヤー全員に，契約の最後であろうと無かろうと，最大限を発揮するという，全く同じことを要求する。』

　しかし実際には，去るプレーヤーが非常に多い場合，あるいはグループに新しいメンバーが入らない場合，非常にマネージメントしにくい状況となる。
　誰を移籍させ，誰を残すか，いつ新しい人を入れるか，誰を出すか？ この難しい問いをしながら良いシーズンを準備していくのである。そしてこの決断は，フロントのみに任せておくことはできない。
　反応は，当然各自のパーソナリティーによって異なる。最悪なのは，曖昧な状況である。ごまかすプレーヤー，自分が去ることがわかっているプレーヤー，クラブに残してほしくないと思っているプレーヤー，もはや進歩しようという気持がないプレーヤーに関わる状況である。おそらく純粋に頑張れることが望ましいのではあろうが，しかし，もうこれ以上一緒に働くことはないと感じ取った場合，あるいは言われた場合，ある種のあきらめを感じてしまうことがしばしばある。
　しかしながらプロのプレーヤーは，できるだけ良いイメージでクラブを去りたいと思っている。「落ちていく」プレーヤーは悪い評判を立て，それを次の新しいクラブまで引きずってしまうリスクを冒すことになる。

先取りする
　あるプレーヤーを置いておきたいと思うなら，おそらく先取りをすることが望ましい。すなわち，問題を起こさずプレーヤーが自由な意志を持てるような

形で契約の延長をすることである。

　また，最初の契約の時に，次に再検討すべき時をいつにするかを，例えば最終期日の1年前といったように明確にしておくこともできる。この場合，もし両者が同意するのであれば，期日の1年前に契約を更新することができ，プレーヤーが不確定な状況に置かれることがない。

　あるプレーヤーが，いつでも非常に礼儀正しく非常に熱心であったとしても，契約の最終であるという事実が彼を混乱させることがありうる。将来の保証のないプレーヤーは，シーズンの最後に大きく傷つくことを恐れ，活躍が抑制されてしまったりする。したがって，あらかじめケースを具体的に計画する。

　最後の瞬間まで待つことは危険である。重要なのは，いつ提案をするかを決めることである。すなわち，遅すぎず早すぎず，である。

『早すぎるとプレーヤーは強制されたように感じ，また遅すぎるとプレーヤーは一層の競争を強いられることになる。』

　残り7～8ヶ月，あるいは1年になった時に延長の提案を受けたプレーヤーは，おそらく安心したいという理由で，また比較的相場が有利なこともあり，この提案を受けやすい傾向にある。構造のしっかりしたクラブを選ぶプレーヤー，コーチの信頼を得ることのできるプレーヤーは，最終的にクラブに残ることに関心を示す。

　11月か12月が良い時期であるように思われる（＊ヨーロッパではシーズン終了5～6ヶ月前に当たる）。なぜなら慣例となっている契約時期までまだかなりあるからだ。シーズンの終わりに傷つけられること（売りに出されること）を恐れるプレーヤーは，確実な何かを手に入れたがる。遅くまで待ちすぎ，他にオファーがあった場合には，価格は急騰し，高値のつけ合いとなってしまう。

　しかしながら，ここでは一般論から離れないでおこう。各ケースはそれぞれ特別で，期間，年，市場，オファー，需要の面で毎回条件が異なるからである。

> 『私は用心のためクラブの会長に，自分が興味のあるプレーヤーの契約延長について話し合う必要性をあらかじめ予告しておいた。そしてそれをプレーヤーにも知らせた。しかしながらそのプレーヤーのパフォーマンスは低下してしまった。』

　これは，ある時期緊張状態に置かれた後で満足を得た時に，意図せぬ緩みが生じてしまったケースである。私たちがこの例を挙げたのは，問題を解決しようという明確な意志を持っても，それでいつも十分であるとは限らないということを示すためだ。これは，テストの後のようなものである。テストが終わった時というのは必ずしも気を緩めて解放される時だとは限らない。

誰が決断する？

　契約更改の時，さらにリクルートの時に，**コーチが発言を許される**ことは非常に重要なことのように思われる。最終的には，経営面に関して責任を持つ会長が決断を下す。誰もそれに異議を唱えることはできない。しかしそれでも，報酬間のバランスをとるため，そして単に交渉能力ばかりでなくプレーヤーの真の価値に見合った「公正さ」を保つために，コーチが意見することも許されるであろう。

　プレーヤーたちの間で報酬の話はさせない方が良い。というのはケースによっては不公平感を生むことになるからである。交渉の時期，市場の状況，チームにどのポジションのプレーヤーがほしいか等といったことによって，フロントは，実際のプレーヤーの価値に関係のない利点にいくらか譲歩することがあり得る。こうして，競技能力の面では非常に近いプレーヤーの間に大きな報酬の差ができることがある。

クラブ内の契約終了のプレーヤー数

　あるシーズンを最後に契約を終えるプレーヤーが10人もいるとすると，マネージメントは簡単ではない。残したいと思うプレーヤーには更新のオファーがある。しかしそれは，何もオファーされない者たちとの間に分裂を生み出す危

険がある。他人のために戦う意味があるのかという問題が提起される。たとえ悪いプロではない者を相手にするにしても，ある種のとげとげしさや辛辣さを生じさせる危険がある。

　おそらく，該当するプレーヤー全てと交渉に入ることが賢明であろう。たとえ，それでメンバーに残したいとは思わないプレーヤーとの契約には至らないとしてもである。より具体的なオファーを受けた者は，おそらくポジティブな返事をする前に他のクラブからのオファーを待ちたがるだろう。お互い不確定な時期には，状況が複雑になりチームの結果に影響を与えうる。

　望もうと望むまいと，曖昧さを残すと，クラブの利益を損なう。シーズンの終盤はひどいことになる危険がある。

> 『プレーヤーがもうそのクラブには残らないと感じたら，パフォーマンスはすぐに影響を受ける。』

　一般的に，次の日から，彼らの精神，そして彼らのパフォーマンスは低下する。いくら残りたいと思ったところでもうどうしようもないとわかって，虚脱感に襲われるのである。

> 『重大なケースでは，気持が離れてしまうのも仕方がない。そう割り切った方がクラブのためになる。』

骨格は残し，小さなところで新しくする

　毎年8～10人の核，骨格は残すようにすること，ベースとなるプレーヤーたちを重視し，限定した補強を行うこと。クラブのマネージメントにはこの方が良い。

　何年か残っている者たちは，ある価値の保証となり，メッセージを伝える。新人の到着によって彼らは活力を与えられる。新人はグループに刺激を与え，

場合によってはヒエラルキーをひっくり返す。

『これを定期的にやるのは良いことである。さもないと，グループはそのまま古くなり（時には足よりも頭が），そして反省や再検討をすることができなくなってしまう。』

チームが上昇し続け，グループが進歩し続けている限り，変化がなくとも問題はない。そうでないなら，時々メンバーを刷新しなくてはならない。

人は一度にあまりにたくさんのプレーヤーを変えたがり，グループのバランスを修正するのに過激すぎるやり方をとりたがるものだが，そうするとリーダー不在の状態，しかも代わりがいない状態になってしまう。リーダーというものは，そう簡単に次の日からなれるようなものではないからである。

もちろん例外もあるが，リーダーとして受け入れられるようになることは簡単なことではない。しかしリーダーという支柱は必要である。

『たとえプレーヤーたちが誠実で勤勉であったとしても，だからといってそれだけで彼らがリーダーになれるわけではない。それは来てから日が浅いからということかもしれないし，あるいは若すぎるから，外国人だから，あるいはもっと単純に彼らがそうしたいと思わないからかもしれない。』

一流の認識とイメージ

これは全てのケースでプレーヤーによって決まる。

幸いにして，翌年にはクラブを離れるにもかかわらず最後の試合終了まで戦う，模範的なプレーヤーも存在する。こうして彼らは自分たちの一流のイメージに気を配り，フロントと良い関係を保ったまま旅立つ。

プレーヤーの中には残したいと思う者もいれば，厄介払いしたいような者もいる。もしもクラブの利益が守られるのであれば，何年間もクラブで頑張って

きて遂に契約が終わろうとしているプレーヤー，そして新しいクラブを見つけるためにプレーの機会を得なくてはならないプレーヤーに対し，感謝の意を表さなくてはならない。このようなケースでは，チーム力が低下しないという条件で，競争状態にいるこの問題のプレーヤーに有利になるようにすることが考えられる。これは，功績のあるプレーヤーに対し敬意を表するやり方である。そのプレーヤーは良いイメージを持ってクラブを離れるであろう。

そしてそれは他のプレーヤーを引きつけることとなり，デリケートな判断をしなくてはならない時に何らかの違いとなって現れるかもしれない。

『今までよく頑張ってきてくれたけれども，例えば年齢等の問題でもうチームには残せないといったプレーヤーのために，時には，クラブ自体が別のクラブを懸命に探すこともある。』

こうしたケースにおいては，当のプレーヤーに対して可能性を示し，あらゆる曖昧さを排除しなくてはならない。

あるプレーヤーと別れる時には，そのプレーヤーに対して，明確に的確に説明することができなくてはならない。

『一流の良いイメージを保つために，私たちのクラブは，常に互いに嫌な思いを残さずにプレーヤーと別れるようにしている。たとえ何らかの理由であまりプレーできなかった場合でも，去る者が，良いクラブから出ていくのだと言えることは良いことである。』

去る前の最後の会談では，プレーヤーの悪いところよりも良い面に高い評価を与えるべきである。プレーヤーの内在的な価値ではなくコーチの戦術的な選択による要素が強かったという点を強調する。そのことでプレーヤーの自信は保たれる。

> 『プレーヤーは，挫折感は持たず多少自信に満ちた状態でクラブを離れるべきだ。』

　このクラブの現在の状況では必ずしも全ての要素がうまくそろわなかっただけで，他の場所では成功の可能性がある，と確信させる。もちろん，プロフェッショナリズムに欠けた遊び半分のプレーヤーに関してはこの限りではない。そのようなケースでは，何らかの努力をしてパフォーマンスの改善をする必要があるということを，言ってわからせなくてはならない。

　また，キャリアの最後となるプレーヤーのケースもある。キャリアの最後となるプレーヤーは再転換，転職を希望する。場合によってはそのクラブで実現が可能な場合もある（それも非常によく起こりうることだ）が，その選択があまりポジティブでない可能性もある。最後の数ヶ月になると，プレーヤーは先のことを考え，サッカー以外のことを考え出す傾向にあり，そのことでそのプレーヤーの働きが低下する場合もある。さらに，そのプレーヤーがキャリアを終えることを喜んでいるとしたら，もはや努力をしなくなる。このようなケースにおけるもっとも強力な説得手段は，自分の功績や経歴のことを思い出させることである。最後に成績が悪いと損になるということに敏感にならせることである。

　このように，プレーヤーのイメージ，自己イメージに対する感受性に賭けるのである。

目標の力

　もう一つの典型的なケースがあるが，これはめったに問題にならない。あるチームがタイトルあるいはUEFAカップの出場権を争っているような場合である。目標がまだ非常に強力で，クラブを変わろうなどということは考えもしない。プレーヤーは常に自分の実績や経歴を充実させること，自分の能力を示すチャンスをものにすることに関心を持っている。

　例えばリーグ戦で安定した位置を保っていて，何もチャレンジするものがなければ，実際物事はより複雑になるものである。

ここでは，まだ契約期間中であるにもかかわらず移籍をしたプレーヤーのケースについては言及しなかった。この場合の選択は，一般的に当該の三者の同意で行われ，あまり問題が起こらないのが普通である。

> **まとめ**
>
> 1．クラブが重要な目標を追求しているのであれば，問題はない。
> 2．場合によっては先取りする方法を検討し，契約を延長する。
> 3．安定して人員をそなえておくためには，クラブのマネージメントは長期的な方法をとらなくてはならない。
> 4．ほとんどのケースで，クラブの評判を落とさないため，またプレーヤーの自信を損なわないためにも，良い間柄で円満に別れることが望ましい。

スタープレーヤーを どのようにマネージメントするか？

「スーパー」とその他

少し乱暴な言い方になるかもしれないが，スタープレーヤーなどいない。言い換えれば，全てのプレーヤーは同じように扱われるべきである。この観点で，卓越した才能を持ち他のプレーヤーとは際だって異なっているプレーヤーをメンバーに持ったことがないコーチは，このような状況を望まなかったとまで言うだろう。彼らは，クオリティーは高いがより均質でマネージメントがしやすいグループの方を好むのである。

もちろんこれは，全てクラブの野心と経営方針や資力による。望もうと望むまいと，プレーヤーは，年齢，タレント，チーム内のステータスによって異なる。もともと才能があり，その天賦の才能を活用し実を結ばせることができれば，そしてまた，エゴイズムやわがまま，さらによくあることだが子どもっぽ

さを示さなければ，スターになれるプレーヤーがいる。

スタープレーヤーは，模範的な態度を示さなくてはならず，自らの健全でポジティブな態度でグループを引っ張ってトレーニングしていかなくてはならない。さもなければ，チームの中に退廃した空気が生まれる恐れがある。

常により高い要求を

「スタープレーヤー」を常に押さえ，引きつけておくためには，彼らに対して常により高い要求をする必要があるだろう。彼らはグループにより多くをもたらすことができ，他の人と同じパフォーマンスをより楽に生み出すことができるということが期待されている。

> 『彼らのことをより重要であると認めた瞬間から，彼らは私が心の中で他の者よりも良いと考えていることを知る。彼らは他の者よりも多くをやるべきであると見なされる。私は彼らに多くを期待する。』

しかしながら，別の見方もある。スタープレーヤーは，育成の間を通して，その能力のために特別な注目を受けることが多い。そのプレーヤーは自分が他の者よりもうまいとわかっているので，その結果，より好ましい体制を常に享受し，特別な配慮を受けることを期待するようになる。これが全ての状況で可能なことなどほとんどなく，これがしばしばコーチとの対立の原因となる。

> 『1人のプレーヤーに特別な配慮を認めることは，グループの目から見てコーチのクオリティーやステータスの低下につながる恐れがある。また，スタープレーヤーは過度の自由と過度の優遇を認められたことで，非常に扱いにくくなる。』

良いプレーヤーを恐れることはないが，彼らにはいくつか理解させなくては

いけないことがある。

> 『大切なのは，プレーヤーとの関係におけるコーチの信頼である。この力関係は，常に保持されなくてはならない。コーチに対する尊重は，コーチのステータスと，コーチ自身を人として尊重する気持から生まれる。しかし，感情面に頼ろうとした場合，常に全ての人にいい顔をしようと思うのは危険である。』

悪い習慣が付いてしまったら，物事を変えることは難しい。非常に良いプレーヤーの多くが，そのため自分の可能性の最大限まで到達しないのである。

> 『自分の力の70％でプレーしながらも他のプレーヤーと同じくらいにはできるようになると，それに満足してしまいがちである。』

さらに，FWの場合は得点していれば，働きが不十分でもある程度黙認されてしまう。コーチだけは当初の期待とのギャップでそれに気づく。

要求すること。しかしそれでも過度のプレッシャーを与えてしまうようなまねはしないこと。1人のプレーヤーばかりに多くを要求しすぎないこと。これが望ましい行動指針として考えられる。

> 『私は1人の偉大なプレーヤーに常に信頼を与えてきたが，彼はその100倍の信頼を返してくれた。そのプレーヤーは，クラブに来てから3ヶ月間は評判が悪かったが，そこからシーズンの最後まで力を爆発させた。全然うまくいかなかった時にも私が常に彼を信頼してきたことで，彼は私を信頼したのだった。』

特別扱いをしない

　団結は，チームのプレーヤー全員に必要なものである。それには最高のプレーヤーも含まれる。

『今日では，「点を取るため」という口実で前線に残っているだけの1人のプレーヤーのために他の10人が働くといったことはほぼ考えられない。』

　これは，現代のサッカーのリアリティーとはもはやかけ離れている。
　最も才能に恵まれ，最も年俸の高いプレーヤーが，どうして1番働かない者になるのだろうか？　あるいはどうして努力をせずに他の者と同じ働きですますような者になってしまうのだろうか？　対立を避けつつ決して譲らず，状況が厳しくなった時や困難な時にとかく楽な方へと流れてしまいがちなこの傾向に対して闘うこと，それはコーチにとって日々の闘いである。
　非常に良いプレーヤーを高く評価していることをあまりに露骨に示すと，「何をしても許される」「今の自分で十分である」と相手に思われてしまう危険がある。スターの精神の中にも**少し不安な部分を残しておいた方がよい**。

人間関係

　この関係がたとえプロの序列の問題に基づいていたとしても，それでもやはり2人の個人（多かれ少なかれ初めは共通点を持つ）が関わるということ，そして対立や悪い共謀が常に起こりうるということには変わりがない。これはあらゆる人間関係につきものである。
　シーズンの最初から最後まで一貫して妥協しない態度を示し続けるのは難しい。スタープレーヤーがミスした時には，周りはとかく甘くなりがちであり，あるいはそのミスは無視されがちである。このような場合には，他のプレーヤーに対しても同じ態度をとらなければならないということがなおざりにされるようになり，例外がルールとなってしまう。
　グループのメンバーと話し合うことは，ディシプリンや要求をある程度ゆるめる方向に働く。そこから周期的にグループを立て直す必要性が生じる（例え

ば休止期間や特別なイベントのチャンスを活用する)。グループとの関係は必然的に変化していく。そこでは望もうと望むまいと感情面が重要な役割を果たす。

コーチは機械ではない。そして人との関係は，全く平等にしようと思ってはいても，常に個別のマネージメントとなって現れる。

「真のスター」

スタープレーヤーは必ずしも扱いにくいプレーヤーではない。真のスターのマネージメントは，非常にやりやすいとさえ言うことができる。

> 『フィールド上でトレーニングの成果を適切に発揮し，生活面でチームメイトを軽視せず，騒ぎ立ててアピールなどしない偉大なプレーヤー，それこそがスターである。』

まず第一に仕事を愛し，特別なメンタルを持ち，誰もが平等に扱われることを望む者，それがプロである（チームに何人かのスターがいた場合）。

> 『もしもコーチが1人のスターに食わせてもらっている場合，あるいはコーチが弱みを見せた場合には，信頼を失うだろう。』

まず第一に，プレーのルールは全員がわかっていなくてはならないし，全員に関わることでなくてはならない。誰かに有効なことは，他の人にも有効でなくてはならない。

『プロであるほど厳しくなり，要求に対してムラがなくコンスタントになる。そうあるべきである。屈する者はおしまいである。』

　残念なことに，最高のプレーヤーはしばしば最も厄介な者であり，最も問題を起こす者であるということがある。それはあたかも，試合に勝つことができるのは自分のおかげであると，常に人々の注意を引こうとしているかのようである。これは完全に間違っているというわけではない。

　時折見せる良くない気質あるいは自分を特別扱いしてほしいという気持などといった厄介な気質に対しても，ピッチ上での素晴らしいプレーを考え合わせると，常に譲歩するわけではないにしろ必然的に妥協しなくてはならないケースもある。扱いにくく厄介ではあるが自分が必要とするプレーヤーを引き受けることに，コーチが多大なる努力をしているケースがしばしば見られる。

　しかしながら，他のプレーヤーに対して面目を失うようなことのないよう注意しなくてはならない。グループのルールもチームメイトも尊重しないような不誠実なプレーヤーに妥協しても，結局は何の得にもならない。

　ケースに応じて，行動や態度を受け入れる努力をしたり，その努力を放棄したりする。これを我々はリミットと考える。アマチュアのクラブでは，トレーニングに行くことができないと電話してくる者や寝坊する者に事欠かない。そうしたらこれを，グループとの暗黙の了解，他のプレーヤーとの暗黙の了解でマネージメントする。他のプレーヤーたちは，そのプレーヤーをチームからはずさずにいた方が自分たちにも利益となるということがよくわかっているのである。

『幸いにして，偉大なプレーヤーは，他のプレーヤーと比べてあまり問題を起こさない場合もある。それは彼らが高度にプロフェッショナルで，試合でもトレーニングでも同じように模範的で，自分の地位から利益を得ようとはしないような者たちだからである。』

反対に，自分たちはより強く，常にトレーニングをリードする実力がある，それが「真のスター」であると彼らは常に示そうとする。彼らはフィールド上にもグループにも輝きを放ち，より多くをもたらす。

> 『真のチャンピオンは，自分のクオリティーを集団のために発揮することができる者である。』

したがって，真のスターはコーチとの特権関係を持つことができるプレーヤーであり，それは正当なことであると思われる。プレーヤー自身が望まなくても，コーチはこのタイプのプレーヤーと特別なコンタクトを持とうとする。そうすることで彼らに特別なステータスを享受しているという感情を与えたいのである。

> 『私は彼らに公式に人と異なるステータスを与えようとは思わない。しかし私たちが1対1でディスカッションする場合は，より特別なものとなる。』

仕事と要求により精密になる

偉大なプレーヤーとは，物事がうまく運ぶ。彼らの唯一の要求，おそらく他のプレーヤーの場合よりも大きい要求は，明確さ，**チームのオーガナイズ**の**的確さ**である。したがって，試合に綿密な準備をし，非常に細かな点まで考えなくてはならない。なぜなら「最高級」のプレーヤーは，何もいい加減にはしないからである。このようなプレーヤーと適切な距離を保ち，期待することを非常に明確にすることで，多くを要求することができる。

同様に，トレーニングにおいて，大雑把は許されない。スタープレーヤー自身がよく頑張ったと感じられるようにするため，時間の無駄だったなどと思わせないようにするために，全てはよく考えられ，適合したものでなくてはなら

ない。

> 『スタープレーヤーは，人が自分により一層の関心を持つことを期待する。それ自体はそんなに大したことではない。』

特別なステータスを受け入れさせる

　自分の意見を表明したがり，プレスを利用し，自分の意見を通させたがるような「危険なスター」の場合は，問題がさらに厄介になる。

　それが無理なことで，グループに対する信頼を失う危険を冒すことになったとしても，彼らは譲りたがらず妥協したがらない。問題のプレーヤーを切り，困難に陥らせることでそのリスクは現実のものとなる。しかしコーチは個人の圧力に屈しないのだという信頼をグループが持てるようでなくてはならない。チームのまとまりは，コーチと特別なプレーヤーとの特別関係によってごまかされることはないと感じられるようにしなくてはならない。譲歩することはおそらく一時的に困難から脱出することにはなるが，そうすることで結局コーチは人質のような立場になってしまう。

> 『扱いにくいプレーヤーというのは，自分が偉大なプレーヤーだと思いこんでいるが実はそうではないプレーヤーである。』

　したがって，例外的なプレーヤーを公然と批判するのはとても難しく，その批判を受けるのは非常に困難である。非常に良いプレーヤーには，特別な配慮が必要となる。

　そのプレーヤーがその配慮につけ込みさえしなければ，そのプレーヤーを受け入れることには何の問題もない。

> 『もしも彼だけをそっとオフィスに呼び出して批評を知らせたとしたら，彼だけは，自分が特別なステータスを持っていると知るだろう。』

同じような考え方で，集団を批評する時にはスタープレーヤーを容赦しない（小さな批判によって）ことである。それはそのプレーヤーが絶対に非難を受けないという立場を享受しているわけではないということを他者にはっきりと示すためである。

これは，リミットを定め各自の責任を喚起するやり方である。コーチとの特別な関係がグループの均一性を損なうようであってはならない。

集団の優位

結果よりもまず自分のゲームのことを気にかけるプレーヤーは，危険だし扱いにくい。自分の個人的な関心が保護されないような時に，グループのまとまりを危険にさらすのはそのようなプレーヤーである。

結果を得るためには必然的に，個人の能力をチームのために使うことが必要になる。これは，リクルートの判断の基準にもなりうる（毎日の生活の中での悪癖や不十分な点には後になってから気づくものではあるけれども…）。

重要なのは，集団を害することなく個人の関心を考慮に入れることである。多くのコーチは，集団との関わりを重視する。功績については各自の貢献を強調する。特に個人がチームのために実行した仕事の方を明らかにする。個人の殊勲はいずれにせよプレスを介して選手の元に届くはずである。

同様に，そこに個人の失敗を付け加えることは，必ずしも正しくはない。プレーヤーが献身的に全てを捧げてチームのために尽くした限りにおいては（例えばボールを奪い返す，スペースを作るために何度でも走る等），その選手をとがめることはできない。

要するに，スタープレーヤーをマネージメントするためのレシピはないということである。場合によってはプレスのサポートを受けることもあるし，ケースによって異なる。

それでも確かに言えることは，自分のことをスターであると思いこんでいて

もそれをピッチ上で示さないような者に対しては，**絶対に譲らない態度を示さなくてはならない**ということである。

> 『プレーヤーの中には，うまくいかなくなると欠陥を見つけ出しグループに悪影響を与え，自分の悪いプレーの責任を他人に押しつけようとするタイプの者がいるものである。』

クラブの会長の役割

同様に，会長の役割も強調しておかなくてはならない。スタープレーヤーとの対立が起こった場合には，会長がコーチの側でなかったら，状況はさらに難しくマネージメントしにくいものとなる。**会長はスタープレーヤーの人質となるべきではない**。会長は権威を示し，コーチが良い条件で仕事ができるようにしなくてはならない。

> 『残念ながら，ケースによっては，会長がチームで最も良いプレーヤーに有頂天になってしまう場合がある。そうするとそのプレーヤーは，大げさな称賛にとらわれているのだということに気づかず，自分の役割を果たさなくなる。』

会長が，あるプレーヤーを個人的に招待し，彼らのパフォーマンスに対し自分の熱狂を露骨に示すような場合，危険が生じる。プレーヤーはそれを利用し，自分のことを棚に上げて際限のないナルシスムに陥る危険がある。これはタレントプレーヤーの多くに起こることである。このようなケースでは典型的に，コーチは影響力を失うことになる。会長が要求をサポートしてくれるかどうか当てにできないからである。

フロントが偉大であって，断固として厳密な一貫性を持って原則を適用できるような場合，コーチのステータスは引き上げられる。

同様にプレスが影響力を持つ場合があるが，彼らの「誰々にプレーさせろ」といったようなプレッシャーにコーチの任務が乱されるようなことがあってはならない。しかしそのためには，会長がコーチを一貫して力強くサポートしなくてはならない。

難しいプレーヤーをマネージメントできる人とできない人

『厄介なやつはどのチームにもいる。扱いやすいプレーヤーだけなんてことはあり得ない。物事がある程度うまくいくように，うまくやっていかなくてはならない。』

難しい厄介なプレーヤーとうまくやっていくためには，**コーチの駆け引き**が必要なのは明らかである。

シーズンの初めに新しいプレーヤーを迎えたら，おおよそそのプレーヤーが何に賭け，何に打ち込むのかを知るようにする。もしも問題のプレーヤーが非常に能力の高いプレーヤーで，非常に難しいことは承知で自分が彼をマネージメントできると感じたら，それも1つの判断である。

名前は挙げないが，何人かのコーチは，チームの中のあるプレーヤーはとてもうまいが要らない選手だと私たちに断言した。その選手がフィールド上で示すパフォーマンスが，最終的にはチームのまとまりと長期的な結果を犠牲にするからということであった。

また，他のコーチにはうまくいかなかったが自分ならうまくできるのではないかと信じているコーチもいた。一人一人にそれぞれのリスクがあり，判断があり，その分野に関しての哲学がある。結局，このようなチャレンジをしたいと思うか，譲歩しようと思うか，あるいはまた何らかのルールを課すことができると感じるかどうかである。

『レストランなどで若者が行儀悪くしているのを見たとしたら，彼らに対して我慢ならないと感じるだろうが，まあそれは半分程度である。それは

> 彼らだけが悪いのではなく，親が悪いのである。プレーヤーでもそれは同じことだろう。彼らの行動を決めるのは私が定めるルールである。譲歩してそれ以上自分を認めさせることができないとしたら，それはとても残念なことだ。』

　サッカープレーヤーは，30歳であっても幼く，ある意味子どものような行動を繰り返している。彼らは大きな子どもである。そのように考え，それに応じたプロセスを取り入れるようにすべきである。
　プレーヤーがコーチを試すためにわざと1度遅刻し，弁解したりするとする。そうだとしたら放っておいてはいけない。かといって余計なことをする必要はない。権力の乱用をする必要はないし，あまりシビアに罰することもない。

> 『言ってみろ，もし君みたいなのが15人いたら，私は一体どうしたら良いんだ？』

　この単純な一言で，プレーヤーは自分の態度の過ちを恥じる。

> 『もし私が雑談を注意し注目を要求しているのに，プレーヤーが読み始めた記事を読み続けていたら，私は話すのをやめ，何も言わずに，そのプレーヤーが気づくのをただ待つ。』

　正にこのようなケースでは，グループの他のメンバーがその態度で，過ちを犯した者の行動を公然と非難し，とがめることがしばしばある。そのプレーヤーは大抵の場合はそれで謝り，コーチが口出しをする必要はない。

まとめ

1. 各プレーヤーは一人一人がそれぞれ個別のケースである。したがって，個別のアプローチが必要である。
2. スタープレーヤーは一般的に，特別待遇を受けることを望んでいる。場合によっては譲歩する方が賢明なこととそうでないことを識別することが重要である。
3. 「真のスター」と「見せかけのスター」とを識別しなくてはならない。本当に素晴らしいプレーヤーは，必ずしも扱いにくいプレーヤーではない。
4. 区別の基準は，誰もがわかっていなくてはならないし，それは守られなくてはならない。
5. 個人の利益は，全体を害することなしに考えることができなくてはならない。
6. スタープレーヤーのマネージメントは，クラブの会長との申し合わせを要する。
7. スタープレーヤーはできる限り自分の側におき，敵対しないようにする。
8. 例外的なプレーヤーには，その他のプレーヤーよりも多くを要求する。

危機的な時期，成績不振の時期をどのようにマネージメントするか？

危機と成績不振は別のものである

　成績が必ずしも悪くないのに危機的な時期はあるし，その逆もある。順位が悪くても，かといって監督の首が危うくならないこともある。反対に，負けが込み出すと，順位はそれほどひどくないのに危機的な状況に追い込まれることもある。結果を相対的に見ようと思っても（リーグの上位チームに敗れた等），危機は現実のものとなる。

　シーズン開始時に立てた目標がリーグ残留だったら，トップのチーム相手に負けが続いても必ずしも重大なことではない。悪い時期であっても落ち着いて努力を重ねて行くことができれば，状況を立て直すことができる。

　リーグ戦では，順位に応じて，上を見たり下を見たりする。

> 『実際には，最終戦の４日前に降格ラインから６〜７ポイント上にいないと，大体のコーチは安心できないだろう。』

　シーズンを通して常に悪い順位への不安を前面に出し続けることは，チームの活気やメンタル面にネガティブな効果を持つのは明らかである。困惑するプレーヤーも出て，チームの一体感が弱まってしまう。

　チームが降格ラインの射程内，つまり２ポイント以内に入ったら，現実に深刻なポジションに入ったと言える。チームが下位半分に入っている時には，最大限の努力をするよう相対的に冷静さを保とうとし，自分たちの方が有利だという思いに惑わされないようにする。ただし，窮地に追い込まれないと自分たちの実力を徹底的に発揮することのできないようなタイプのグループをマネージメントする時は別である。このような場合も実際にある。

じっと我慢する

　首が危うくなった監督は見るも哀れである。世界中のあらゆる不幸をその両

肩に背負ったかのように見える。

　もちろん負けた時や降格の危機にある時に，晴れやかな顔をしているのは難しい。しかしだからと言って，落胆を表に出すのも良いことではない。「このコーチには状況を立て直すことはもはやできない」という印象をフロントが持ったら即刻クビになってしまうであろう。誰かがまず厳しく抵抗しなければならないとしたら，それはコーチなのである。

　かと言って，虚勢をはったわざとらしい行動をしろと言っているのでもない。

> 『いかなる感情も抱かないふりをして平静を保ち，チームが決定的なゴールをあげたとしても無理に感情を表に出さないようなコーチには，私は苛立を覚える。一体彼らは何のためにやっているというのだろうか？』

　我々もこれに同感である。敗戦の影響を受けすぎないように，負けを乗り越えられるように，自分を抑え，我慢しなくてはならないが，しかし同時に行動やコメントに誠実さを示さなくてはならない。

> 『私は変わり者ではない。勝てばうれしいし，負ければ悔しい。しかし，勝っても負けても，ある程度は抑えることができなくてはならない。』

　勝った時には浮かれず，負けた時には落胆しない。コーチは人から（プレーヤー，プレス，フロント，観客）自分を抑えると同時に誠実さを示すことを期待される。

　コーチの行動はプレーヤーにうつる。負けはつきものであって，負けのことを考えずにすますことなどできはしない。したがって，突然負けてしまったような時にでも，敗北に対する準備ができていて，どう対処すべきなのかがわかっているようでなくてはならない。

敗北の原因を明確にしようとする

　敗北には様々な原因が考えられる。それは，個人あるいは集団の力不足かもしれないし，準備不足，トレーニングのプログラムが不適切，チームの構成が不適切，あるいは戦術の選択が不適切だったのかもしれない。敗北の原因を理解し，その原因に対し明確に対応することが重要である。それでもやはり負けてしまった場合は，それは単に相手の方が強かったからであって，その場合にはそれ以上ここで説明すべきことはない。

変化を受け入れること

　あらゆるグループにはリーダーがいる。コーチは誰よりもまず，自分自身が危機に陥らずに，起こっていることを把握し，危機から脱出させなくてはならない。

『再生，復活の主軸となり，現状の変革を進めていかなくてはならない。』

プレスをうまく使う

『プレスを手中に収めるようにしなくてはならない。そうしなければマネージメントなどできはしない。死んだも同然である！』

　地元の有力な何人かのジャーナリストがクラブの問題に協力し，クラブが苦境から脱出するのを助けるために力を尽くしている場合には，やがて良い日がやってくることが期待できるし，努力をするための時間を得ることもできる。
　このような幸せな場合では，クラブやコーチを守ろうという意見を，ジャーナリストが取り上げて価値を与えてくれる。
　その反対の場合には，中傷者の意見の方がより取り上げられ，価値を与えられる。それによってあらゆる危険な結末が待っている。

フロントを納得させる

やってきたことをフロントに示さなくてはならない。それがコーチにできる唯一のことである。別の戦略を取り入れても状況は悪化するだけであると，徹底した話し合いでフロントを納得させなくてはならない。

「ボルトを締め直す」

危機的な状況に陥ったら，あらゆる面で「ボルトを締め直さ」なくてはならない。

こんな時には，とるに足らないと思われるような細かなことをも確認し，あらゆる面で最大限妥協しないようにすることが賢明である。

ポジティブシンキングを放棄しない。

『努力は最終的には報われる。より強く，より厳しく，努力し続けなくてはならない。そして特に，疑ったり変な言い訳を探したりしないようにしなくてはならない。』

迷いを捨て去り，最後まで信じ抜く

1人のプレーヤー，まして1つのチームが，苦境から抜け出すための自分の力を疑ったら，自ら判決を下すことになってしまう。

危機的な状況においては，より多くのプレーヤーやフロントと話し合うことが有益であることが多い。このような状況では，活気づけることが第一の任務となる。コーチは，チームの中で，ドラマチックな要素を排除しつつ，重大な影響力を行使する。団結を強めるようなことは全て試みるべきである。全体が自分を抑える考えを持つことで，クラブを保護することができる。

しかし公式の発言では，例えばプレスに対しては，ツキがなかったとか怪我人がいたといったファクターを強調し，一方チーム内ではよりきつい挑発的な言葉を使うことで，危機から脱出すること，敗北の悪循環を断ち切ること，より激しさをもって戦うことを狙う。

グループの団結を重視する

　敗北の悪循環にはまっている時には，とりわけグループが分裂しないように注意しなくてはならない。

　システムやとった戦術についての意見が分かれることも稀ではなく，そうすると対立が起こり，雰囲気が悪くなる。よりポジティブなオプションに戻らなくてはならないが，それが常に可能なわけではない。

　そうしたら，様々な方法を試みる。例えば頻繁に外でキャンプを行い，外部からの干渉を断ち，団結を維持する。危険はとりわけグループの内部から起こるものである。

『団結が必要だが，それが常にまずゲームの中，特にボールを奪い返すというプレーに表われるようでなくてはならない。』

　フィールド外でプレーヤーたちの仲が良かろうと悪かろうと，それは大して重要な問題ではない。重要なのは，実際に試合で団結しているかどうかであり，困っているチームメイトを助けようという意志，解決策を見つけようという意志，そして努力を惜しまないという意志があることである。

　もちろん，グループの概念が実際に意味を持っていて，プレーヤーが互いに一緒にいることに喜びを覚え，共通の何かを作り上げたいと思っていたら，窮地を脱するのはよりたやすくなるであろう。

普段通りに過ごす

　いつもと同じように普段通りバランスを保ちながら生活を続けなくてはならない。成績不振だからといって，機能性を落としている場合ではない。悪い結果にいつまでもくよくよしていても，何の役にも立たない。かといってトレーニングで無理に笑って明るく振る舞う必要もない。あるいは，負けがその後の1週間ずっとサポーターの心に響いているなどと考えても，何の役にも立たない。2日たったら，多くの人はそのことをもう考えていない。

> 『トレーニングでは，集中するよう要求する。負けた試合や来たるべき試合のドラマ性は排除した方がよい。トレーニングは試合でプレーするのと同じようにするものである。つまり試合はほとんどトレーニングで決まると言えるのである。』

　これにはもちろん，強い精神力と深い確信を必要とする。そしてそれを，迷いにとらわれ何かにすがりたいという状態にあるプレーヤーに伝えることができなくてはならない。
　何よりも自信を取り戻させるもの，それは勝利そのものである（極度の場合には勝利しかない）。そして，勝利が遅れるほど，コーチの言葉は力を失っていくのである。

納得させ，安心させ，ポジティブにならせる

　そのためコーチはポジティブなポイントを強調する傾向にある。彼らは問題を選択的にしか認識しないように見え，それがプレスを苛立たせることになる場合もあるが。この戦略には，納得させようという意志，安心させようという意志，より良い日が来るのを我慢強く待とうという意志が含まれる。

> 『自分の取り組みに確信を持っている時（そうでなくてはならないが），自分が考えたチームが最も強いと納得している時には，少しばかり悪い結果になったからといって，それまでのやり方をすぐに変えずにいられる強さがなくてはならない。』

　これは，取り組みの方法を変えるべきではないとか，意表をつくようなことをすべきではないと言っているのではない。
　危機の雰囲気，重く落ち込んだ雰囲気がそのまま定着してしまうのを避けるためには，あらゆることを試みるべきである。

要求を下げる

　重くのしかかる責任をプレーヤーに負わせても何の役にも立たない。何としてでも勝たなくてはならないがそれまで負けていたような場合には，プレーヤーは知らぬ間に，これからもまた勝利は逃げていくものと思いこんでしまっている。

> 『悪いパフォーマンスが続いていると，プレーヤーは何をしてもうまくいかないと思いこんでしまう。』

　負けまいとし，また，ポイント数を一連の試合で検討しようとした方が良い。そうすれば，1つの敗北が大惨事にはならなくなる。なぜならその1つの敗北は決定的なものではなく全体の一部であると考えられるからである。
　3～4試合をひとまとまりとした中期の目標の考え方は，1試合毎でなく，より広くトータルに評価を考えるという意味で，この機能に適している。

トレーニングでの取り組みのクオリティー

　トレーニングに打ち込むことで不安を忘れることが時々ある。トレーニングの中にもプレーの喜びは存在するようにすべきである。

> 『私にとっては，悪い時期を乗り越えるには，クオリティーが高く量も十分なトレーニングをすることが唯一の方法である。話し合いも大事だが，やりすぎてもいけない。私が現役のプレーヤーだった時，5時間も話すコーチがいた。プレーヤーは20分聞いて後は眠ってしまったものだ。チームが厳しい時を経験するのは，1つのシーズンを過ごす上で普通のことである。いつもいい状態でいることなどできない。悪い時には，トレーニングに打ち込むことで，そこから抜け出すようにしている。』

つまり，フィールド上で解決策を見つけようとするのである。

しかしながら，厳しい時期には，普段ならばある程度魅力的な練習種目もうまくいかなくなることがある。例えばゲームでも，普段と同じようには夢中になれない。

状況が悪い時には，熱狂をかき立てることは期待せず，反発心や報復の精神を基に団結を得ることもできる。コーチが短い言葉で挑発することで，それを促進することができる。

週の初めにいくつかの価値と要求を再確認させることで，休み明けにより効率良くトレーニングを再開することができる。励ましの言葉をかけ，チームの目標を思い起こさせることで，うまくスタートを切らせるようにしよう。それによって，プレーヤーがパフォーマンスに必要な精神状態になるのを助ける。

> 『2連敗したコーチは，大抵より攻撃的になり，より細かいことに厳しくなり，より口うるさくなり，セッションの内容により厳しくなり，つまり一言で言えば，より高い要求をするようになる。』

グループとうまくいくようにする

困難な状況においては，グループと「しっくりいく」ようにならなくてはいけない。

> 『プレーヤーが真剣に取り組んでいる時には，彼らの側につかなくてはならない。とりわけ結果が悪い時にはそうである。』

危機的な時期には，コーチはプレーヤーの近くに留まり，そして状況を完全にコントロールし続けようとすることである。注意深くあらゆることに気を配り，派閥ができないように監視し，全てが1つになるようにする。

『私にとっては，コーチとプレーヤーの関係が最も重要である。プレーヤーとコーチが互いに信頼し合う雰囲気が重要である。』

　危機は，遠くから徐々に密かに近づいてくる。そしてコーチを待ち伏せし，悪い結果になった途端に，プレーヤーをもはや愛せないようにしてしまう。コーチは，自分はプレーヤーに最大限のことをしたのに結果がついてこないと感じる。無意識のうちにプレーヤーを悪く思うようになり，チームとの接触を失うようになる。

『そうするともはやプレーヤーのミスや欠陥しか見なくなり，全て彼らに責任を負わせるという悪い傾向を示すようになる。』

　成績が悪いことの責任は分け合うべきであり，自分の責任分担を認めようとしないコーチ（それは非常に限られたケースであるとしても）や，自分だけは別であると考えるようなコーチは，チームからの信頼を失い，チームを立て直すことはできない。

『自分のチームやプレーヤーを信じることができなくなったら，おしまいである。』

　こうなったら，仕事は意味を失い，コーチはロジックを失う。もちろん仮にディシプリンが欠けていた場合，悪い意志の兆候が現れたような場合でも，このような姿勢はあり得ない。
　強度はそれほど高くせずに，午前と午後の両方トレーニングをすることもできる。プレーヤーを彼らだけで放っておかない方が望ましい。際限のないディ

スカッションにふけるよりは，フィールド上で何らかの解決策を試みる方が望ましい。

　適切に選択したトレーニング種目で，自信がいくらか回復し，安心することができるようになる。困難な状況の時に最も良くないのは，チームのポテンシャルが低下し結果が出ない時に，人前であがってしまうことや，ありもしないようなより良い方法を求めてしまうことである。

　失敗の悪循環に陥ると，コーチは，手持ちの解決策を使い果たして，これ以上どうしたらいいかわからず，自分が無能であると感じるかもしれない。もしもプレーヤーがそれを感じ取ってしまったらおしまいである。

　トレーニングで模範的であっても，1日に10時間をスタジアムで過ごしても，それだけでは十分ではない。何かを変えることができなければ，あるいは周囲に耳を傾けることができなければ，クラブやコーチにとって，危険な状況となる。

個別のマネージメントを持つ

　チーム内で，こんなにも違う個人の集まりをマネージメントしなくてはならないということは，非常に面白いことであるが，同時に非常に苛酷なことでもある。

> 『負けた後には，私はこれからすべきことを考える。最も不安定なのは？ 最も目立っていたのは？ まず初めに励まさなくてはならないのは？ 他の者の前でハッパをかけなくてはならないのは？ 個別に話さなくてはならないのは誰だろうか？』

　これらはいずれも，望ましい結果をもたらすような繊細な対応を要する問いである。

ミラクルな解決策を求めてはいけない

　ミラクルな万能の解決策など存在しない。チームの一大事は，より多くをも

たらすチャンスにもなりうる。しかし，まだ試されていない若いプレーヤーを最も困難な時にプレーさせることは勧められない。若いプレーヤーには，チームが落ち着いてからチャンスを与えるようにすべきである。うまくいかない時に，若手にその解決を要求するのは無理である。

『悪い時期を乗り越える術を知っているチームはそこから抜け出すことができる。闘い続けること，頑張り続けることで，結果は必ずついてくると，コーチがプレーヤーに納得させることができれば，危機から脱することができる。』

これには，同様に，ゲームで厳密に定めた目標を尊重すること，最初の指示を尊重することも含まれる。

最初のゴールを食らった途端に同じプレーができなくなるようなことが何度あったことか。そうするとプレーヤーは訳がわからなくなり，原則を忘れ，例えば観客のプレッシャーのままにプレーするようになってしまう。うまくいかないかもしれないという不安や自信のなさがそれに加わると，自分の実力が発揮できなくなる典型的なケースとなる。これは将来的にみて危険なプロセスである。

ミラクルな万能の解決策などないが，それでも尊重すべき原則はある。得点経過がどうであれ，常に立て直そうという雰囲気，温かい雰囲気を保ち，一歩ずつ進歩していくようにする。一遍に全ての問題を解決しようなどとしないことである。

『水面からは少しずつ顔を出すものである。あちこちからポイントを拾い集めつつ，クオリティーやとりわけプレーの効果を改善しつつ，全員が同意する2〜3の考え方を中心にして団結することである。』

回復は常に徐々に進むものである。それは，ある努力，取り組み方や前の習慣をはっきりと修正することと結びついている。

> 『私は縁起担ぎを尊重する。サッカー選手は概して非常にフェティシストであり，予兆や兆候を信じ，それを無視することができず，それに応じて自分をオーガナイズしていかなくてはならない。』

実際，この面から完全に逃れられる人は少ない。プレーヤーは，ほとんど常に，ゲーム前には不安を抱き，この恐れに立ち向かうためにあらゆる手段を求める。その中には，全く合理的でない信念に基づくものも含まれる。例えばホテルを変えるとか，準備の仕方を変えるといったことは，必ずしも根拠のない信念に基づいている。これから成功へと向かっていくためには，これらの細かい点全てを考慮に入れる必要がある。

危機は，新たな出発を意味する。コーチにとっては，徹底的に打ち込む必要性，進退窮まりながらも必ず適切な判断をする必要性を意味する。プレーヤーは，より受け入れようという態度を示す。そこから脱出するための解決策を見つけなくてはならないと感じていて，そのためコーチに頼るのである。

何か新しいことをするための「瞬間」，早すぎず遅すぎないタイミングというものが必ずあるはずである。

いくつかのことを変える

チームが回復するには，準備に関するいくつかの指標を修正しなくてはならないということはよくわかっている。プレーヤーと話し合いながら，いくつかのやり方はうまくいかなかった，個別のトレーニングを追加することが望ましい，システマティックなトレーニングキャンプはチーム全体でない方が良い，等といったことを確認する。

ここで問題にしているのは，ある方法が他と比べて妥当であるかどうかの判断ではなく，困難な状況（連敗中）にあっては，プレーヤーの期待を考慮に入れることが望ましく，また，様々な習慣を明らかに修正することが望ましいと

いうことを強調することである。
　一般的に，身体面の準備，プレーの原則を刻み込むことの尊重，試合における行動を完璧にするといったことに変化をつける。それまでの不足を様々な面で確認するということである。
　もしこれらの条件をクリアして，それでも負けが続く場合，それはおそらくレベルが不十分でクオリティーが低すぎるということになるであろう。
　反対に，チームが再び勝ち始め，持てるポテンシャルを発揮して機能し始めるかもしれない。小グループ，あるいは親しい者同士のグループでのディスカッションは有効であろう。

> 『20人のグループがあれば，その中には，3～5個くらいの小グループが見られる。彼らに共通の，チーム全体の問題を思い起こさせることは良い方法である。』

　全員で同じことをやることで，自覚が高まり，異なる意見もどこかでまとまる。ディスカッションは，しばしば無理解や誤解を克服する。それによって，新たな状況がもたらされる。
　プレーヤーの年齢も重要である。プレーヤーの中には，困難な時に，他の者よりもそれを受けて立つことのできる者がいる。

最も基本的な事項に戻る

　本質は，最も基本的で，とかく忘れがちなところにあることが多い。

> 『危機的な時期には，フィールド上で，しっかりとしたベースに戻るようにし，プレーの問題が何であるかを確認すると良い。おそらく，重要な原則を考慮に入れるのを忘れ，逸れていってしまっているのである。そこに戻らなくてはならない。』

1つのシーズンでも，集団のレベルには，必然的に波がある。人は時々，フィールド上で実際にトレーニングしたことを忘れる。このプレーの基本に関わる部分に取り組まなくてはならない。チームが困難な状況にある時は特にそうである。

> 『プレーヤーは，自分たちは良いのだと考える傾向がある。トレーニングでさんざん反復したからではなく，自分たちが元々良いと思っているのである。』

　うまくいかない時には，原点に立ち返らなくてはならない。ベースとなる原則を取り戻すようにする。それがディシプリンのレベル，プレーのレベルとなる。

エラーを最小に

　避けられるミスは避けなくてはならない。エラーは最小にしなくてはならない。特にチームの構成ではエラーをできる限り小さくする。時に質素なメンバーで持ちこたえることができるのはそのためである。コーチが最も悪い時期に冷静さと明晰さを維持することができたためであるといってもよい。

　ただし，それは簡単なことではない。というのは悪い時期にはプレッシャーがより大きくなる場合が多いからである。経験上，クラブの取り巻き（プレスやあるいはフロント自体）が，そそのかして何かをさせようとするようなことが時々起こる（最後の瞬間でのリクルート，1人のプレーヤーへの法外な投資，コーチにチームを変えろというプレッシャー等）。

　ひどい時期というのは，シーズン中に何度か訪れる。それを乗り越える術を知っていたら，大したことではない。ひどい時期が，危機や対立状況，モラルの乱れに発展しなければ大したことではない。モラルの乱れが生じると，後に影響が出る。警戒を強め，細かい点への配慮をする。例えば，試合前の準備で，ロッカールームに人が行き来をしていたり招待されたりといったことでもプレーヤーの集中は乱される。

『人は行動指針を規定し，それにすがるものである。試合前に1時間集中すること，それにはロッカールームの雰囲気が大いに影響する。各プレーヤーが，自分に最も合ったやり方で準備できるようにすべきであり，各自は他人の準備を尊重すべきである。』

団結する

全体の団結は，結果が悪い時に重要である。特にテクニカルスタッフのメンバー間の団結は重要である。もしもアシスタントコーチが，この状況を利用して自分の存在をアピールしようとしたら，あるいは採用した戦術に疑問を表明したら，物事は一層深刻になり，グループ間で派閥が生まれる危険性が高まる。

悪い結果が続いても，もしもそれに内部の危機がなければ，あるいはそれで生み出されなければ，乗り越えることができるだろう。

「ペナルティーのセッションには限界がある」

『負けたのだからもっと厳しく，激しく，せっせと頑張らなくてはならないのだ，と言い続けることには限度がある。プレーヤーが最大限やったのならば，1週間ずっと彼らに当たり続けてもうまくいかないだろう。』

しかしながら，これはよく起こることである。「ペナルティー」としてのトレーニングは，プレーヤーが何かをやり損ねた場合にしか有効ではない。ほとんどのケースで，これは最悪の解決策であると言える。

『私の同僚には，負けた時にはいつもトレーニングを1日に2回やるコーチがいる。それならばいっそのこと夜にもやればいいのに，と思う。』

損失をくい止める！

　結果が良くない時には，すぐに対応し，連敗にはまりこまないようにしなくてはならない。1試合に負けるのは普通のことである。2試合，3試合，4試合と続けて負けるよりも遥かにましである。

『いくつか連敗が続くと，周囲が動かされる。』

　ジャーナリストはネガティブな面にアクセントをおく。そして観客は一般的にこの分析にしたがってしまう。
　最も重要なことは，プレーヤーとの接触を失わないこと，きちんと話し合える状況を確立することである。そこで彼らに意見を出させる。そして，何が悪くてうまくいっていないのかを，テクニック面，戦術面，メンタル面で確認する。
　この意見交換は，失望感や無力感ではなく，そこから脱出しようという意志につながらなければ意味がない。

『プレーヤー同士で話をさせることも同様にポジティブな効果を持つ。ただし，それがコーチに対する反抗に転じないように，注意しなくてはならない。』

　これは変化を促進する。しかし同時に，個別の小さなアプローチによって，またリーダーへの打診によって，コントロールしてずれが生じないようにする。このようにして，グループは自分にどのように反応するのか，グループは問題の原因をどのように位置づけているのかを感じ取るようにする。
　しかしながら，あるプレーヤーやメンバーが持つ脆さに注意しなくてはならない。時々，幸福にひたって有頂天になっているチームが，1回負けた途端に自分たちのサッカーが全くできなくなってしまうことがある。この脆さはおそ

らくフランスで特徴的に見られるものである。フランスでは，説明が多すぎたりあまりに質問が多かったりするが，そのことがアクションやリアクションに不利になる場合がある。

勝ってもやはり問題はある

　まとめとして，あまり多くはないが非常に難しい典型例を挙げておこう。これは約10試合も負け無しで来たが，皮肉なことに内部に問題を抱えていたチームに起こることである。その問題は，プレーヤー同士の嫉妬がからんでいる。

> 『ある1人のことを他の者よりも多く話すと，トレーニングでそれが悪意となって現れ，雰囲気が悪くなる。』

　そうするとチームのバランスが危険にさらされる。こうなると，コーチは話さなかったプレーヤーのことを引き上げ，またグループの誠実さに損害をもたらす可能性があるプレーヤーに対し，絶対に妥協しない態度を示すことが必要となる。

> 『ある時期私たちは，結果の面では非常に良かったが，いつ決裂してもおかしくない状況であった。トレーニングではプレーヤーはお互いほとんど言葉を交わさず，チーム内にはいくつものグループができていた。マネージメントは非常に危険な状態となっていた。』

　このようなケースでは，最大の警戒が必要とされる。ほんの些細な過ちにも報いが跳ね返ってきて，状況をもはやコントロール不能にしてしまう。

> 『悪い精神や攻撃性があまりに蔓延していたために，トレーニングを中断

したことがある。そのペナルティーとして，プレーヤーを午後の追加のセッションに召集した。それによって，不適切な態度をとったペナルティーとした。この制裁で彼らは大体落ち着いた。』

「クビにする！」

うまくいかない時によくある手段として，コーチの交代がある。それでプレーヤーが立ち直るかどうかである。

また同様に，コーチへの信頼を維持し，それで責任をプレーヤーレベルに移すこともありうる。その場合は，この状況に特に責任のある者を追求することになるが，これは，緊張と分裂を助長する。

したがって，クラブの会長は明確な立場をとり，どこまで影響が及んでいるのかを知り，責任を特定し，そこから脱したいという共通の意志を促進するようにする。日和見主義ではなく，コーチが残るかやめるかについて，曖昧な態度をとってはいけない。

仮に，成績が悪く危機的な状況を生き延びたコーチをやめさせる場合，フロントはやむをえずそうするのだということを認めなくてはならない。新しく来た人の新しい目，違うやり方，前の悪い成績には関係なくその影響を受けていない，無傷であるという事実が，グループにポジティブな効果を生み出しうる。

このような状況では，プレーヤーを再評価し，自信を取り戻させ，ポジティブな言葉をかけることがより簡単である。もちろんこれは，何らかの結果をよりどころとするという条件で，である。そうでなければ何一つできない。もしも経済的なリスクの重み，観客やプレスのプレッシャー，何かを変えたいという欲望が高まっていたら，悪い試合が少し続けば，それだけでコーチを交代させるには十分な条件となる。それが正当かどうかは，ケースによる。

これはこの仕事の一部をなすものであると考えるべきであり，一時的な失敗によるネガティブなイメージと結びつけて見られるようなものではない。

キャリアは成功と失敗によって作り上げられていく。別のクラブ，別の脈絡の中へと新たに出発することで，別の成功が得られることもある。

人はしばしば会長があまりに性急であると非難する。参考になるのは，後から得られる結果だけなのである。しかし結果が目標，野心とずれた途端，必然

的にコーチには危機が訪れることとなる。

> **まとめ**
>
> 1. 成績が悪くなくても危機はあり得るし，成績が悪くても危機でない場合もある。
> 2. 状況が困難な時ほど，プレーヤーと断絶せずに，しっかりとまとまらなくてはならない。
> 3. グループの団結を強化するためにあらゆることを試みるべきである。
> 4. 重要なのは，チームに自信を取り戻させることである。それには勝つことが1番である。
> 5. 自分の仕事に確信を持たなくてはならない。自分の周りにエネルギーを集中させ，決してあきらめてはいけない。
> 6. コーチはあらゆる種類のプレッシャーに抵抗することができなくてはならない。
> 7. 反抗心や巻き返しの精神への賛同を生み出すよう試みなくてはならない。
> 8. 困難な状況にあってコーチはミスしてはいけない。自分の判断をより一層慎重に注意深く，よく検討しながら下すようにしなくてはならない。
> 9. 折を見て適当なタイミングで何かを変えることができるようでなくてはならない。
> 10. たとえ成績が悪くても内部に危機を伴っていなければ，いつでもそこから抜け出すことはできる。

プレーヤーとの対立を
どのようにマネージメントするか？
（例えば自尊心を傷つけられたような場合）

全てを一人でやろうとしない

　最もよく見られる対立は，明らかに，プレーヤーがプレスや他のプレーヤー，あるいはコーチから批判の対象になるケースである。

　コーチが全ての対立をマネージメントすべきではない。いくつかの問題（特にディシプリンの問題）は，クラブの会長やGMなども同様に関与することができる。プレーヤーとの何らかの暗黙の了解を必要とするコーチは，全てを支配し，全てを管理し，全てを把握しようなどとは思わない。他の者にそれをさせた方が良い。

　典型的なケースは，2人のプレーヤーに関わる対立である。そのような場合は，下手に関わらない方が賢明である（ましてやそれがお互い様な問題である時には）。

『チームを作り，グループをマネージメントする際には，ニュートラルな立場をとった方が良い。正義の味方を気取っても，何も得るものは無いだろう。』

　様々な複雑な原因で，重要人物が対立することがしばしばある。このような対立は，グループの優位，覇権争い的な問題から生じることがある。その対立がグループ全体やコーチの仕事の障害となるのでなければ，介入するのは必ずしも賢明ではない。

　グループ内の小さな問題には，キャプテンも何らかの役割を果たす。話し合いで落ち着かせたり，あるいは集団の判断を呼びかけたりする。

統率すること，それは予測し備えること

　一般的に，対立を避けるには，理想は予測しそれに備えることである（可能

であれば)。そして，全く予想もしていなかった対立が起こったとしても，自分の力不足を嘆いたりしない方が良い。まずその対立の根底にある原因の把握を試みる。

最も対立に関わりやすいプレーヤーは，注目されるプレーヤーであることが多い。そのようなプレーヤーは，困難な状況の時に，自分に関しての批判を受け入れない。自分が正しいと思っているプレーヤーをなだめるために考えられる解決策としては，そのプレーヤーに自分自身のイメージに関心を持たせ，評判は彼自身が作り出すものであるとわからせることである。また同時に，グループからはずれ，自分の生産性を低くするような態度をとり続けていたら彼のイメージが落ちる危険性があるということをわからせる必要もある。

各自の役割をはっきりさせる

互いの役割がはっきりしている時には，対立はあまり起こらない。プレーヤーはプレーをし，コーチはコーチングをし，フロントはマネージメントをする。

もしもフロントがコーチを気取ったら，もしもプレーヤーがメンバー選考を批判したら，もしもアシスタントコーチがヘッドコーチを気取ったら，あらゆることがうまくいかなくなり，対立が生じる条件が整うことになる。

各自の責任の範囲をできる限り厳密に規定することで，対立の多くは防ぐことができる。物事が明確な時には，かなりの困難から身を守ることができる。

裁断を下すことができる

それでも対立がくい止められなかった場合には，裁断を下せるようにならなくてはいけない。1人のプレーヤーが，自分がプレーしないことが原因でグループ内にもめ事の種をまこうとしたら，ためらわずにそのプレーヤーを切り，グループ外に出さなくてはならない。

また，噂や，プレーヤーの他者に対する泣き言の類を警戒しなくてはならない。戦術上の理由であのプレーヤーとは一緒にプレーできない等といった，ある1つの発言をあまりに重視すると，グループからのプレッシャーにとらわれる危険が生じる。より注意深く慎重にすることが望ましい。必ず正当性をつかめるというわけではない言葉にあまり頼らずに，裁断を下すことが望ましい。

> 『裁定は常に難しいものであるが，それを恐れてはいけない。そうしないと，最悪のケースでは全員が駄目になり，耐え難い雰囲気が生まれる。』

　また，迅速に対応すること，ぐずぐず引きずらないことが賢明である。1人のプレーヤーがプレスを介して不適切な発言をしたら，すぐに呼び出して，それを注意しなくてはならない。状況によっては，グループ全体の前ではっきりさせるのが有効である場合もある。もしもそのプレーヤーが自分の非を認めて謝罪したら，物事はすぐに落ち着くだろう。
　何人たりとも過ちを免れない。過ちを認めれば，許すことはより簡単である。しかし何よりも重要なのは，対話あるいは正確な説明である。当事者の意見と論拠を聞いてバランスをとることで，対立は未然に防ぐことができるだろう。

外に現れるものとその素地

　注意してはたらきかけるべきもの，それはおそらく批判の仕方と批判の受け入れられ方である。

> 『コーチが批判すべきなのは人ではなくプレー，あるいはさらにその行動である。』

　例えば，その行動は良くない，それは効果的でない，という言い方をする。これは，セッション間には多数の批判をするが，人間は尊重しているということである。
　トレーニングが終了した時に，プレーヤーの側に敵意を残さないようにすべきである。そうすることでくだらない対立は避けることができる。
　同様に，トレーニングで直情的に反応し，すぐに苛立ってしまう傾向にあるコーチは，プレーヤーにそれを説明すると良い。

> 『トレーニングが終わったら，さっぱりと，心の底にいわれのない恨みを残さずに立ち去るようでなくてはならない。』

こうして対立につっこむことを避け，エスカレートさせないようにすることができる。

> 『試合で使わなかった1人のプレーヤーが，会長に会いに行き，私には1週間ずっと挨拶をしなかった。会長は一歩も譲らない態度をとり，そのプレーヤーは再び非常に礼儀正しく振る舞うようになった。私は次の試合もそのプレーヤーは使わなかった。その後，彼は怪我人の代わりにプレーした。それから後は問題は無くなった。』

もめ事に下手に関わらずに外に留まるようにし，深刻なケース以外は介入しない方がよい。深刻なケースとは，例えば1人のプレーヤーがプレスを介して嘘の発言をしたような場合で，そのような時は厳しい対応が必要である。グループ全員の前で説明した方がよい。反対に，対立を起こさないように，自分がプレーしなかったことでもめ事の種をまこうとしているプレーヤーには，その機会を与えないようにする。

とられた決断はテクニカルの面からなされたものであって，コーチはそれ以外の部分について議論を始めるつもりはないということを，プレーヤーに感じさせるべきである。試合に出ないプレーヤーは，自分が使われないのはコーチが自分のことが嫌いだからだと，対立を感情面に持ち込もうとする。これは元々初めから純粋に技術あるいは戦術上の問題なのである。コーチが人格面を考慮するのは，プレーヤーのクオリティーが同じ場合だけである。

感情の部分

競技レベルが上がるにつれ，徐々に感情面の比重が下がってくる。たとえコ

ーチがチームに好意を持っていたとしてもである。キャリアの間のコーチとプレーヤーとの関係は，プロとしてのファクター，レギュラーか否かに大きく依存していて人間関係の面で深く心からの関係を目指すことはできない。

グループ内でのステータスが変わることによって，素晴らしかった人間関係も変わることがある。それはある部分表面的なものであって，プロフェッショナルな面によってそれが奪われてしまうこともありうるのである。そのようなケースでは感情の部分は抑えた方がよい。

感情的な要素にとらわれずに決断ができるようでなくてはならない。これは，人間的な要素に関する感受性を全くなくして良いという意味ではない。しかし，自分の任務や責任を最適に実施できるように物事を考えられるようでなくてはならない。

頭が良く議論を理解することのできるプレーヤーたちが相手の時は，話はわりと簡単である。そうではない者の場合は，自分のことしか考えず，自分が出られなくなると全世界の人々に恨みを抱くようになる。

『もしもこのようなケースで，彼らの言い方が乱暴で激しくなってきたら，私の言い方もそうなるであろう。私は大体自分の言葉を相手の言葉とレベルに合わせる。聞く能力のない相手に何かを説明しようと思っても無駄である。』

外国人監督の言葉を考えると，それはより力強く，ダイレクトで率直であり，何か不愉快なことを表現するとしても，相手への配慮という面は少ないように思える。

『他の人が25分かけて話すことを，外国人は30秒で話す。これは，本質へ直接達するためには確かに望ましい。また，フランス人プレーヤーはこのタイプの話に慣れた方が良い。これは，必ずしも尊重がないとか感情がないとかいうことではない。』

要するに，各コーチは，プレーヤーとの距離に関して，自分にあったスタイルでやっていく。密にコンタクトをとり，かなり近い関係を必要とする者もいるし，もっと距離をとった方がよいという者もいる。

『私は個人的に，プレーヤーに対して「vous（あなた）」という敬称を使って話す。これはよく考えた上での判断であり，距離をおきたいというよりも，尊重を示すものである。だからといって彼らと一緒にトランプをして遊ぶことはできないということではない。』

　これは，全てのプレーヤーを，若手もベテランも同じように平等に扱う方法でもある。したがって，自分が最もやりやすいスタイルを選ぶ。自分自身のパーソナリティーとチームの期待に応じて，できる限り効果の高いスタイルをとるようにする。それまで2年間も一緒にやってきたプレーヤーに，いきなり敬称「vous（あなた）」を使って話し出すのはもちろんバカげている。それはわざとらしく感じられ，悪く取られる可能性がある。

プレーヤーが変わった
　最後に，最近10年ばかりでのプレーヤーの変化を指摘しておこう。
　最近のプレーヤーは，プロダクション等との接触から，うまい駆け引きやプレスの活用等，自分に利益となるものを良く知るようになってきている。彼らの態度ははっきりしていて，あまり率直でないことも時々ある。コーチとの距離は以前よりも大きくなり，あまり明確な暗黙の了解を持たず，紛争の危険がより大きくなっている。メディアの影響を彼らが過度に受けることでコーチの任務はさらに複雑になり，コーチの特権，権力，信頼が失われてきている。

『思いもかけない客観性を欠いた記事が常にあふれているので，リスクは必ずしも予測できない。』

プレーヤーが情勢に適応し，自分の利益を最大限守ろうとするのは普通のことである。ただ残念なのは，時に彼らの利益を犠牲にしようとすることが，彼らの純粋なサッカーの面での妨げとなることである。

プレーヤーはしばしば，昔よりも扱いにくくなったと見なされる。しかし，クラブが強ければ，会長がしっかりしていれば，さらにコーチが本当の権限を持っていれば，問題はほとんど生じないはずだということは認めなくてはならない。

『問題が起こるのは，会長が弱い場合であろう。そうするとプレーヤーの気まぐれが許されてしまう。プレーヤーが，全て自分たちの利益が優先されるべきだと考えるとしたら，それはクラブの落ち度である。』

より慎重な態度

このため，コーチのプレーヤーに対する信頼も制限され，より慎重に，より衝動的でない態度をとろうという気にさせる。そこでは信頼が生まれることはめったにない。そうして言葉はより厳しく冷たくなり，行動はより「クール」になる。プレーヤーの著しい変化に対応して，昔と比べて多くのコーチは，表面ではよほど甘い態度を取りつつも，より頑固に妥協しなくなってきている。

プレーヤーの側に尊重する態度があまり見られず，このことがおそらくコーチの役割をより困難な，より疲れさせるものとしている。従来コーチとプレーヤーの関係の柱であった尊重と誠実さは，現在ではおそらく失われているようである。

まとめ

1. 対立全てをコーチがマネージメントすべきだとは限らない。
2. 対立を予測できることが理想である。
3. プレーヤーの一般的な特徴が変わってきたので，コーチの態度にも変革が必要である。
4. 批判に際しては，表に出ているものとその根元にあるものとを考慮すべきである。
5. 重大な対立の場合には，裁断を下し，万が一の場合には問題を起こしたプレーヤーを解雇することもできなくてはならない。
6. プレーヤーに，自分自身のイメージに関心を持たせることで，態度の変化を促すことができる。
7. 対立を避けるためには，できる限りグループの機能に関する規則を明確にし，あいまいな部分を残さないようにする。
8. 危険をあえて直視しないやり方は望ましくない。迅速に決着を付けることが望ましい。
9. チームのマネージメントにおいては，感情的な部分をあまり広げすぎてはいけない。

自己評価の能力がないプレーヤーを
どのようにマネージメントするか？
（自分を過大評価するプレーヤー，
あるいは過小評価するプレーヤー）

　全てのコーチはプレーヤーに成功してほしいと思っている。若手を伸ばしたいと思っているし，真実の姿を本人にわからせたい，自己実現を助けたいと思っている。自分のクオリティーを引き出させうまく活用させたいと思っている。
　しかし残念なことに，プレーヤー自身が自分のポテンシャルを正しく評価できない場合に，しばしば問題が起こる。

良いプレーヤーは概して自己評価の能力が高い

　良いプレーヤーは，一般的に，自己評価が他の者よりも良くできる。そのようなプレーヤーは，自分がどのような時に良いのか，どのような時に悪いのかがよくわかっている。良いプレーヤーがフィールド上で明晰なのは，自分自身のパフォーマンスをはっきり意識しているためなのである。

> 『良いプレーヤーには安定性がある。自分の目的に対して節度があり，行動が非常に効率良い。』

　優れたプレーヤーは優れた自制心を持っている。相対化に優れていて，パフォーマンスを適切に位置づけることができる。彼は自分の進歩にもパフォーマンスにも驚かない。自分に何ができるかがわかっているのである。
　しかしながら，良いプレーヤーでも，他の者よりも自己評価が正しくできないケースがある。自分のプレーが悪かったと受け入れたくないと言う正直な気持からそうである場合もあるし，あるいはもっと単純に，分析能力が低い場合もある。自分自身のパフォーマンスについて抜群の明晰さを持ち合わせていなくても，チームの最高のプレーヤーの一員となることはありうる。したがって，一般化はしない方が賢明であろう。しかしこのことは言える。プレーヤーは，

自分のことが良く分析できなければ進歩することはできない。

　問題には典型的に２つのケースがある。一つは，プレーヤーが自分を過大評価していて，ほとんど常に，全てに逆らってでも自分の意見に確信を持ち続けている場合である。もう一つは，プレーヤーが自分を過小評価していて，自分にそのような困難に立ち向かう能力はないと思いこんでいる場合である。

『良いプレーヤーは扱いやすい。最も扱いにくいのは並のプレーヤーだ。』

自分を過小評価するプレーヤー
　このようなプレーヤーの場合，自分が活躍できないと，それが彼にとっては当然のことだと思ってしまう。自分は活躍できるようなレベルではないと思ってしまうのである。フランスにもある時期ヨーロッパでのカップ戦に対するコンプレックスがあった。幾つかのチームが好成績をおさめることができるようになったおかげで，ようやく他のチームもコンプレックスを払拭し，この試合を身近なものと感じることができるようになってきたのである。

　また，過小評価の原因としては，野心がないこと，あるいは，チームがより良い成績を目指すようになってもっと実力のあるプレーヤーをとったら自分がレギュラーの座を失う恐れがあるといったことが挙げられる。

『プレーヤーが自分の能力を過小評価すると，自分ができる範囲にとどまってしまう。思い切ってリスクを冒すようなことはせずに，とりわけミスをしないようにすることだけを考えるようになる。』

　このようなタイプのプレーヤーは決して進歩しない。しかし，時間をかけて，段階に応じて自信を高めさせることはできる。それにはより重要な責任を持たせる，成功をより高く評価するといった方法を採る。

　グループ内で自分の価値を認めさせることの必要性を強調する方法もある。

自分のポジションを守るためには，ある程度の力強さを示さなくてはならないのである。

『もしもあるプレーヤーがグループ内で自分の価値を示さなかったら，そのプレーヤーは踏み台にされてしまうだろう。私は常に新人を励まし，グループ内に自分の位置を見つけ，自分の価値を証明させるようにする。私は彼らに，自分のことが信じられなかったら，自分で自分のことを疑ったらおしまいであるということを理解させる。』

　リスクをあえて冒さないパフォーマンスもこのカテゴリーに入る。このようなプレーヤーは何も思い切ったことをしようとしない。彼が今まで受けてきた育成やコーチからの指導がこのような方向のものだったのか，ボールを失うことを禁じられ，慎重で引っ込み思案な態度を助長するようなものだったのかどうかを知るようにする。このような性質は良くみられるが，これについては，コーチの責任も問われるべきである。
　相手チームについてプレゼンテーションをする時には，はったりを掛け，相手の本当の価値を軽減してみせることができなくてはならない。そうしないと初めからコンプレックスが生じてしまう。プレーヤーの何人かが疑ったら，それでチーム全体が崩れてしまうのである。

『一般的に，自分を過小評価していたり野心に欠けたりしているプレーヤーを抱えている場合，それはクラブにとっても同様に問題である。クラブはそれを受け入れ，黙認してしまう。クラブはグループやプレーヤーに絶えずプレッシャーをかけ続けなくてはならない。環境，とりまき，会長，そしてもちろん第一にコーチが，グループにプレッシャーをかけ，自分自身を乗り越えさせる必要がある。』

プレッシャーはコーチだけでかけることはできない。クラブ全体がこの緊張状態に同じように関与し、ついてこなくてはならない。

自分を過大評価するプレーヤー

自分を過大評価するプレーヤーには、様々な手段で、断固として厳しい態度をとることが必要である。

トレーニングの時からはずすか、あるいは反対にある時期プレーさせ続けることによって、そのプレーヤーに、他のプレーヤーの方が良いのだということを示すようにする。そのプレーヤーの判断は間違っているということを証明し、彼を現実に引き戻さなくてはならない。

試合の批評においては、最大の厳しさを持つようにする。実際よりも自分が良いと思っているようなプレーヤーに対しては、個人的にも集団としても、非常に厳しく接するべきである。最終的には、具体的な例を使い、グループの暗黙の支持で、当初の認識を修正させる。

> 『プレーヤーたちの中には、元の場所に引き戻す必要がある者もいる。彼らはどこまで行って良いかを知るために、父親を試す子供と似たようなものであり、したがって、きちんとした境界を示さなくてはならない。』

自信過剰のプレーヤーは、うまくいかない時に、自分がうまくいっていた時のコーチ、時期、クラブについて言及する傾向がある。そして、それとの比較から自分の不調の原因を求めようとする。それが何かポジティブな結論に到達することはめったにない。

同様の考え方で、自分に与えられた任務や役割を問題にし、自分の平凡でつまらないパフォーマンスの原因をそのせいにしようとするプレーヤーがいる。「自由にやらせてくれたら点を取るのに」とか「もしもディフェンスの仕事なんて無かったらオレ1人で勝たせてやることができるのに」等々。これらはもちろん全て間違いである。しかし彼らは結局成功しなかった場合にも、また新たな間違った言い訳を持ち出すのである。

このタイプのプレーヤーは，大変苛立たしいし厄介である。

もっとオープンなマインドを持ったプレーヤーであれば，おそらくより良く考えを伝えることができる。

明白な証拠を示す

撮影されたシーンを使って，問題のプレーヤーに関してでもグループ全体に関してでも，様々な欠陥を強調することができる。画像は異論の余地が無く，長々と話して聞かせるよりもよほど効果的であることが多い。これは，あるメッセージを伝えるのに非常に有効な現代的な手段である。

自己評価能力の欠如は，クラブ内で地位が確立していて，一方限界もよくわかっている28～29歳のプロに起こりがちである。こうしたケースでは，例えば若いプレーヤーと競争させる状況に置いて刺激を与えることで，最大限の努力をしようという意志を促進することができる。

しかしながら同時に，プレーヤーの自己評価とコーチの評価が異なることも稀ではない。グループ内で好感を持たれているような者と不要ないさかいを起こすことなしに，批判の面を引き出し，いくつかのことを認めさせなくてはならない。

プレーヤーが信念から自分の現実のレベルとは違うレベルに身を置くことがある。そのようなプレーヤーは，パートナーとの関係で自分を位置づけるようにさせなくてはならない。自分自身について，自分のクオリティーと欠点について，考えさせるようにしなくてはならない。知的レベルと人間としての誠実さも考慮の対象となるのは言うまでもない。

反感を起こさせない，しかしごまかさない

プレーヤーに反感を起こさせないよう，十分に注意しなくてはならない。反感を起こさせれば，互いの信頼が失われる危険がある。

フロントやメディカルスタッフがコーチの言い分や考え方を受け，それでプレーヤーに影響を与えるのも良い。

プレーヤーには，元々，自分の心の奥底の感情を隠し偽る傾向がある。1人のプレーヤーが完璧なシーズンを過ごしている時には何の問題もない。しかし次のシーズンに物事がそうはうまくいかなくなると，自分の弱さを隠そうとし

ながらプレーしてしまう。自分の欠点を認めまいという気持が強くなる。そうすると，意識的にか無意識にか，もっぱら面目を失わないという方向の発想となり，過剰な評価となってしまう。

> 『コーチは，プレーヤーの内面，プレーヤーが実際に考えていることには到達できない。コーチは，プレーヤーの感情の外に表現されたもの，状況に応じて多かれ少なかれ偽られたものしか見ることができないのである。』

　プレーヤーが自分の現在の能力を疑ったら，その能力を示そうとしなくなる。それでも物事がうまくいくことを期待し，試合でとりあえず自分の弱点が露わにならないことを期待する。ごまかしは，調子の悪いプレーヤーの防衛手段である。例えばボールをくれない等，人のせいにしてプレーする。他にも，同様の言い訳がたくさんあるのは，コーチであれば良く知っているだろう。

　ハイレベルのスポーツ選手はかなりもろく，自分の身を守ろうとする。今述べてきたような自己防衛の現象は，分析が難しい。自信過剰のプレーヤーの方が，その逆よりもよほど多いということの1つの説明でもあろう。

チームのヒエラルキーをくつがえす

> 『自分を過小評価していると，卑屈な考えとなり，良い仕事などできない。プレーヤーはチームのためにプレーするが，自分のためにもプレーする。場合によってはリーダーシップをとろうしてプレーする。』

> 『仲間に認められようと思うのは当然のことである。仲間もまたライバルなのである。』

この意志が無ければ，キャリアはできない。一人一人のプレーヤーはそれぞれにプレーに対する考えを持っていて，判断をし，チームのために戦わなくてはならない。しかしまた，自分の個人的な利益のことも考える。これは自分を引き立たせるためのもので，自分に課せられた集団の中での役割と必ずしも両立するとはかぎらない。パートナーの誰かに従属する状態のプレーヤーは，常に，最適な自己表現を犠牲にし，その役割の範囲から出ることができない。

　プレーの精神とコーチの指示を尊重しつつ，プレーヤーは完全な自己表現が許される範囲やスタイルを追求することができなくてはならない。1番になりたいという激しい意志を持たなければ，チームのスターの座を奪いたいという抑えがたい欲望を持たなければ，人はチャンピオンにはなれない。プレーヤーがそこに到達しない時，チームのヒエラルキーが変わらない場合，それはおそらく，そのプレーヤーのメンタルが十分に強くはないからである。

まとめ

1. 自分のことを良く知り良く分析できるプレーヤーは進歩することができる。
2. 自分を過大評価するプレーヤーに対しては，厳しく一歩も譲らない厳しい評価をすべきである。
3. 自分を過小評価するプレーヤーは，チームに押しつぶされ成長が妨げられてしまう危険性がある。
4. 良いプレーヤーは一般的に自己評価がしっかりとできる。
5. プレーヤーの中には，チーム内のヒエラルキーをひっくり返したいと思っている者もいるという事実を受け入れ，それを励ますべきである。
6. ハイレベルのプレーヤーは，しばしばもろさを示す。絶えず自信と不安の間を行き来しているのである。

どのように自分のリフレッシュをしていくか？

マネージメントの方法／モードの衰えへの対応

クラブを変えるか否か？

　コーチは常に再検討し続ける。しかし問題は，1つのビッグクラブにどれくらいいられるのかを知ることである。

　クラブを離れるのは簡単なことではない。あまりに熱中し，情熱を傾け，真剣に取り組んでいるからである。

> 『シーズンの終わる頃には，もうすでに，場合によってここを去る時には冷静にはいられないだろうと感じる。出発にはきっかけとなる外的な出来事が必要である。そうしないといつ出発すべきかが自分ではわからないからである。』

　自分自身がプレーヤーを外から呼んだ場合，クラブを離れるのは簡単なことではない。コーチが懇願したからそのプレーヤーはサインすることに同意したのであって，それで自分は去るとしたら，当初の約束を守らなかったと見なされうる。

　しかしながら，自分自身をリフレッシュさせていくためには，変わることは不可欠である（ケースによっては例外的な長さで，コーチが自分のキャリア全体，あるいはほとんどを同じクラブに留まることもあるが）。

　目標が高くなるほど（それに伴いプレッシャーも高まる），テクニカルスタッフを新しくしなくてはならないことがしばしば起こる。これは，テクニカルスタッフ（アシスタントコーチ，フィジカルコーチ，マネージャー等）はある一つのロジックで結びついているため，スタッフ全体で外に出ることもありうるということを意味する。

　また反対に，テクニカルスタッフを長期に渡って安定させることで，継続性のある安定したパフォーマンスを得ようとする場合もある。

クラブを変えることは，いずれにせよ，習慣を修正すること，新しい環境や新しいプレーヤーに適応することが要求される。

一人一人（そして一つ一つのクラブ）に，この問題についての哲学がある。あるクラブは継続性を好むが，一方「コーチを次々に消費すること」が特徴的なクラブもある。

1つのクラブで過ごす年数というのは，目標による部分が大きい。例えば5年間で何かを成し遂げる，といったことが目標であった場合もあるだろうし，あるいはまた反対に，あるポテンシャルをすぐに活用することが目標である場合もあるだろう。この面には，クラブが伝える価値，環境，文化的な規範，現実的な目標，想定された目標，クラブが目指す自己イメージ等が重要な役割を果たすようである。また，コーチは概して短期の契約を好む傾向にある。と言うのは，マンネリ化したルーティーンに陥りたくないからであり，プレーヤーに何かをもたらしたいからである。

さらに，今日良く知られているリニューアルの普通の割合から言うと，コーチがクラブに残る場合，変わるのはプレーヤーの方であるということも注目しなくてはならない。例外となるのは，すばらしい暗黙の了解と結託を保ち，完璧に理解し合った相手同士である場合である。

新しいサイクルを始める

目標を達成できなかった時には，メンバーも変える。なぜなら共通して失敗を経験したことによって，その痕跡が残り，次の年にどのようにしたらより良くすることができるのか判断するのが難しいからである。新しい情熱，何か別のものをもたらす新しいプレーヤーを連れてくることによって，クラブの機能のモードを，コーチを含め，新しくすることができる。

『私を進歩させるのは，新しいグループである。グループが違うのだから，私はそれに適応しなくてはならない。適応するのは自分の方であって，自分の仕事の方を修正しなくてはならない。』

自分のクラブが新たに大きなことを成し遂げようという野心を持たないと確信した時，自分がこれから経験するであろうことは既にもう知っていることばかりであると感じた時，それはおそらく変わり時であろう。さもないと，ルーティーンがあらゆる面でマンネリ化してしまい，情熱が失われてしまうだろう。
　1つのクラブにいて次第に衰えていくのを防ぐためには，新たなプレーヤーを望むことで自分の要求を保つ方法がある。しかしながらグループの進歩にはメンバーのある程度の安定性が不可欠であるということもまた知っておくべきである。この2つは相反することではない。一方では，グループを進歩させること，日々の努力によってその表現を進歩させるグループを持ち，そしてもう一方で，新しさをもたらすプレーヤーを持つのである。毎年，同じクオリティーか，できればより優秀な何人かの新しいプレーヤーを導入することで，グループの機能をリニューアルする手段が与えられる。

『良いシーズンを送ったとしても，グループを変えないまま再出発するのは間違いであると私は思う。新しいプレーヤーを入れることで，全員にチームのディシプリンを思い出させる正当な良い機会を得ることができる。なぜなら新しいプレーヤーたちはそれを知らないのだから，ディシプリンを知らせるのは当然なのである。私はこうして苦労せずに原則を繰り返すことができる。』

　もしもクラブがコーチの希望に応えなかったら，あるいは応えようとしなかったら，その場合チームにとって修正することがどれだけ難しいかを説明すべきである。
　メンバーを変えない場合に自分がさらされることになる困難を，あらかじめ明確にできなくてはならない。こうして物事はより明確になる。

新しいプレーヤーをどのように選ぶか？
　莫大な資力を持ち合わせているクラブの場合，問題を解決するのは簡単である。しかしほとんどのクラブの場合，良いプレーヤーをいかに「ビッグ」にな

って手が届かなくなる前にとるか，という手腕に全てがかかっている。我々は，クラブを変わることでそのポテンシャルの別の表現をするのに有利な環境や雰囲気を見つけるプレーヤーのインスピレーションを大いに信じる。プロとしてすばらしい資質を持ちながら，何年間か同じクラブで過ごすとプレーヤーは眠ってしまう傾向にあるが，新しいクラブに移れば多くをもたらすことができるプレーヤーがいる。プレーヤーを選ぶ時には，プレーヤーのテクニック面やメンタル面の補完性と共に，このタイプの分析も忘れてはいけない。

　会長が選んだプレーヤーを受け入れることを強制される場合がある。会長と協力して十分に検討を重ねた上で新たなプレーヤーを補強するのでなければ，コーチがその影響をこうむることになるであろう。

旅，コンタクト，ディスカッション，研修等

　セッションを準備していると，プレーヤーは必ずしもそうとは意識していないのだが，既にやったことをまたやり直しているという印象を受けることがしばしばある。こう感じることで情熱は低下する。常に新しい何かをもたらすため，自分の仕事の表現を改善するためには，いくつかの手段がある。海外へ旅すること，同僚とコンタクトをとること，ディスカッション，読書，様々な分野を勉強して向上しようと思うこと（戦術，マネージメント，心理学，自分の行動や知識の分析等）等が，様々な手がかりとなる。

　外国で起こっていることを知るのも価値があることである。海外のビッグクラブの偉大なプレーヤーたちは，トレーニングで実にシンプルなことをやっている。フランスではとかく複雑化する傾向，オリジナリティーを求める傾向があり，それが本質を忘れさせていた。

『プレーヤー自身，トレーニングセンターでやって来たことだからといって，また一通り学習することをいやがっていた。』

　偉大な者たちが，我々が基本と思っている練習（リフティング，3人組のコントロール，パス等）をやっているということを知って以来，既成の考えを反

省するきっかけとなった。そして，あらゆるレベルで欠くことのできない基本的な努力への回帰を促した。

いかなる革新であれ，決して原則を忘れるようなことがあってはならない。

『外国のことで確かに参考に値することは，仕事へ対するメンタリティー，プレーヤー，特にイングランドのプレーヤーたちの練習への取り組み方である。プレーの歓びと結果とをどうしたら切り離して考えることができるか，ここからヒントを得ることができるように思う。』

同様に，時間，トレーニングのフォーム，話も変える必要があるであろう。一言で言うと，ある習慣を壊すことである。習慣は長く続くと有害となりうる。

おそらく革新とは，最も簡潔に言うと，常に自分を充実させようと思うこと，出会いを生み出そうとすること，自分の仕事について別の観点から検討すること，である。成功はその結果もたらされるものである。消極性が実を結ぶケースはめったにない。

それ一つだけでこの問題に解答を与えるような厳密な科学の分野などない。あるいは特別な観点などない。様々なアプローチを重ね，様々なテクニックを参照することで，最初に持っていた資質を充実させ，戦略を入念に仕上げることができるようになるのである。

『一時的にうまくいっているからといって，それに甘んじることはできない。新たな情熱を持って再出発するためには，他の場所で何が起こっているのかを見に行く必要がある。さもないと日常の悪循環に陥り，気付かないうちにこりかたまってしまうだろう。』

変えよう，でも…

しかし，変えることが楽しくて変えるのではない。変えるために変えるので

はない。

> 『人は実際，毎日変わり，進化し，絶えず学んでいく。かといって必ずしもフィロソフィーを変えることはない。私はいつも，効率よくシンプルに機能しようとトライしてきた。これは常に有効である。』

　自分がしていることが良いという，深い確信がある時には（特にトレーニングの分野で），それは保持しなくてはならない。反復性があることとシステマティックであることは，トレーニングに不可欠な特徴である。

> 『変えられないものもある。それは自分自身，自分の深い確信の一部をなすものであるから。そしておそらく保持した方が良いものであるから。』

　人がある練習種目を固持するのは，自分がそれを非常に好み，良いものだと感じるからである。またあるセッションで活気があって生き生きとしていて効果的だったから，自分が求めているものに見合っているからである。「良い習慣」は保持しつつ，それでも意外性を持たせることもできなくてはならない。ある準備を変えるとか，モチベーションの面で別の部分に賭けてみること等が手段として挙げられる。

> 『私はルーティーンに陥ったり飽きさせたりしないために，トレーニング時の声のかけ方を変えている。』

　単にプレーヤーの習慣を変えること，時には別のフィールドへ行くこと，一言で言えばバラエティーを持たせることで，チームがポジティブな姿勢を持ち

続けることを促進する。

　アシスタントコーチの活用を変えてみることも同様に一つの手段となる。数日間，アシスタントコーチ1人にセッションを任せてみると，単調さを断ち切り，また同時に自分は少し距離を置いて起こっていることをより良く観察する機会を得ることができる。そうすることで，本源に立ち返って自分の根を取り戻した上で，グループをよりシステマティックなやり方で再び引き受けることができるようになるのである。

　1つのキャリアのマネージメントというものは，最も重要なことを保持し重視するよう導くことである。そしてそうでないもの，重要でないもの，決定的でないものを脇へ置いておくことである。

話し方を変える

　試合前の準備の中で何かを新しくするのは簡単なことではない。同じクラブに5年間いると，プレーヤーの癖，表現，トーンには公式化した習慣ができ上がる。それを変えるのは簡単なことではない。なぜなら個人の表現はパーソナリティーを反映したものだからである。自分のものではないものをコピーしようとしてもうまくいかない。

　一方，毎週何か違うことを言うには，大きなイマジネーションが要求される。

> 『私は常にプレーヤーに言うことを頭に思い描いている。「今夜は何も言わない」というやり方もあるだろうが，しかし私にはそれはできない。私は何かの指標を与える必要があると感じる。何も言わないという態度がチームにダメージを与えるのではないかと心配なのだ。』

本質的なことと二次的なこと

　優先順位を付ける能力は，おそらく大部分は経験の結果身に付くことである。年齢を重ねたコーチはより明晰になり，実際重要でないものには重要性を与えず，反対に最重要のことを尊重することができるようになる。年を重ねるごとに進歩し成長し，おそらく技能も変わってくる。

若いコーチは初めのうち多数の問題を選別することができず，忙殺されてしまう恐れがある。時と共にそれは次第になくなっていき，例えば試合の前になっても，より落ち着いて明晰に，おそらくより効率的でいられるようになる。

おそらく同時に，いくらか自発性や情熱を失うということはあり得るだろう。しかし個人を導いてきた勢いがその力を失うと共に，一方ではおそらくより「賢く」なる。

人と会ったり情報を交換したり海外へ旅をしたりすれば仕事のモードがかなり修正されるものだ，と思いこんではいけない。経験を積んだコーチは，あらゆる機会を利用して，自分の実践をよりよく分析する。それがおそらく彼の自信を強化することにもなる。少なくとも自分の仕事を他人の仕事と比較することができるのである。それは非常に重要なことである。閉じこもって他のところで何が起こっているのかを知らずに機能することなどほぼあり得ない

最も偉大なプレーヤー，そして世界で最も偉大なコーチたちは，時にトレーニングで非常に平凡なことをやる。フランスでは誰もしようともしないような平凡なことである。しかしそれを平凡と思って敬遠するのは明らかに間違いである。洗練を目指す気持，常に非常にオリジナルな練習を示そうという意志を持っていれば，他で起こっていることと絶えず自分を比較することでそこに何かを見つけるのである。

常に再検討すること，それは自分の価値や原理を放棄するという意味ではない。そうではなくて，自分のテーマを反省することで，避け得ない新たな問題に確実に対応できるようになる。全ては精神状態の問題である。この仕事のあらゆる面で向上していくためには，試合のビデオを見るだけでは，おそらく十分な実践とはならない。

「気分転換をする」

革新を内的状態の修正とのみ考えても，おそらく無駄であろう。サッカーによって，サッカーのために必死に生きていると，見識高く物事から距離をとって見ることができなくなる危険が大きくなる。情熱をもって頑張っていくと言うことは，必ずしもその奴隷になるということではない。各自の気質に応じて様々な形で「ブレイク」をとり（自分自身のために他のスポーツをする，他の趣味に没頭する等），新たなエネルギーを回復し，自分自身の仕事ややり方に，

少し違った見方を得て戻るといったことも考えるべきである。

> 『アシスタントに 2 〜 3 日セッションを担当させると，改めて仕事がしたいという欲求を持って戻ることができる。自分自身，より性能が高くなったと感じ，プレーヤーも同様にそれを感じるようである。』

コーチは決して病気にならない人，休まない人，疲れない人，あるいはそうあるべきと思われている。毎日の生活を中断し，個人的な反省の時間をとることの方が，本当の意味で効率を維持することができると我々は考える。

> 『少しの間チームに会わなかったり，一時的にトレーニングでチームを指導しなかったら，会いたくなるし，やりたくなるものだ。』

まとめ

1. 良い結果というのは，テクニカルスタッフの継続性にも関連している部分がある。
2. 真の変化，それはクラブの変化である。これには特別な適応を要する。
3. コーチの役割には，絶えず見直し続けることが含まれる。
4. 人は変わるために変わるのではなく，必要に迫られて変わるのである。
5. 変わるのが楽しいから変わるのではない。
6. 旅行，ディスカッション，交流等によって，各個人の行為をより良く分析できるようになる。

プレーヤーレベルに過剰に干渉してくる会長をどのようにマネージメントするか？

典型的な３つのケース

この問題に対する意見は非常にはっきり分かれる。

- コーチは全ての干渉を，自分の権限内のことだと考えるものであれば，些細なことでさえ拒否する。このようなことが問題にされることはあり得ない。
- 会長はしたいことは全て言っても良いし，しても良いと考える。ただコーチとグループを結びつける対話や判断だけは尊重されると納得している。
- 会長はパートナーであると考える。話し合い，自分の戦術的なオプションを説明する。かといってそれが屈辱感や価値を落とすことになるとは感じない。

人はその性格や気質によって，あるやり方を受け入れたり拒否したりする。同様に，人は自分がどこに向かいたいのかがわかっていて，会長のパーソナリティーや習慣によっては共に歩んで行くことができる場合もあるし，できない場合もある。

もしもある会長が20年来チームの構成に意見を言う習慣があって，テクニカルな問題に口出しをしたがるのであれば，新しいコーチがそれを変えられる見込みはあまりない。

『会長がプレーヤーと話をしたがるのであれば，言いたいことが言える。それが変わるとは思えない。結果を出せれば抑えることもできるかもしれないが，ただそれだけのことだ。妥協点を見出してそれに合意することも必要だろう。』

会長がベンチにいることは，必ずしも不利なことではない。

コーチが進歩するのを見ること，その選択を理解すること，同じ試合を同じ場所で見ることによって，会長をこちらに巻き込み，つながりを強化することができる。

　シーズンの始めにグループにプレー上のルールを提示する時，取り組みの方法を規定し，どのようなことを要求するかを示す時には，会長に立ち会ってもらうにこしたことはない。ただそこにいるだけでも構わない。そうすることでコーチにとっては支持となり承認となり，話す内容の影響力を強化することができる。

　特殊性があるとわかっているクラブで仕事をすることを受け入れるにしても，拒否するにしても，初めにいかなる曖昧さも残さないようにすべきである。

　負けたらすかさず干渉してくる会長もいる。コーチが落ちていくのを放っておくことができずに2試合負けるや否や干渉してくる。このようなケースも典型的であるが，やはり契約にサインする時に何が起こりうるか予測できる。これもまた選択の問題ではあるが，全てのコーチがこの面で平等な境遇にあるわけでないことは認めざるを得ない。

初めの契約を尊重する。話し合いと結託

　叱責や懲戒をするため，話やスピーチに重みを持たせるため，この種の話題にはコーチよりも会長の方が適しているので，会長に助けを求めることがしばしばある。契約にサインする時に，この問題については話し合っておくべきである。全てはパーソナリティー，状況，習慣，個人の哲学の問題である。ここでもまた，会長とコーチの間にあるべき必要なつながりは，実に様々な手続きで支えることができる。

> 『一つのクラブというのは，まず会長とコーチのコンビである。サッカーに情熱を持った会長といくらか意見を交換するだけで，相手を満足させるには十分なこともある。ましてや本当はそうではないにしても意見を求められたと会長が感じたら，それだけでも彼は満足するであろう。』

このような態度は品位を落とすことなどでは全くない。会長としばしば会い，話し合い，自分の考えを述べて相手の賛同を得るようにすること，これは相手をひきつけ，望ましい雰囲気を助長することになる。
　トレーニングの後に会長と話し合って自分の判断の正当性を説明する努力をしなくてはならないのは，必ずしも楽なことではないし心地よいものでもない。それは確かである。それでもやはり，自分のサッカーの知識はコーチの知識と同じくらいのレベルであるなどと会長が確信を持ったりすることのないよう注意しなくてはならない。このような確信を持たれることも時にはある。

> 『我々テクニカルのスタッフが，例えばリクルートなどでうまくいっていない場合，会長にその責任を保証してもらうことなどどうしてできるだろうか。例外もあるだろうが，一般的には，会長はそのことについてあまりわかっていないのである。私にはそのようなやり方はできない。要するにリクルートがうまくいこうがいくまいが，（会長が参加したケースであっても）それは我々の判断に責任があるのだ。』

　最悪なのは，最初に問題にされなかった曖昧さ，言われなかったことが，やっているうちに対立のもととなるようなケースである。
　しかし，互いの意見がどうであれ，会長がコーチの代わりに指導したり決断をしたりすることによって混乱が起こると，サッカーに悪影響を及ぼす危険がある。そうなるとコーチは権限を制限された下士官のようなものとなり，プレーヤーに対する信頼を失い，もはや何の権威も示すことができなくなる。
　このような干渉の限度を定め，何から何までマネージメントしたがる会長の過剰な行動をフロントが真似てサッカーのあらゆる面に干渉してくることのないように，コーチは自分で自分の身を守らなくてはならない。
　会長が自分の金でチームを養っている場合と，助成金やスポンサーの出資で運営している場合とでは，状況が異なる。会長が出資者の場合は，クラブの所有者として振る舞う。その場合コーチは会長と契約をして雇われた者であり，自分の立場を知らなくてはならない。例外的によい結果を残している場合を除

いて，チームに出資している会長は，自分の意見を述べないでは気がすまない。これは簡単にわかることだ。

別の出資で経営している場合は，干渉にリミットを定めること，最終的にテクニカル面の問題を誰が決断するのかをはっきりさせることである。ケースによって，うまく展開することもあるし危険にもなりうる。試合に負けた後に会長がやって来て公然とプレーヤーを批判する場合，後から個人的に，それはあまりありがたいものではない，場合によっては迷惑であると注意することもできる。これは，自分のテリトリーを示し，不満を表明する一つのやり方である。

また，チームに不利益にならないようにするためには，時には思い切って，異議を表明し，会長の戦略がコーチの戦略と相反するものであってはならないということを示すべきである。しかし，結果が出ない時には，自分の意見を通すことは難しく，一時的に立場が弱くなることもありうる。

『会長がそのコーチに執心しこだわりを持っている時にはそっとしておいてくれるだろうが，反対のケースでは，コーチのあら探しをするだろう。』

テクニカルなことはコーチの領域で，経営は会長の領域である。この両者のパートナーシップが互いの領域を侵すことなく，最終的に，コーチの提案を受け入れられるかどうかは経営によるとわかっていれば，物事はクリアで，相互の協力はうまくいくであろう。

「ビッグな会長」の重要性

ビッグクラブには，ビッグな会長がいる。その知性，権威，影響力，あるいはその3つ全てで知られた会長である。この場合には，意見を交わし，共に考えることで，何らかのつながりや暗黙の了解が結ばれる。かといってコーチの自尊心が傷つくことはない。

会長とチームについての意見を交換することと戦術上の判断を押しつけられることとは紙一重である。全ては，人，互いの尊重（あるいは尊重のなさ），互いの深い確信，一緒に仕事がしやすいか否かによっている。クラブの大きさ，

取り巻く環境，コーチと会長のそれぞれのパーソナリティーもまた，選択する上での指標となる。

『うちの会長は，時に近く，時にとても遠い。しかし，彼が第１の役割（メディア，プレス）を委ねてほしいと望む時には，私はそうするようにしている。そうすることで私はかなりの問題を避けることができる。それから１対１で向かい合って，私は自分の考えを伝え，自分の希望を通そうと努力する。』

オープンで，人の話を聞くことができ，必ずしも自分と同じ方向ではない意見を受け入れることができる会長が相手である場合，物事はより簡単である。

『コーチが最初に自分の考えを適用することに成功し，理解したとおりに仕事をすることができたら，名誉など二次的なものとなるだろう。』

反対に，頑固で強情で，忍耐や寛大さに欠けた会長を相手にする場合は，対立が起こり，その両者の関係が長く続く見込みはあまりない。

話し合い，良く理解し合った場合には，それが進歩の要素となり，コーチは多くの情報を得る（マッサーやキャプテン，フロントとの話し合いからグループ内部の機能について多くのことを学ぶことができる）。

象牙の塔に閉じこもり，周りとの関係を断つやり方は，もはや必ずしも通用しない。そんなことをすれば，場合によっては興味深い情報が入るかもしれないのにその可能性を自ら断ち切ってしまうことになる。

指導面に亀裂や不整合を作らない

クラブでのやり方にまとまりを作るためには，プレーヤーが会長との会談を希望した時には，コーチは，そこに出席しない場合，その内容について知るよ

うにする。

　また，会長との意見の相違を公然と表明すること，プレーヤー，あるいはもっと悪いケースではプレスを通して自分の意見を言うことは，危険なことである。どう考えようと，どう自分を正当化できようと，会長のことは決して悪く言わない方が良い。クラブやチームが不安定になり，対立は必至である。

　もしもプレーヤーが，過剰な「サポーター」で，賞賛も批判も大げさに勝手なことを言うようであれば，まずは，公然とそれを非難せず，個人的に彼にそれを説明するようにする。公に対しては慎重に表現する。いつもその言葉や行動を是認するわけにはいかない。

　会長の干渉がチームの準備の妨げとなった時には，会長に説明を試みる。必ずしも相手がそれを尊重するとは期待できないけれども。

毎日のように相手のイメージを管理する

　会長にミーティングへの出席を依頼する場合がある。そのようなタイプの実践は簡単なことであるし，優位に立つためにも有益である。

> 『毎日優位に立つようにしなくてはならない。決定的に確実に獲得されるものなど何もない。クオリティーだったことも欠点となりうるし，以前の成功だってすぐに忘れられてしまう。』

　機会あるごとに自分の価値を高めようということにとらわれず，同時に会長に情報を与え，一部秘密は残し，絶えず彼のイメージをマネージメントしなくてはならない。

　それは実際，最終的には，会長にコーチの力量を保証させることになり，彼にこう言わしめる結果となる。「私は本当に良いコーチを持った。」

重要な会話の要点と日付を書き留める

　会長との重要なディスカッションについては，ノートをとって，日付を書き留めておくことが重要である。言葉や約束は時と共に消えて無くなってしまう

ようなことがあまりに多い。また，意見が一致しなかった場合には，前の決定に立ち戻り，ロジックや行動の一貫性を示すことができる。

この方法は，頑固な反対意見を持ったプレーヤーとの論争についても同様に有効である。トレーニングで目立ったことを，その時には取り上げずにノートに記録しておくこともできる。

> 『プレーヤーは，私が全てノートにとっていることを知っている。だから，何か不満やクレームを告げに来る場合でも非常に慎重である。』

話し合いや会議で目立った要素をまとめることで，信頼性の高い印象や論拠を得ることができる。ノートをとることで，最終的には対立を避けることができる。というのは，時と共にゆがめられた現実の個人的な表現ではなく，その現実を具体的に書き留めたものについて問題にすることになるからである。したがって重要な会議や手続きは全て，文書に書き留めた方が良い。

まとめ

1. あまりに干渉しすぎる会長は，概してチームを不安定にする。
2. そのような会長は，のさばらせるか，大目に見るか，拒否するかである。
3. 契約時に，それぞれの権限の範囲を明確にしなくてはならない。
4. 対話し，良く理解し合うことが，やはり改善の要素となる。
5. 互いの役割以前に，まず人として多かれ少なかれ親近感を持てる関係かどうかが前提となる。
6. ビッグクラブには常にビッグな会長がいるものである。

今日のコーチに最も重要な要素は何か？

あえてそういうものと知ったうえで受け入れるべき仕事

　コーチの仕事は，全く不確定なものである。翌日には事態が悪化しているかもしれない。負けた場合コーチは常にヒューズの役割になる。

> 『コーチは，いつでもクビになる可能性があるということを知っておくべきである。それがこの仕事のリスクの一部をなしているのだ。契約は，その期日内は支払われるという一つの保証である。解雇された時には，支払われたものを受け取って立ち去らなくてはならない。』

　それでも，亀裂のない信念としっかりとした真の自信に結びついたクオリティーを持ち合わせていれば，どんな状況であっても高い効果性を示すことができる。

プレーヤーに信頼感を与える

　良いコーチとは，まず，プレーヤーに信頼感を与えることができる者であり，プレーヤーもコーチにまずそれを期待する。信頼感を得ることができれば，プレーヤーはトレーニングで，自分に与えられたこと，自分が心の奥底で感じたことに完全に打ち込む。

> 『真実は重要である。コーチとプレーヤーの間に何かが伝わらなくてはならない。』

　メッセージはこうして伝えるのである。プレーヤーは，その努力が自分たちを進歩させるものであると思えたら，それが有用であると感じ取る。

大きな情熱を持つこと，しかし同時に謙虚さを持つこと

「使命感」，サッカーへの情熱，そして同時にトレーニング，伝えること，進歩させることへの情熱を持つこと。これらは重要な精神である。

> 『この情熱は，健全で，純粋で，下心無く，ひたすらサッカーとクラブのために向けられたものであるべきであり，フロントの持つ情熱とは異なる。指導すること，それはプレーヤーに自分の真実の姿を知らしめること，彼らが昇華するのを助けること，多くを与えることである。私にとって最も重要なのは，情熱と謙虚さである。情熱の方は，結末がどうであろうと再び動き出そうという願望を持つために必要なものである。そして謙虚さの方は，金や名誉の罠に陥ることなく，状況が良かろうと悪かろうとより良いマネージメントができるように，精神をフレッシュに保つために必要なのである。』

情熱を持つことによって，努力し，常に検討し直し，研修を受けることを自分に要求する。しかしそこには，どんな研修を受けようがもたらされることのない，ある「フィーリング」が伴わなくてはならない。

一方，謙虚さの方は，成功する者，ゼロから出直すことができる者，現実を相対的に見ることができる者が持ち合わせる特徴である。しかし，謙虚になりすぎることのないよう，注意が必要である。コーチが，自分はその勝利には何もしていないなどと言い続けていたら，かえって信用を失うことになるであろう。

> 『勝利の功績はプレーヤーだけにあると思いこませるような言い方がされることがあるが，私はこのフレーズが嫌いである。自分が世界で最も優れたコーチであると言うのも間違いだが，それと同じくらい間違っている。』

コーチは勝利にも敗北にも，その責任の一端を担っている。成功の大部分が我が物であるなどと言うのも考えものだが，逆に謙虚すぎるのも信用を失わせることとなるであろう。

サッカーを良く知ること
　サッカーについて最大限完璧な知識がないのなら，また，この仕事のあらゆる面についてのテクニカルな能力がないのなら，何も意味をなさない。

> 『私はプレーヤー時代に15人のコーチを経験している。その15人の中で，私が非常に良いと思ったのは1人，良かったのは3～4人，まあまあだったのが2～3人で，残りはひどかった。彼らの差となっていたのは，戦術上の考察のレベルである。』

　チームのポテンシャルを感じ取って分析することは，このタイプの能力の一例である。相手との関係で戦術的に適切な判断を下す能力も同様である。戦術的な判断は，メンバーとその特徴によってなされるものなのである。

> 『私はプレーヤーに，まず第一に，インテリジェンスと意志力を求める。次に求めるのは，チームの他のメンバーとのバランス，相補性である。これはきわめて重要である。』

　あとは，初めのポテンシャルに応じて，フロントと共に，できる限り正確に目標を定めることである。

> 『手元にいるプレーヤーとの関係で指導の意図を持ち，同時にその意図との関係で他の考えを追求しなくてはならない。そして話やトレーニングで

そのメッセージを伝えなくてはならない。』

　クオリティーが高く良くオーガナイズされたセッションを提案するのは，多くのコーチにできる範囲のことである。しかし，コーチは必ずしもそのポイントで評価されるわけではない。
　プレーヤーは試合の中で，うまくいっていること，うまくいっていないことを感じ取る。したがってプレーヤーは，ハーフタイムにコーチが直面した問題を解決するためのまとめと的確な提案をしてくれることを期待する。これが，プレーヤーにとって信頼度の高い評価の基準となる特別な要素である。これは何も，魅力的で効果的なトレーニングを提案しようという努力にプレーヤーが無関心だというわけではないが，必ずしも優先されるわけではないという意味である。

プレーヤーのプレー表現を重視する

『今日ではプレッシングばかりが話題になっている。ジャーナリストまでプレッシングにとらわれている。しかしまずプレーすること，歓びを感じ，自分を表現すること——もちろん厳しさとインテリジェンスと意志を持って——が大事である。しかし，勝つためにプレーをするということはベースである。自分自身の最大限を発揮するためには，プレーヤーが自分の進歩に歓びを感じられなくてはならない，ということを決して忘れてはならない。』

　この原則はおそらくアマチュアの世界にも当てはまる。アマチュアの世界では，プレーのベースやプレーヤーのモチベーションのベースを忘れて，より高いレベルで行われていることをただコピーしようとしがちである。
　おそらく海外では，もっとたくさんの良い試合を見ることができるだろう。フランスでは，大試合が「スコアレスドロー」という結果に終わることが頻繁

にある。これは戦術的な構想によって，両者とも積極的な表現を禁じられてしまった結果であり，大部分がコーチの責任である。

日常をマネージメントし，決断をし，責任を負う

> 『日常のあらゆる面をマネージメントすること，それは私にとって本当に難しいことである。』

　それは，やること，見ることについて，絶えず熟考をすることになる。それは，驚きを与えることができること，飽きさせないこと，常に新しいものをもたらすこと，失望を克服できること，時には不可能なことを信じることができること，そして信じさせることができることである。
　これはまた，難しい判断をすることである。特にプレーヤーの選択は判断が難しい。それには強い意志と誠実さが必要である。コーチの信頼性は何よりもまず決断力にあることを考えると，ここには決定的な要素がある。最重要の決定を伝えるのは会長であるとプレーヤーが知ったら，コーチの威信，説得力，信頼性は失われることになる。

自分を高く評価させることができる
　また，自分の仕事に高い価値を与えることができなくてはならない。プレスやフロントの目からだけでなく，プレーヤーの目から見て，コーチの仕事は価値の高いものであると感じられなくてはならない。
　プレーヤーはコーチを高く評価すれば信頼することができる。プレーヤーが徹底的に自分を捧げようとするには，コーチの考えを支持できるようでなくてはならない。そのためには，自分に課された努力に心から納得することが必要である。
　なぜそのやり方でトレーニングをするのかということを彼らにいちいち時間をかけて説明することはできない。つまり，初めに信頼のベースが必要なのである。コーチはそのクレジットを使えるようであるべきである。全てを正当化

する必要はない。

　トレーニングを細かい点までできる限り良く準備すること，プレーヤーやフロントやジャーナリストと時間をかけてディスカッションすること，怪我をしたプレーヤーに会いに行くこと，次の対戦相手についての情報を集めること，一言で言えば常に柔軟性を示すこと，これらはトレーニングをうまく行うために必要な，手間のかかる任務の一部である。そうしたら他のことを考える時間などあまり残らない。

ほぼそれだけにかけられた情熱，トータルな柔軟性

　多くのコーチは，朝から晩までサッカーのため，自分の情熱のためだけに生きていると認める。そして，それをノーマルな家族生活，あるいは心を豊かにする休暇と両立させることの難しさも認める。しかしそれでも，新たな1週間，次の試合のためにフレッシュな気持で戻ることができるよう，「充電」するための時間を見つけなくてはならない。

　しかし，ハイレベルのコーチの仕事は，完全に忙殺されてしまうものである。何も忘れまいという気がかり，重大な決断に先立つ熟考，人間のグループのマネージメント。これらにはトータルな柔軟性が必要とされる。

> 『朝から晩までスタジアムで過ごすコーチも稀ではない。実際身体は1日スタジアムにいなくても，精神はどうしてもこの仕事にかかりきりのままになってしまうものである。』

クリアであること，教育者であること，一貫していること

　物事をシンプルにクリアに言えること，プレーヤーにとって漠然としていることを的確に表現すること，これは決定的に重要な要素である。

　難しいプレーヤーに対応できること，困難な時期に決着をつけることができること，ジャーナリストをマネージメントすることができること，同時に自分自身のイメージをマネージメントできること，フロントと交渉すること。これらは別のタイプの能力による別のチャレンジの一部である。

人は本来生まれながらにレトリックや議論のための十分な才能を持ち合わせていると思うのは間違いである。これは全て学習されるものである。コンスタントな取り組みによって，最初に持っているクオリティーを維持し洗練していくのである。

　プロのプレーヤーがコーチになりたいと思うなら，コーチに転向する時にコーチとしての資質を持ち合わせていなければならない。プレーヤーとして活動している間から，この仕事を志す者であれば，物事を他の者たちと同じようには見ないだろう。分析し，記憶にとどめ，観察し，選択する。そしてこの経験を生かして，自分のスタイルを作り上げ，効果的な機能の仕方を獲得する。この資質を持つプレーヤー，コーチになるチャンスがあり，またそれを望む者は，若いうちからすぐに見分けがつくものである。

気持を強く持つ，自分に確信を持つ，熱心に，誠実に

　コーチとは，何であれ自分自身がしっかりと示すことができないことをプレーヤーに要求することはできない。厳しさを持ち，誠実であり，そして他者を尊重する気持を持つことで，自分自身を尊重し，より高い効率を持つことを促進する。

　一人のプレーヤーに，試合で使わないことを告げるのは簡単なことではない。しかしながらそれは必ず直面する，避けて通れない問題である。

　自分をしっかりと持ち，迷わず，そしてクラブとチームの性質に適応していなくてはならない。

> 『フロント，プレーヤー，プレスに対し，自分をしっかりと強く示さなくてはならない。どんな面でも弱みを見せてはならない。』

　自分があまり確信を持てない時であっても，そのことを感じさせてはならない。プレーヤーにそのトレーニングでこのような効果が生まれると納得させることで，彼らはそのトレーニングに確信を持つことができ，コーチへの信頼感を強めることができる。信頼できるリーダー，確信に満ちていて説得力がある

人には，ついていくことができる。

　気分にムラが無く，勝利も敗北も同じように相対化できることは，見識の高さを示す印である。ひたすら夢中になっているだけではこれはできない。

　自分に強い自信を持ち，自分の判断や方法に深い確信を持っていること，人から信頼を受け支持されていること。これらはよい仕事をしていくために欠くことのできないベースである。コーチが信頼を失ったとグループが感じ始めたら，コーチの判断にもはや確信が持てなくなったら，状況は深刻である。プレーヤーはもうそれ以上コーチを頼りにできなくなり，ついていかなくなる。

『模範的なプロ意識を示す者，バリエーション豊かな魅力的なトレーニングをしてチームをよく訓練し，良い仕事をしたことを裏付けることができる者は，不運にも結果が伴わなかった時にしか非難され得ない。結果が出なかったからといってその人を非難できるものかどうか，私にはわからないが。』

自分なりのロジック，行動指針を持つ

　何らかの確信，深い信念，行動を導く主義を，誰もが持っているが，集団としての行動指針を形成することは，今日中心となるものであり，ビッグクラブであってもこの面が強調される。それは決して個人の表現を抑制するものではない。

　それに到達するやり方は，個人の哲学に応じて位置づける。これは不可欠なことである。コーチは自分のイメージ，ポジティブなポイントからの評判を作り上げなくてはならない。その人が発する自信や落ち着きは，時に，説明がつかないことまで納得させる。プレーヤーにはリーダーが必要である。

　自分たちがどこに向かっているのかがわかるように，自分のイメージに忠実で信頼のおけるリーダーが必要なのである。

自分自身に関するユーモアとチャンス

　一時的に順調でなくてもそのような時に自分自身に関してユーモアを示すこ

とができることもまた，それに対応するためのすばらしい手段である。もちろんそれに続いて，チャンスと運が無くてはならない。

　もちろんその他の指標も関わってくる。しかしベースはやはりコーチの意志，強い願望である。上に述べた能力は，他のより普遍的なことによって補われる。つまり，「フィールド外」のことに関わることであり，今日のコーチの多くはその重要性を認めている。

人間関係のクオリティー，感受性，説得力

　プレーヤーとであれ，フロントやプレスとであれ，人間関係の能力が必要である。

　必ずしも権威主義的にならずにグループをマネージメントする能力，自然な懇親性，操作の巧みさ，駆け引きのセンス，そして時に大きな忍耐力が必要である。そこに感受性を付け加えることもできよう。ただし，これは過度に感情的に見ることではない。また，気持の強さは，グループ全体をあらゆる障害に負けずに率いていくための能力である。

『心理学的なセンスを持つこと，コミュニケーション能力と，状況を感じ取る直感，物事から距離を置いてみることができること，高い適応能力。』

　これらはコーチたちの意見を短く要約したものである。同時に，各自が必ずしも持ち合わせていない様々なクオリティーもある。

　レトリックの技術は難しいものである。しかしそれは「習得できる技術」である。納得させるためには，自分を離れて他の人間を演じることが必要になる時もある。状況によっては協調的な人間になる必要もあるだろうし，妥協しない人間になる必要もあるだろう。

　パーソナリティーは常に多面的なものである。そして，仕事上必要となる幅広い局面の中で，自分自身を保つことが重要である。

自分の周りに人を集めることができる

コーチというものは，戦術面の能力が非常に高く，プレーヤーのフィジカル面の準備ができ，対立のマネージメント，交渉，様々な相手との議論ができる人である――誰もがこういう前提から出発する。しかし，それは一人の人間にはあまりにたくさんのことだ。

海外の例では，フィジカルの担当者，アシスタント，メディカル，さらにメンタルの担当者がヘッドコーチをアシストし，それぞれ専門的に協力している。競技レベルが高くなるほど，この原則を受け入れるべきではないかと思われる。

プレーヤーをセレクトできる

ハイレベルのプレーヤーには，テクニックやフィジカルのクオリティー以上に，ある特徴が期待される。

> 『私はこういうプレーヤーを選ぶようにしている。分別があって，どんな状況でも情熱と柔軟性とある種のインテリジェンスを示すことができるプレーヤーである。』

話しやすく，進歩への意欲があり，気分が安定しているチームを持てば，コーチの仕事は大いにやりやすくなる。

コーチにとって言えることは，同様にプレーヤーにも言えることである。幸福感に浸っている時でも過度に興奮しない。負けた後でも落胆する気持に負けない。最も強いプレーヤーは，困難な時でも少しも意気消沈しない。

また，偉大なプレーヤーは，いつも全てをコーチに期待するのではなく，自分で協力し，貢献する。彼らは高いレベルに近づくほど，ただ実行する人間ではなく，パートナーとしての存在となる。

評価の難しい生来的なクオリティー

コーチとしての養成過程で獲得できることはこの仕事の一部にすぎない。養成や研修は，個人がもつ元々の素質の代わりとはなり得ない。

『たしかに，コーチ養成の最終段階でせっかく成功した候補者をがっかりさせるわけにはいかない。ただし，試験で確認できないクオリティーがある。若いコーチたちは，1年間約20人もの個人をまとめ上げなくてはならないという事実を考えているだろうか，この仕事の持つ全ての側面に直面しただろうか，本当にこの仕事の適性を持っているのだろうか。』

これらは全て，経験と共に実証されていくことである。初めは彼らを励まし，このような問題を考えてみるよう促してやることしかできない。

『それは私が12年間のプレーヤーとしての経験を持っているからではない。私は良いコーチになるべくして生まれてきたのである。』

もしもあらかじめこの仕事の現実の難しさに触れることができたら，後から大きな幻滅をせずにすむこともあるだろう。

明日のサッカーのために必要な蓄え

今日コーチであることは一昔前よりもはるかに徹底した蓄えが必要であることに異論の余地はない。特に，広い意味でサッカーの状況と関わって行く上で，そしてまた増大したメディアとそれによって一層高まったプレッシャーと関わっていく上で不可欠な認識である。

『テクニックよりもメンタリティーの面で進歩すれば，サッカーはもっと良くなるであろう。ハイレベルのプレーヤーは，メンタリティーがよりしっかりしているものである。』

これは，ヨーロッパのコーチ会議のシンポジウムでなされた考察である（ヨーロッパ選手権スウェーデン大会後）。これは，未来を見据えた観点でキャリアを検討する必要性を表している。

優れたプロプレーヤーは，たしかに高いレベルのテクニックを持ち，精密なメディカルチェックや専門的に調整されたトレーニングによって常にすばらしいフィジカルコンディションを持ち合わせている。しかし最も重要な進歩は，メンタル面，様々な戦術計画に適応する能力，困難な状況でも自分を制御する能力，物事をグループの観点から考えることのできる能力の部分の進歩である。

> 『最高のプレーヤーというのは，陸上競技選手のように最も速く走れる者，最も高く跳べる者ではなく，最も速く見ることができ，他の誰よりもプレーの状況を分析・理解することができる者である。』

これに，どんな状況でも最適なモチベーション閾にいることができるという，非常に大事な能力を付け加えよう。この未来を志向した誠実なすばらしい図式が実現すれば，プレーヤーやコーチの適性，特徴もさらに向上していくだろう。

コーチはこの方向の進歩を推進させることができなくてはならない。プレーヤーを戦術的により賢くすること，より深くより入念な熟考ができるよう素地を作ること，これらは探求する価値のある重要な手がかりである。

情熱，明晰さ，リスクを冒す勇気，柔軟性，逆境におかれた時の気力といったクオリティーを求め発展させる努力は，コーチ養成の研修の時から開始されなければならない。未来のサッカーは，あらゆる意味でよりインテリジェンスのあるプレーヤー，より柔軟で，よりオープンで，より思慮深く，自分の将来のことをよく考えているプレーヤーを必要としている。

> 『もしも人間性が優れていなければ，人として，人間関係のクオリティーが高くなければ，良いプレーヤーにはなり得ない。』

今日のコーチにとって最も重要な要素の一つは，明日のサッカーに関することを予測し，先取りする能力を持っていることである。

> 『コーチは常にプレーヤーよりもプロフェッショナルであるべきであり，プレーヤーよりも強くあるべきである。』

　コーチになろうと思う者は知っていなくてはならない。コーチとはあらゆる面で難しい仕事であり，あらゆるプレッシャーにさらされる仕事であるということ。強くあること，責任を負うことができること，失敗も受け止めることができること，そして逆境に立ち向かうことができることを運命づけられた仕事であること。そして，コーチになるためにどんな養成を受けても決して十分な準備になどなり得ないということをである。

まとめ

1. まず第一に情熱が無くては何もできない。その次が厳しさと謙虚さである。
2. 誠実であり他者を尊重することで，より良く受け入れられるようになる。
3. そして，テクニカルの能力が差を付ける。
4. プレーヤーはコーチに，勝たせてくれることと進歩させてくれる能力を持っていることを期待する。
5. テクニカル面の責任者としての影響力とカリスマ性が，コーチの信頼性を築き上げる。
6. コミュニケーションの能力が当初の資質をさらに補う。
7. 基盤となるのは，指導することへの強い願望，サッカー，そして何よりもトレーニングへの愛である。

第4章

モチベーションの
コントロール

パフォーマンスにおける心理的要素の位置づけ

　全てのアスリートはほぼ同じような準備をしていて，その差となるのは心理的レベルであると言われることがある。これは，スポーツ選手の内在的な価値を軽視した意見である。

　内在的価値は，やはり第1の切り札なのである。したがって，我々は言葉にいくらか含みを持たせるためにこういう言い方をしておく。内在的価値とほぼ同じくらい，心理面は重要である，と。

　パフォーマンスを本質的に高める原動力を見つけるにはどうしたらよいのだろうか？　これにはレシピなど存在しないと誰もがわかっている。しかしそれは，掘り下げて考えることに意味がないと言っているのではない。人はもちろん勘や直感に頼ることができる。しかしそれにばかり頼るだけでは理性的とは言えない。したがって，プレーヤーのモチベーションを高めるための唯一絶対の方法というものはないにしても，少なくとも，長続きする安定したモチベーション，グループを団結させ勝たせるようなモチベーションの出現を促進するような考え方の軸や方向性を探る努力はすべきである。

　心理的なファクターは，スポーツにおける成功の基本的な要素である。これを出発点とすることには誰もが同意するだろう。しかしながら，全てがモチベーションだけにかかっているわけではない。たとえモチベーションが最適のようでも，集中が弱すぎたり，緊張が高すぎたりすることで試合に負けることもある。スポーツの成功に関わる心理学的なファクターはモチベーションだけではない。それらについては，この章の最後で再び触れようと思う。

　成績が悪い場合，何が欠けているかということについて，伝統的に「プレーヤーのモチベーションが十分に高まっていなかった」と表現されることが多い。しかしこれは言葉を換えれば「コーチがプレーヤーのモチベーションを高めることができなかった」ということである。このように，プレーヤーのモチベーションについてはコーチに責任があるということが認められている。しかし，プレーヤー自身がスポーツを，ましてやサッカーを選んだのだから，原則として自分自身で適応した行動を示すべきであると考えられる。そう考えれば，この言葉は少し逆説的である。モチベーションは非常に多様で，1つのシーズンに大きな波がいくつも見られる。これは多数のファクターによっている。私たちはここでこれらのファクターを確認しようと思う。

専門書には，モチベーションの定義が140も数え上げられている。これは，定義が混乱しており，また定義が間違っている可能性があるということを示唆する。モチベーションとその基礎にある要素を混同してはならない。また，モチベーションとモチベーションが結果としてもたらす効果を混同してはならない。はらった努力，満足，パフォーマンスは，モチベーションに従属する変数である。これらは，モチベーションのプロセスを示すものではあるが，モチベーションそのものと混同してはならない。

モチベーションに関する一般的注意事項

　モチベーションは伝統的に，プレーヤーの成功に主要なファクターと見なされている。これはおそらく正しいが，しかしそれは，既に指摘したように，数ある側面の中の1つにすぎない。若いプレーヤーの進歩を位置づけてみるのも興味深いが，しかしこの一個人の様々なキャパシティーの変化の兆しは，進歩の可能性，困難な状況の中で良く対処する能力，成功しようという意志，障害を乗り越えようという意志に結びついている。

　この分野の最近の研究を信頼するのであれば，「トップレベル」に達する可能性は，本質的に「外的モチベーションよりも強い内的モチベーション」を持つことにあると言える。外的ファクターは，外的強化因を寄せ集めたものである。観衆，金，ステータス，近い人の存在，社会的承認，目立ちたいという欲望，プレス，個人的栄光等である。ホームで地元のジャーナリストや観客を前にしていると良いが，アウェイでは真っ先に「消えて」しまう者，真っ先に埋もれてしまう者，リードされるとあきらめてしまう者，自分の利益を守るためにごまかす者等の例は，誰でも知っているだろう。

　成功するサッカー選手は，サッカーとボールに夢中になった者である。それをトレーニングで何らかの形でさらにプラスしていくことができる。自分にはうまくできる力があるという感覚がある時にモチベーションは高まる。良いプレーヤーになるのは「まず第一にサッカーを愛しているから，そして次にそれが金を稼ぐ手段だから」であって「まず第一に金が稼げて，そして次にサッカーが好きだから」ではない。

　今挙げた後者に関して，親が関与することも多い。これは完全な間違いである。内的モチベーションというのは，活動そのものに関わるものであり，活動

が引き起こす歓びである。最も重要なのは，このタイプのモチベーションである。

しかし，モチベーションは命令して高まるものではない。プレーヤーに「モチベーションを高めろ」と言うのはまったくバカげている。モチベーションは成功と同じで，運命によって高められるものではない。モチベーションが良い状態になるための条件を整え，良いモチベーションが現れるように働きかけなくてはならない。

しかし，ここで指摘しておこう。コーチの影響力には限界がある。また，プレーヤーのモチベーションは非常に個人的なものである。全員が同じ反応をするわけではない。誰しも負けたくないと思ってはいるが，その中で，偉大なチャンピオンとなる者は特徴として，敗北に対するより強い嫌悪と，勝利に対する非常に強い欲求を持っている。

各プレーヤーの内的な価値のレベルは一人一人で異なるので，モチベーションに関しても同じではない。最高の者たちは，相手をうち負かそうという激しい情熱と，勇猛果敢な態度を持ち合わせている。これがそのプレーヤー自身の一部，そのプレーヤーの資質の一部となる。コーチにとって，このような性質を持ったプレーヤーを持つことは夢である。このようなプレーヤーであれば，賭けるものさえあれば，モチベーションの問題などもはやほぼ存在しないからである。

他方，イベント自体とそれに対する取り組みは，人が行使しようとする相対的な強化よりもよほど強い原動力になる。チームが大試合を闘う時，例えば決勝に臨むような時，モチベーションは非常に高まる。このエネルギーを「最適な閾」へと導くだけで十分である。反対に，ルーティーンの試合では，モチベーションが低くなりがちで，それを高めるためにはもっとイマジネーションや繊細さを発揮しなくてはならない。

モチベーション閾の概念

モチベーションは高すぎてもいけないし，低すぎてもいけない。

あるプレーヤーのモチベーションが非常に高まっていたら，同時にいくぶん明晰さを失う可能性がある。そして，試合を前にして，全体を見るのに必要な距離や自己コントロールを欠くかもしれない。特別な試合でモチベーションが

非常に高まる場合，その試合の重大さを強調するよりも，チーム内の各自の役割に集中させることが望ましい。

　反対に，モチベーションが低いと何もできない。プレーヤーは自分の限界まで達することがなく，高いパフォーマンスを発揮しない。

　活性化についても，同じように最適な閾がある。したがって，モチベーションを高める環境は，イマジネーション無く何も変わらずに固定させておいてはいけない。反対に，状況に応じて欲望を生み出し，かき立て，促進し，欲望を持たせるようなものでなくてはならない。あらゆる状況で，緊張状況に置くことが考えられるが，これにはコーチが主要な役割を果たす。

プレーヤーのモチベーションを高めるものは何か？

プレーする喜び

　スポーツ選手は「キラー」，人を倒そうとする恐ろしい者というイメージ作りをされがちであるが，そんなことはない。スポーツ選手は，何よりもまず自分のスポーツを深く愛する者，自分がやっていることに夢中になっている者である。それがまず第一のモチベーションであり，注目すべき第一の要素である。

　他の者よりももっとサッカーを愛し，喜んで時間をかけて練習に励むプレーヤーがいる。練習を繰り返しても，トレーニングに時間をかけても，喜びは損なわれない。スポーツをすることには著しい苦痛を伴うといった考え方には，注意しなくてはならない。人はまず第1に，好きだからスポーツをするのであり，何よりもゲームが好きだからするのである。そして第2に，自己実現することができるからするのである。

　アメリカ人が達成動機（need of achievement）と呼ぶものは，確かに基本的な一つの面を示している。自分自身が選択したアクティビティにおいて，何かを達成すること，人より秀でることは，真の欲求，より高いパフォーマンスを目指そうという原動力になりうる。プレーの喜びや情熱は，本質的な基盤となる。プレーの喜びは，自己実現に十分なものであり，何らかの情熱がなければ，プレーのクオリティーは高くなり得ない。

　このことは，コーチにとっては，集団の約束事と個人の自己表現，チームの

機能に必要な枠組みと自分を自由に表現したいという欲求の間のバランスをとることが必要となる，ということを意味する。この場合，チームコンセプトの選択が重要な意味を持つ。ここでプレーヤーの同意を勝ち取ることが望ましい。

同様に，「テクニック上の満足」（2人の良いプレーヤーは，一緒にプレーするのが初めてでもすぐに互いに理解し合う）も，満足感を得るためのベースとなる。ただしこれは，「プレーの精神」にプライオリティーがある場合のことである。

進歩しようという意志

プレーの喜びは，進歩感と結びつくはずである。少年たちは，一般的に，自分が最も高い可能性を持つ種目を選ぶ。自分に才能がない種目に長々と取り組み続けることはない。多大な努力を払った者が失望することのないように，進歩がはっきりと明確に感じられるようであるべきである。成功への道には，小さな進歩が道しるべとなって要所要所に点々と並んでいるものである。それによって，根気強く続けていこうという気持を保つことができる。もうこれ以上進歩しないと感じたら，努力しようという意欲は低下する。

プラトー（横這いの停滞状態）を乗り越えることができるのは，コーチの指示に注意し，コーチに要求されたことを実行し，トレーニングで強い熱意，人よりも勝ろうという意志を示す者である。例えばジャン-ピエール・パパンは，毎日のトレーニングに加えて，ゴール前での特別な練習を行って不調を克服した。

自分の考えがグループの考えと一致していて，その考えを守ろうという感情を持った時，モチベーションはしっかりとした土台の上に立っていると言える。反対の場合には，戦術のオプションに関して，コーチがまず第一にチームの利益を保護すべく，堂々と議論の余地無くまとめ，一人一人の考え方を越えてその上に1つのものを提示しなくてはならない。

自分についてのポジティブなイメージ

自信は，自分に対するイメージに密接に結びついている。自分自身に良いイメージを持っていなかったら，何もできはしない。

コーチの働きかけの多くは，この成功のために不可欠な自信を維持し発達さ

せることを狙ったものである。成功した行為を強調し，達成した目標に気づかせ，進歩に気づかせる。良いイメージは，自分自身を見つけることで発達し，また，他者やグループを介して発達する。

環境

　これは，パフォーマンスに有利な状況を生み出すことに大いに関わる。

　中でも，多数の熱狂した観客の存在は大きく影響する。フランスの最高のプレーヤーたちがとかくイタリアでプレーしたがるのは，イタリアではサッカーがまるで宗教のような存在になっていて，毎週日曜日には必ず30,000人もの観衆の前でプレーすることができるからである。それはものすごい刺激となり，クオリティーの高いパフォーマンスの発揮を促進する。

　チームをとりまく情熱と，結果に関する人々の要求に匹敵するものはない。情熱はプレーヤーを高める。

帰属意識

　プレーヤーが，自分の所属する集団に価値を認め，グループに所属することを誇りに思えるようになったら，良い方向に進んでいると言える。これは「クラブの精神」と呼ばれるものであり，グループ全体の熱望や憧れが同じ方向に向かっている時に機能するものである。

　ただし，この感情は，自然に現れるようなものではない。そうではなく，ポジティブな経験やネガティブな経験を積み重ねることによって，徐々に作り上げられるものなのである。この感情が，共通の価値観，全体の成功への意志を位置づける。

内部の機能の原則

　これは，グループ内部の約束事である。明らかに示されるものもあれば，外には現れないものもある。

　これが受け入れられた時（グループから発せられたものであれば一層），方向性を明確に示すものとなり，ルールは良く行き渡り，各自はその規範に従って明確に自分を位置づける。

勝つチーム

　2つの方向に作用する連鎖のメカニズムがある。自信のレベルと不安のレベルである。

　言葉には限界がある。ストライカーに自信を取り戻させるのは得点であり，チームに自信を取り戻させるのは勝利である。それでも，パフォーマンスにネガティブな影響を与えるおそれのあるものは全て排除するように警戒することはできる。

　パフォーマンスは期待のレベルを高める。シリーズの法則というものがある。人は勝利の連鎖についてはより流暢に語り，敗北の悪循環については語りたがらない。成功は次への自信につながり，敗北は次への不安や疑念へとつながる。

　弱気やあきらめに支配されかけた流れをきっぱりと断ち切ることができなくてはならない。チームが最高でない時には，ゼロの結果に満足できるようでなくてはならない。より良い日が来るのを待ちつつ，損害を最小限に抑えなくてはならない。

　ホームゲームではモチベーションが高まる。これが，アウェイゲームとの結果に差が出ることの大きな理由の一つである。

適応した目標

　チームの順位は，最初に抱いた野心や目標との関係でのみ意味を持つ。

　結果に対してのマネージメントがしっかりとなされれば，困難な時期にあまり被害を大きくしないですむ。短期間での一連の試合と計画に賭けることができなくてはならない。一連の試合での目標を定めることによって，いくつか負けてもそのネガティブな影響をある程度避けることができる。

　カレンダー上の運不運によって，非常に厳しい試合が連続してしまうこともある。したがって，いかにも負けそうではあっても，その敗北のインパクトの悲劇的な要素をあらかじめ排除しておくことは有効である。大切なのは自信を失わないこと，そして一連のシリーズの結果が悪くてもそれを乗り越えることである。

　目標をあまりに高く置くと大変なことになる。負けることというのは，それ自体は1つのことに過ぎない。それに対しメンタル面がネガティブな影響を受けてしまうと，「さらに受け入れがたい」次の敗北の危機に身をさらすことと

なる（例えば，ホームでの格下の相手との対戦）。

　人は休みなく機能し続けることはできない。しかしこの例は，目標設定とモチベーションの考え方の面で，非常に興味深い柔軟性を示している。

目標は変化する

　1つのチームが，シーズンの最初から最後まで同じ目標を持ち続けるわけではない。

　最初はリーグへの残留を目標にしているかもしれない。幸いにも，もしも良い順位につけ，降格の危険があまりなくなったら，モチベーションの新たな源，新たな「ニンジン」を見つけなくてはならない。

　チームがカップ戦で敗退し，同時にリーグで降格のリスクも無くなったら，チームにプレッシャーをかけ続けるのは困難になる。

プレーヤー間のつながり

　勝利は必ずしも友情をベースとする必要はない。フィールド上でのクオリティーが高い者は高く評価されるが，だからといって，そのプレーヤーとフィールド外でも特別な関係を保とうとは思わない。良いチームというのは，メンバー全員が，相互に高い要求をし合い，何らかの感情を理由に弱さを見せることが許されないところである。

　チーム内の環境が良いというのは，全てが許されるということではなくて，できるだけ良い結果を得ようという意志を持っているということである。プレーヤーは，誰からも贈り物は期待できないとわかっている。その代わりに各自が自分の持つ才能を，共通の目的，つまりはチームの目的のために役立てることができるとわかっていることで，プレーヤーのモチベーションは高まる。協力は，チームにではなく結果に向けられるのである。

　このタイプの「プロ」の関係は，当然コーチとフロントとの間にも見られる。したがって，感情的な面は，競技レベルが上がるにつれてより制限されるようになる。ケースによって差はある。自分のチームのレベルに応じて，効果を高めるそれぞれの原動力に応じて，自分自身のパーソナリティーに応じて，各自が進歩するのである。

挑戦，競技

プレーヤーは，大きなチャレンジ，賭けるものの大きい試合を好む。挑戦はプレーヤーを刺激し，自分をはっきり示そうという欲望を与える。チャレンジの要素があまり大きくないような時には（格下と見なされる相手との試合等），挑戦となるような特別な要素を常に求めるようにする。

失敗を乗り越える

つらい敗北はあるが，それを受け入れることができなくてはならない。それを，反逆心や報復の願望を強化するものとして活用する。

全てをレフリーのせいにすることはできない。あるいは運がなかったことのせいにすることもできない。レフリーのミスは，1つのシーズンを通してプラスとマイナスの釣り合いがとれているという考え方をしてみよう。レフリーに文句を言って時間を無駄にするコーチには，実際チャンスはない。こうしたコーチは敗北をチャンスや成功の一部とすることができない。泣き言は終わりにして，信用を失わないようにしなくてはならない。

ラッキーとアンラッキーは，例外なく，1つのシーズンあるいは数シーズンで，チームとコーチの間に均等に配分されると考えて良い。レフリーのミス，風，あるいはポストを敗北の言い訳にすることはできない。自己防衛には限度がある。コーチは自分の言葉の一つ一つに自分の信頼性を賭けることになる。それには自分では当たり障りがないと思ったものまで含まれるのである。

好機の必要性

中には，崖っぷちにある時に最高のレベルを発揮するチームもある。プレーヤーの側に驚くべき昇華が見られることもある。数ヶ月前からサラリーを受け取っていないプレーヤーが，逆境に際して，思いがけない力と並々ならぬモチベーションを得ることがある。

タイミングの要素

試合前には，相手チームの会長のあまり喜ばしくない発言を取り上げた記事をうまく活用することもできる。これによって並はずれた原動力が得られる。また同様に，相手プレーヤーの試合前の挑発的な発言もある。それは，勝ちた

いという気持を10倍に増大させる。プレーヤーの自尊心を傷つけるようなものは全て，申し分のない刺激となるので，最大限活用すべきである。

　反対に，それを言い過ぎにならないようにしなくてはならない。経験上，試合前にやたら話しすぎる者は，フィールド上でその言葉通りの働きができない者であることが多い。逆に，相手を見くびったり，プレスを介して侮辱するのは賢明なことではない。それは相手に余計な動機を与え，勝ちたいという気持をより強くさせてしまうこととなる。公に「相手を恐れていない」とか「相手は怖くない」と言うだけで，大抵の場合十分である。あまり言葉が過ぎると，相手チームにそれを覆そうという強固な意志を引き起こすことになってしまう。

　ダービーマッチや特別な相手との試合（リーグのトップ等）も，当然特別なモチベーションを引き起こす。

　最初の契約や最後の契約も同様にモチベーションの強力なファクターとなる。

不安

　不安が必ずブレーキとなると考えるのは間違いである。人は前に犯した失敗を恐れるが，同時に同じフラストレーションは再び味わいたくないと思っている。不安は，ある範囲を越えなければ，モーターの役割を果たしうる。敗北とそれに付随する失望を避けるための警戒を高めるのである。環境の特別なプレッシャー（例えば負けた時のサポーターの態度）は，プレーヤーの力を集中させる。一方，熱意が無く，ニュートラルな雰囲気や距離を感じさせる観衆からは，不安がもたらすこのエネルギーを得ることができない。「コントロールされた不安」は，プレーヤーの能力発揮をより高める働きを持つということが認められている。

　試合前のあがりは，望ましいとはいわないまでも，普通のことである。個人に緊張や覚醒，集中の状態についての情報を与えるものである。試合が始まればストレスはすぐに無くなるということを各自がよくわかっている。対処しなければならないのは，例外的なケースのみである。

　また，試合前にあまり不安を示さないプレーヤーもいる。もしもこの落ち着きが見せかけではなく本物であれば，このプレーヤーは自分の力に高い自信を持っているということであって，当然良いパフォーマンスを期待できるということである。

コーチは，プレーヤーを励まして頑張る気持ちにさせ，エネルギッシュに鼓舞するような態度をとりつつ，自分自身の苛立ちをできる限り排除して，試合間の不安をコントロールする役割を果たす。コーチがゲームにどう臨むか，どう準備するかが，自分で思う以上に周囲や各プレーヤーのモチベーションに影響を与える。

　極度に神経質で，感情のコントロールがうまくできず，ストレスへの抵抗力がないプレーヤーは，儀礼的な行動（ジンクス）に頼る（ピッチに入るのは左足から，特定のストッキングをはく，等）。個人や集団のこのような儀礼は，感情的な緊張，ストレス，不安の出現と密接に結びついており，それぞれの環境で非常に良く知られた信仰に関わったものである。一般的には人は自分自身がそうしていることをあまり白状したがらない。

　「性格による不安（性格不安）」と「一時的な不安（状況不安）」は区別すべきである。常にある種の不安を示すプレーヤーがいる（性格不安）。また，例外的な場合にのみ不安な態度を示す者もいる（状況不安）。状況不安の方は明らかに対処しやすい。それでも一般的に，ストレス状態のマネージメントを学んでおくことは無意味ではない。

ストレスのマネージメントを学ぶ

　一般的に，備える努力をすれば，ストレスはより軽減する。

　偉大なプレーヤーは，自分のことが良くわかっていて，自分をうまく解放することができる。それが自分にとって1番良いとわかっているからである。スポーツ選手の間で良く知られたテクニックがいくつかあるが，それぞれ特別な問題に対応したものである。

　どのように行動するのがよいのだろうか？　インフォメーションとして，以下の点を挙げておく。

● **環境の整備のテクニック**：これは，状況不安を生み出し強化するような状況の要素をコントロールすることである。例えば確信が持てず不安となる原因を軽減するためには，レギュラーあるいはサブであるということを，プレーヤーにタイミング良く告げるようにする。

● **身体のストレスをマネージメントするテクニック**：これは「身体の瞑想」と

呼ばれるもので，能動的（Jacobsonのリラクゼーションメソッド，Gerda Alexanderの正常緊張），あるいは受動的に（Schultzの自律訓練法，Kretschmerの段階的催眠），自らをリラクゼーション状態に引き入れるものである。内的緊張を識別するために，あるいは自己コントロール能力の改善のためには，バイオフィードバックが適している。これは，潜在的な筋電図の変化を増幅し知覚できるようにするものである。筋電図の変化は，筋緊張の変化，あるいは筋が緊張緩和した時に生じる皮膚温の上昇によって起こる。バイオフィードバックの利点は，最適な活性レベルを自分で調節する能力につながる点にある。

- **認知ストレスのマネージメントの方法**：これは，ネガティブな思考やイメージを軽減あるいは排除するものである。ネガティブな思考やイメージは，心理活性を高め，ストレス状態を生み出す。
- **メンタルトレーニング**：原理は，環境を部分的にしか変えられない場合，環境の現れ方を修正するよう試みるということである。メンタルリハーサルは，物理的な準備の具体的なシンボルの反復である。（スキーヤーがレース前に滑降を思い浮かべる）。明確なイメージを喚起することと同時に，身体での実行を組み合わせることによって，ポジティブな効果が得られる。
- **ストレスの予防接種**：ストレスのかかる状況をイメージさせ，次にネガティブな思考をストップさせ，ポジティブな思考と入れ替える。こうすることで思考停止の手順を習得する。困難な状況をイメージした時に，自分でそれにストップをかけるのである（例えば，GKが，飛び出す目測を誤る場面を想像するのを自分で意識的にやめる）。考え方としては，理性的な思考を生み出す努力をすること，プレーヤーに自分の理性的でない思考を識別させる手助けをすることである。コーチがプレーヤーに対して抱いている怒りは，自分の私的な願望や意志が実現しなかったことに結びついている。平凡な成果について怒りを表すことはあまり役には立たず，それよりもプレーヤーが進歩できるように段階的にトレーニングを修正することの方が，遥かに効果的である。特定の問題に対応した様々なテクニックによって，プレーヤーのフィールド上の行動を修正するのと同じように，プレーヤーの試合前の思考やイメージを修正することができるのである。

あまりに大きな感情から解放される

プレーヤーは，あふれるような感情から解放されようとし，リラックスして自分のより良いレベルでのプレーをしようとする。

経験上，実際はそれとはほど遠い。キャリアの間ずっと，緊張に足を引っ張られ続けてきた，試合前や試合中に大きなストレスに悩まされ続けてきたというプレーヤーはたくさんいる。勝ちたいと思う気持に過剰なストレスが伴うと，一般的にパフォーマンスは低下する。感情を抑制すること，すなわちストレスを制御する能力，リラックスする能力を持てば，ゲームで必要な明晰さを取り戻すことができる。これは，個人によって，試合前であっても当日であっても，試合直前や準備の段階の最後であっても，有効に作用する。

トレーニング（あるいはトレーニングマッチ）で試合の状況をできる限り忠実に再現できたら，困難な時に自分の効率を示せるよう，積極的にコントロールすることができるようになる。対戦に先立つ不安は，ポジティブな要素となり，パフォーマンスのクオリティーを強化する方向に作用するようになる。

自分を良く知ることで，試合に臨む上で最適な状況になるために，自分にとって最も効率的な戦略がわかるようになる。

プレーヤーのモチベーションを下げるものは何か？

激しすぎる競争

パートナーは全て，同時にライバルでもある。したがって，大きすぎるグループのマネージメントは難しい。コーチはこの問題に関して一人一人が自分なりの答えを持っているだろう。しかし，個人の利益と集団の利益を両立させるには，クラブの目的と，グループを構成するプレーヤーの特徴に応じて，最適なプレーヤー数を見積もることが必要である。

不安はモチベーションを低下させる。競争があまりに激しすぎ，サポートや配慮が不十分だと，自信が失われ，後から回復するのが難しくなる。

あまりに威圧的なあまりに攻撃的なマネージメント

あまりに威圧的，あまりに権威主義的なコーチを必要とするプレーヤーはほ

とんどいない。一般的に，このタイプの指導はモチベーションを低下させる。なぜならそれは，個人のイニシアチブの部分をあまりに制限しすぎるため，状況の変化に対応して効果を発揮することができなくなるからである。攻撃的なコーチに対しては，プレーヤーはしまいにはうんざりしてしまう。そのようなコーチの話はもはや通じない。

そして話している相手に同様に攻撃性を生み出す。その攻撃性はスポーツのパフォーマンスには向けられず，コーチ自身に向けられるようになる。

あまりに感情的な態度，あるいは家族主義的な態度

これはある時期はうまくいくが，結局求めていたのと反対の効果を招くようになる。あまりに家族主義的なマネージメントも，高いパフォーマンスを引き起こしはしない。

無力感

スコアで追いつくことができないと感じると，人はいくぶんトーンダウンしてしまう。良くないパフォーマンスを重ね，自らの可能性を疑っているチームも同様である。見かけ上は維持しているようでも，落ち込んでしまっている。

プレーヤーがあらゆる努力が無駄になると感じ，やりとげて困難な状況を切り抜けようとするのをあきらめてしまうと，危機は非常に重大なものとなる。

特攻隊的な精神

あまりに大きなプレッシャーの後には必ず下降がある。特攻隊精神は，おそらく短期ではある種のプレーヤーには効果があるかもしれないが，長期では危険である。「特攻隊」のロジックは，1シーズンの長さと目標との関係に沿わなくなってくる。

ネガティブな話し合い

たえず自分の欠点ばかりを強調されていると，自分の最大限を発揮しようという気にはなれなくなる。確かに一時的な効果を持つ場合もあるが，それを乱用してはいけない。

自尊心を傷つけられる

これに関しても同様に，自尊心を傷つけられることで反逆心が呼び起こされることもある。しかしその後に現れるのは，放棄やあきらめである。したがって，トレーニングセッション等で下手に誇張した言葉を使ってプレーヤーを侮辱しないように注意しなくてはならない。

不公平感

これにはサッカー上の問題あるいは報酬の問題がある。

プレーヤー同士で自分の年俸の話をすることは非常に稀である。これはおそらく遠慮もあるだろうし，そしてまた，プレーヤーの内在的価値には大差がないのに各自の報酬が実際にかなり違っていることを自分あるいは他人が知ることが怖いからであろう。特別な状況や機会の折りに，同じチーム内で本来あるはずのない差が発覚するようなことがかなりある。このようなことは頻繁にあるのだが，これに関しては，各自が裏取引をよりどころとしようなどと考えないようにすることが望ましい。さもないと，不公平感から問題が起こりそれがコーチに突きつけられる危険がある。

年俸と出場給のバランスは，海外と比較した場合，フランスでも再検討されるべきである。実際，もしもあるプレーヤーの年俸が初めからあまりに高かったら（フランスでは良くあるケースだが），出場給は採るに足らないものでしかなくなり，プレーヤーは関心を持たなくなる。たとえ試合中にはプレミアのことは考えないにしても，基本給は抑え，プレミアの方を重くした方が（目的との関係で）望ましい。これは海外で採られているモデルである。

チーム内の寛容主義

緊張や情熱のないチームは成功しない。プレーヤーは，仲間も同じように頑張ると確信したら闘う。ある者たちが最大限やらないのにコーチがそれを黙認していると感じたら，プレーヤーは自らの努力を放棄する。

野心の欠如

主として，よりレベルの低いクラブにおいては，人々が何かを一緒にやろうと思うには，最小限の親近性や共通の価値が必要である。互いに多くの時を共

に過ごしていることを感じた時（トレーニング，移動，試合等），人は原動力となる野心や分かち合う歓びが必要であると理解する。これが集団の動機のために闘おうという欲求を与える。

悪い結果

スタート時の雰囲気が良くても，負けることによって悪化していく。人は，互いの良い面やクオリティーではなく，悪い面ばかりを見るようになる。あるプレーヤーがやるべき努力を果たさなかったのではないかと疑い，コーチの選択を疑い始める。たとえ初めには各自が良い意志を示していても，悪い結果はほとんど必ずといってよいほど雰囲気を腐らせ，モチベーションを低下させる。

試合の連続

シーズンの間に様々な戦略を繰り返すことは非常に難しいことである。これはプレーヤーとチームの最大限の生産性を助長するものであるが，これが実際問題となる。これは，企業で起こることと比較することができる。企業では，チームや社員のモチベーションが生産性の本質的なファクターと見なされる。人が予測するであろうこととは反対に，サラリーや様々な経済的報酬は，この問題の一面に過ぎない。付加保険料についても同様である。もしもチームの最大限の効率に達するために，あらゆるプレミアを2倍にすれば良いのだったら皆そうしているはずである。そうはならないから別のことを考えなくてはならない。

プレーヤーの消極性は，より高いレベルになると露呈する。自ら取り組むことができない，トレーニングでイニシアチブをとらない，自ら求めなくてもインフォメーションを得られるといったテレビ世代が陥りやすい習慣。これらも検討に値する。これは，行動全般のレベル，特にモチベーションの示し方に影響を及ぼす。

モチベーションの限界

話ではモチベーションは高まらない。部分的に強化されるだけである。モチベーションは命令されて高まるものではない。そこにはあらゆるファクターが関与する。時には，個人的なことも含め，極めて微妙な，気づくことができな

いほどのファクターもある。重要なのは，原動力は一人一人必ずしも同じではないということを理解しつつ，モチベーションの最適な状態を生み出すことである。コーチは，モチベーションが出現する状況を生み出し，強いモチベーションを引きおこすであろうファクターを，あらゆる手段を講じて1つにまとめあげようとする。

チームに入ってきた若いプレーヤーは，ベテランでそのレベルで8年目のシーズンを迎えるレギュラーとは同じ精神状態ではない。チームのバランスは，1つの日常が落ち着いてしまった時，あるグループのプレーヤーにとって全てが獲得されたと感じられた時，あるいは何も進歩しない時に，活力を与える要素を導入することによって得られる。モチベーションは1つのファクターではなく，むしろ複数の望ましいファクターの足し算（あるいはかけ算）によって生じるのである。

プレーヤーのモチベーションの明らかなサインとなるものは何か？

コーチはプレーヤーの行動を細かく解釈する。個人のモチベーション，覚醒，感受性の度合いの外的なサインから，それと対応した重要な兆候を読みとることができる。これらの行動には，ポジティブなものもネガティブなものもある。

ポジティブな態度

個人的な達成目標，野心

これは，自己評価能力の高さに結びついている。自分の能力がよくわかっている者，正しく自己評価ができる者は，自分のクオリティーに応じた自分個人の野心を発展させることができる。野心がなかったり，あるいはまた度を超えていたりしたら成功はない。成功したいという強い意志は必要である。野心はキャリアの段階に応じて現れる。

人は，何かを示すことに成功した時に，より高いレベルに進歩したいと思ったり選ばれることを望んだりするのである。野心が欠如しているため，あるいはもっと良くあるケースで不釣り合いな野心を持ったために，満足のいくキャ

リアを実現することができないプロプレーヤーがたくさんいる。成果，成功をおさめるためには，自分のクオリティーや能力との関係で自分を位置づけることができなくてはならない。

チーム内のステータスによって与えられる満足

ステータスはプレーヤーの数だけある。

最も重要なことは，プレーヤーがその時の自分のステータスに満足していること，自分に与えられた役割を受け入れていること，チームのための自分の貢献を良く位置づけていること，自分の重要性を確信していることである。

「良いメンタリティー」を示すプレーヤー，「真のプロフェッショナル」であるプレーヤーが話題になることがしばしばある。このようなプレーヤーはマネージメントしやすく，困難な時期にもポジティブなモチベーションを保つことができる。残念ながらその逆もまた真実であり，また非常に頻繁に見られるケースである。

リーダーについて一言触れておく。ある者たちはリーダーとなるべくして生まれてきた生まれついてのリーダーであり，他の者たちはそうではない。真のリーダーと偽物とを識別しなくてはならない。グループにリーダーは1人か2人で，それ以上ではない。彼らはフィールド上で指示をする者，行動を指揮する者，あるいは安心させ，助言し，励ます者である。

しっかりと団結したグループは感情面も団結している。これはメンバー全体が互いに補い合うことに基づいている。

努力を好む姿勢

モチベーションは主として，勝りたいという意志，自分の限界を跳ね返したいという意志として表される。努力とは，個人が自分のエネルギーをある対象へ実際に向けることである。

達成の意志

この意志を，個人だけでなく集団にも同様に位置づけなくてはならない。これによって，自分がチームの目標に関わっていると感じることができ，それを達成するために全てをなすことができる。人は短期の目標を設定するが，これ

は1度達成されたら，次のさらに高い野心的な目標へと高めていくべきものである。

完成への関心
　これは，チャンスを全て自分の味方につけるために，特に細部へ関心を持ち，綿密な準備をし，何事も偶然に任せないことである。

常に再検討する
　必ずしも脅迫的にする必要はない。チーム内の自分のステータスを維持したい，あるいは強化したいという意志を持って常に自分を見直すことは，モチベーションのクオリティーの貴重な指標となる。

トレーニングや試合での進歩
　モチベーションはトレーニングまたは特に試合での進歩が感じられなければ続かないし強化されない。
　プレーヤーは，自分の進歩の明らかなサインを感じることができる必要がある。進歩が感じられることは，良いモチベーションの指標となる。
　以上私たちが言及してきた全てのポイントについて，もちろんネガティブな面も含まれうる。モチベーションの低いプレーヤーは再検討しない，進歩しない，細部にこだわらない等々といったことである。
　コーチにとって危険を知らせる信号となりうる指標はその他にもある。例を挙げると以下のようなものである。

－　追加の努力を惜しむ
－　寛大さの欠如，イニシアチブの欠如
－　レギュラーでないプレーヤーとの会話がない
－　トレーニングでネガティブな態度を示す
－　情熱がない
－　熱心に打ち込まない
－　冷めた考え方をする

具体的にはどうしたらいいか？

プレーヤーをできるだけ良い状態に置く

　根本的にはこういうことである。プレーヤーが可能な限り最高の表現ができるような，モチベーションの最適な状態を生み出すにはどのようにしたらよいのだろうか？

　コーチはこの状況を生み出そうと試み，いわば不確実性を減らす働きをする。この働きかけには限界があるということを認識すべきである。そしてグループ内にメンタル面がしっかりした者を持つということは，大いに好ましいファクターとなるということを，はっきりと認識すべきである。チームが外部から多くの力を得ることができない場合，大衆やその励ましがあってもその前で自己表現ができない場合，それはおそらくそのチームにはモチベーションの重要な原動力を使いこなすことができないということである。もしもグループが，乗り越えなくてはならない壁に対して，初めから困難を感じてしまった場合，コーチの話のインパクトが疑われる。したがって「モチベーションを高める話」の限界をしっかりと位置づけておかなくてはならない。

　真のモチベーションを生み出す状況は，言葉以外のものによっても生み出すことができるということを付け加えておこう。

各プレーヤーに個人的にアプローチする

　個人的な調整は必要である。困難にあるプレーヤーにも，成功の時期を経験しているプレーヤーにもそれは同じである。プレーヤーは常に，コーチが自分のことをどう思っているのかを知りたいと思っている。

　特に自分が試合に全く出られない時，あるいは少ししか出ない時はよけいそうである。

トレーニング，話，試合の準備にバリエーションをつける

　試合の準備での話を変えることの難しさについては既に言及した。反対に，プレーヤーの気合いや要求にあった興味をそそる多様なセッションを提供することの方が，私たちにはより簡単なことのように思える。部分的に傷つけられてしまった自信を「取り戻す」ように，より簡単な種目を与える。

一時的な問題を解決するためにフロントに働きかける

チームのマネージメントは1人ではできない。フロントにはフロントの役割，権限の範囲がある。彼らの権威に関わる問題解決の手助けをするために働きかけるのはコーチの役目である。

敬意を示す

プレーヤーに敬意を表すること，称賛に値する時は誉めること，ポジティブな認識を示すことは，決して恥ずかしいことではない。

誉める，ただし安売りはしない

しかし，敬意を示すことでポジティブな効果を得られるのは確かであるが，同様に，誉め言葉の乱用は悲惨な結果を招くことがある。したがって，大事な時のために賛辞はとっておき，賞賛の範囲をはっきりさせておくことを勧める。

公平，誠実，良心的であること

子どもは全て正義感を持っているが，それはプレーヤーにも非常に強い。プレーヤーは大きな子どものように行動する。誠実さの面をいい加減にしてしまうと，またプレーヤーを平等に考えようと努力しないと，何をしても優れたクオリティーなど得られはしない。

「教育者」であること　説明し，明示し，情報を与えること

常に自分を表現し，説明し，明示しなくてはならない。ただしそれは弁解しなくてはならないということではない。

教育者に必要なこの態度を，多様な形で発揮することができるとそれはさらに良いことである。ある時は達成した目標を，二次的なものと思われても誉める。またある時には，試合に負けた時に，チーム全体に対してはポジティブな要素を強調する。

自分自身をトレーニングする

トレーニングをするということは，まず自分自身をトレーニングするということである。コーチの中のリーダー的な側面は，個人の重要なカリスマ性と結

びついている。これは，コーチの仕事を実施していく上でのベースとなるべきものであると考えられる。このパーソナリティーの基本的な面に関しては，いかなるコーチ養成を受けても得られるものではない。

　子どもの時から人を統率するような者がいて，他の者はそのリーダーに従う。元々の能力は，常に適切な養成によって補充されるということを理解し，一人一人がこの面に関して自分自身を位置づけることを私たちは望む。

モチベーションが現れる状況に働きかけることができること

　これは結局，以上私たちが言及してきたモチベーションレベルに影響を与えうるファクターの活用のメカニズムと戦略を知ることである。

モチベーションを促進する（デモチベーションを助長しない）

　ある原理の適応の度合い，程度，加減の問題である。プラスのクオリティーであるはずのものも，程度と微妙なニュアンスの感覚を失うと，マイナスに作用することもありうる。

効果的になるための手段を知る

　モチベーションを促進するファクター，しないファクターを知ること，そして様々な範囲に影響を与える能力を持つこと，自分自身を一新することができること。これらは今日，ボレーの蹴り方を知るのと同じくらい重要な能力であるということを確信すべきである。

モチベーション戦略

勝った試合／負けた試合の説明

　プレーヤーが成功と失敗をどのように分析しているか，注意しなくてはならない。悪い結果だった時に，試合後，チームを罪の意識から解放しようとするような話を聞くことがしばしばある（ツキがなかった，レフリーがミスした等）。時にはフロントがそれに同意することもある。このような機能しない状態を何とかするのはコーチの役目である。フィールド上で騒ぐのではなく，しかし個人的に，試合の批評をする際に，プレーヤーに対し有効で適切な説明を

する必要がある。一般的に，スポーツ選手は，成功は自分に能力があるからだと思い，失敗の場合は努力が足りなかった，あるいはツキがなかったと分析する傾向にある。

勝利にあっては，以下の点を強調することが望ましい。

- 努力の重要性，全員で同意した取り組み，要求された練習を実行してきたクオリティーの重要性
- 勝とうという強い意志，モチベーションを非常に強く持つことの重要性
- 成功の期待，勝利への欲求
- 集団であるということ，チームという言葉の意味

パフォーマンスの分析とその取り扱い

プレーヤーが成功と失敗をどう認識するかについては，ある程度操作することが可能である。

パフォーマンスは常に，相手のクオリティーとの関係で相対的なものである。そのことで，良い試合と悪い試合という観念が釣り合っている。コーチの評価は，プレーヤーが自分自身のパフォーマンスに対してする評価と，相互に作用する。

プレーヤーに自信を持たせたい，また持ち続けさせたいのだとしたら，それに関するポイントをより一層強調するようにする。

課題や試合の難しさを明らかに示すと，その後のパフォーマンスに相当影響する。対戦相手の力の主観的な判断について，わざと過小評価する場合もある（とりわけ，一見して相手の力の方が上回っている時には，相手チームの弱点を強調する）。そうしてできるだけ自信を持てるようにし，漠然とではあっても勝利も考えられるという感情を強化する。

課題の難しさと自分の能力を明らかにすることは，パフォーマンス発揮に重要な要素となる。プレーヤーが自分自身や自分のチームの力に確信を持っている時には，彼らは頑張り続け，たとえ一時的に負けても信じ続けることができる。困難な状況にある時にコーチがしばしば一時的な理由（怪我，出場停止，調子を落としている）のためであると説明することで，チームに自分たちの能力や立て直せる可能性への自信をゆがめないようにするのは，おそらく一つに

はこのためであろう。

コーチの影響
　プレーヤーの口からコーチの貢献についての言葉が出てくることは稀である。コーチはプレーヤーとのビジネス上の相互関係の中に身を置くべきではないので，これは別に問題にはならないと思われる。

　コーチは自分の能力，時間，情熱，熱狂を与え，場合によっては報酬を受ける。コーチに与えられる報酬とは，勝利であり，プレーヤーの成長である。コーチがそこにいるのは与えるためであり，他者を気にかけるためである。プレーヤーは受け取ることを期待し，自分のことしか考えない。それはそういうものなのである。

コーチの側の望ましい行動
　コーチはいつでも自分が良いと思ったことを信念に基づいて行動に移すべきである。しかしながら，ハイレベルのコーチを見ると，やり方に共通の特徴が認められる。何が違うのだろうか。

- ハイレベルのコーチは一般的に，社会的・感情的にポジティブな雰囲気で指示を出す。すなわち，プレーヤーが聞くことができるのは，タイミングが良く，聞ける状態になった時なのである。
- ハイレベルのコーチは，自分がどのように働きかけるかを綿密に準備し，常に明快で簡潔であろうとする。彼らの多くは，試合前の話を準備するのに4～5時間は必要であると言っている。
- ハイレベルのコーチは，豊富なイメージや比喩を用い，自分のメッセージを入念に組み立てる。プレーヤーには5つのことよりも3つのことのほうが覚えやすいということがわかっている。その場で考えて伝えれば十分だなどとは思ってはいけない。誰であれコミュニケーションに携わる者は全て（コーチもその中に含まれる），常にメッセージに関して真剣に取り組まなくてはならない。
- ハイレベルのコーチは，自分たちの行動とプレーヤーに対する期待が安定していて，またクオリティーを追求する。波やムラがあるようでは成功の

見込みはほとんどない。コーチは，気分にムラがなく，とりわけ言うことや姿勢，要求が一貫していることが要求される。
- ハイレベルのコーチは一般的に，トレーニングセッションで多く働きかけ（当然全てはトレーニングテーマによる），出した指示に関して非常に高い要求をし，細かくても重要な部分であれば無視しない。常に最大限を要求する。もちろんプレーヤーが実行できる限度の中でである。
- ハイレベルのコーチは，プレーヤーが敏感に反応するので（敏感すぎる時もある），誉め言葉を非常に慎重に使う。誉め言葉はやたらと繰り返し使っても意味も効果もない。
- 既に強調してきたように，プレーヤーの行為を批判するのであって，プレーヤーを批判するのではない。「あのパスは良くない」「ドリブルのしすぎだ」というのと，「お前は役立たずだ」「お前に自信なんか持てるはずがない」と言ってプレーヤーを非難することは同じではない。こういった意味で，対立の状況が繰り返されることのないよう努力すべきであろう。対立が起こるとセッションでの進歩の妨げとなる。

プレーヤーは良い状況におかれた時に進歩する。すなわち，以下のような場合である。

- 要求が自分の能力に見合っている。
- 練習の難易度に進歩がある。
- コーチの側から真の手助け，サポートがある。これは要求を下げるという形でのものではない。

1人のプレーヤーの失敗についてコメントするのは，危険だし役に立たない可能性がある。個人を特定することなしに，技術・戦術の要素を強調する方がより効果的である。

同様に，言葉による説明の限界を自分なりに位置づけておいたほうが良い。1人のプレーヤーに「がんばれ，努力しろ」ということは簡単であるが，本当に自信が持てるような状況を生み出すことはもっと難しいことである。

例えばトレーニングセッションで特にうまくいった場合に自信が持てるよう

になることがある。このような場合，良いセッションは，プレーヤーの可能性に特に良く適合したものである。成功が確認されたら難度を徐々に高めていく。それに常にコーチからの励ましや提案を伴わせ，あるいは実際に成功した以前の個人的経験によってサポートしていくようにしなくてはならない。

個人的なモチベーションの源

これらは既に強調してきたとおり，個人によって相当に差がある。それでもベースとなるのは，メンバー一人一人がチームに対して抱くイメージと自信に基づく自尊心である。この部分に積極的に賭けてみなくてはならない。プレーヤーは誰であれ，自分自身の価値に対して確信を持てるようにすべきである。

ここで問題となるは，自己評価能力である。一般的に良いプレーヤーは，自分の可能性と同時に欠けている部分も意識していて，しかも自分を無能だとは思わない，という特徴を持つ。また，一時的に弱みや失敗を認めてもそれに脅かされることはない。

プレーヤーは常に自分を過大評価するわけではなく，多くは自分の可能性を信じていない。プレーヤーたちに彼ら自身の姿を明らかに示してやることも，コーチの役割である。ネガティブな判断よりもポジティブな要素の方が，常に重要である。「お前は駄目だ」と繰り返し言われていたら，特に文字通りにとりやすい若手の場合，自信が持てるわけがない。一人のプレーヤーをメンタル面で進歩させるには，彼らが自分のコントロールや効率の方向性を改善しようとするのを，ポジティブな方法で助けてやらなくてはならない。重要なのは，プレーヤー自身が「自分にはできる」と感じていることであって，コーチが「彼にはできる」と評価していることではない。

ストライカーが得点できず迷いが生じ始めたら，根本に立ち返らせて，再び新たなスタートを切らせることである。あるプレーヤーが，GKとの１対１の状況で失敗し続けているのがわかっていたら，感覚を取り戻しコンスタントに成功できるように，時間を十分にかけて努力し，いくつもの成功を経験させることが必要である。これにはまず，得点できなかった試合が続いたという事実を受け入れることができなくてはならない（これは避けられない）が，自分の最高のレベルに戻すことを放棄しないのはもちろん，自分から崩れたり自分の可能性への自信を失ったりしてはならない。

何かを変えるためには，戦い，抵抗しなくてはならない。そして悪いことや平凡なことを受け入れてはならない。さもないと自分自身の価値の低下を認めてしまうことになる。

前の経験

1人のプレーヤーが自分のアクションの成功の確率を見積もる時，特別な一つの状況の知識だけを使うわけではなく，既にプレーした試合から徐々に蓄積された信念も手がかりにする。これは，これから戦う試合に対する自己コントロールに影響する。人はこれを一般に経験と呼ぶ。これによって，困難な状況に，より大きな成功のチャンスをもって立ち向かうことができる。

特にハイレベルにおいては（例えばヨーロッパチャンピオンのタイトルをめぐる戦いでは），経験はかけがえのないものであるらしい。ファイナルで勝つチームは，以前に既にファイナルを戦って負けたことがあるか，あるいは大試合に慣れたチームであることが認められる。そのような経験があるために，重大なイベントや勝負の前であっても能力を低下させることがあまりないのである。経験豊かなプレーヤーは，自分のアクションの結果を予測することができる。このことで，そのプレーヤーは安心し，モチベーションも高まる。

レベルが高くなるほど，感情的な人間よりも物事を冷静に認識するタイプの人間の方が優位に立つようである。

「私はこの試合で自分がすべきことがわかっている。私にはそれができるとわかっている。私は自分の価値を意識している。私は集団で決めたことを実行することさえできれば成功することができるとわかっている。」

つまり，個人の能力を信じること（パフォーマンスの予期）が，結果に結びつく（結果の予期）ものと考えられる。

最大限やれば，つまり必要な努力を実行すれば，結果は得られるということが，プレーヤーにはわかっている。

コーチは常にこの3つの指標をよりどころとする。結果，個人のパフォーマンス，そして最大限を発揮しようという意志である。

前の結果は，当然，個人の判断に影響する。

劣等感と戦う

　誰にも多かれ少なかれ，大の苦手というものがある。例えば5年前から勝ったことのないチーム。そのチーム自体が別に他のどのチームよりも強いというわけではないのに，知らぬ間にチームにあきらめのムードができ上がってしまう。いくら頑張ってみても，前の試合のことを考えると，ポジティブな結果を得られる見込みはあまりないと思ってしまうのである。

　このような無力感に注意しなくてはならない。これには必ずしも常に根拠があるわけではない。特別な対戦や，あるチーム，あるプレーヤー，必ずしも強いわけではないのに何度も当たってしまう相手に，なぜか説明の付かない不可解な負けが結びついてしまうのである。

　この指標を逆に利用する。チームが良い状況にある時には，「こんなところであんな相手に負けるわけがない」——これはモチベーションと自分の能力に対する自信を強化する力を持つ。

　あきらめの蔓延について考える際には，個人のあきらめと集団のあきらめとに区別して見ることができる（ある相手と対面した時の個人の無力感と，あるチームに対する集団としての無力感）。グループの中で，困難な状況になるとすぐにあきらめて落ち込みがちなプレーヤーを識別すべきである。このようなプレーヤーは，不運な時にいつも完全にもうだめだと自分で思いこんでしまう。

モチベーションに対する重要なファクターとしての達成の欲求

　スポーツ選手は一人一人が別々の人間である。達成へのモチベーションは，人によって，社会的，文化的な素性や，パーソナリティーによって異なる。それはより良くやりたいという欲求であったり，テクニックを完璧にしたいという欲求であったりする。

　現実的で刺激となる目標を設定し，よりうまくなりたいという意志を持つことによって，人は進歩する。

　試合前のチームでの話し合いは，集団の成功への意欲を活性化するのに大いに効果を持ちうる。集団の生産性について全体で取り組み，この相互作用によって，プレーヤー個人の達成の意欲も向上しうる。達成のモチベーションを促進する方法はいくつかある。

- 良いパフォーマンスを披露することに誇りを持たせる。集団の成功の中で各プレーヤーが果たした役割，その貢献に気づかせることもコーチの役割である。したがって，個人の達成目標ではなく，集団の達成目標を持たせるようにしなくてはならない。さらに集団の責任を意識させるようにする。常に集団の根本的な側面を強調するこの戦略は，ハイレベルのコーチに非常によく見られる。
- 良い試合をするために，全てを可能な限りよい条件に置くことで，試合前のプレーヤーを助ける。プレーヤーは一般的に，した努力よりも生み出された結果の方に満足する。
- 試合後に個人のパフォーマンスのポジティブな要素を明らかにする。批評では，特にあるプレーヤーの貢献を強調する。

達成の動機は，個人や時期によって，以下の点と関係しうる。

- 課題に対して：プレーヤーは，チーム内での自分の役割や，トレーニングで自分に与えられた練習によって，モチベーションを高める。
- 自分自身に対して：これは，個人の進歩の追求，必ずしも他の指標を考えずに自分のパフォーマンスレベルを向上させようという意志である。
- 他者に対して：これは他者との張り合い，他者と自分を比べる意志，他者よりも勝りたいという意志である（パフォーマンスというものは，常に何かに対する相対的なものであり，それによって満足や不愉快が生み出される）。

試合に勝つ確率は，状況の客観的な特徴（対戦相手の強さ）のみによるわけではなく，主観的経験にもよっている。この主観的経験は，個人の成功や失敗の経験と結びついたものである。

集団のモチベーションの源

最も重要なのは，集団の失敗を避けようという強固な意志，それと共に集団で成功に達しようという欲求である。集団は，勝利において，幸福感と力を増幅させる。

しかし，総合的に見て，もしも集団として成功に達しようという欲求の方が失敗をしないようにしようという意欲よりも強い場合，その逆の場合よりもチームのモチベーションは一層高まる。

　勝とうという意志は，負けまいという意志よりもより強い刺激となる。良いチームというのは，勝利の中に集団の誇りを，敗北の中に集団の羞恥心を抱くものである。これら2つの感情の間に，無関心の種，失敗や問題を生み出す種が存在する。そして，負けによって目標をさらに高めることができなくなると，ある種のあきらめが現れる。チームは，得点が0－0の時はかなり良くプレーするが，1点目をとられると崩れる。見かけ上は良い意志を抱いているようであっても，あたかも前の失敗がトラウマとなっているかのように，スコアの展開はもはや自分たちに有利になりはしないと覚悟をしてしまう。そうして自分たちが初めに抱いていた不安をさらに強固なものとしていくうちに，悪い結果はこうして，全てが「ノーマル」とまではいかないまでも，すっかり「ロジック」になってしまう。

　このようなあきらめは，しばしばひそかに進行し，モチベーションの低下，当初の目的の放棄となって現れる。そして後からになると遅くなりすぎて，反応しても回復が難しくなる。チームの価値がどうあれ，コーチはこのような形のあきらめを受け入れることはできない。試合前の最善の態度は，負けることを恐れる気持を，敗北の拒否，集団の失敗を受け入れない意志に結びつけ（集団を強調），同時に負けないことに満足するのではなく，勝とうとする意志を強く持つことである。

　我々はここで，グループの達成へのモチベーションに重点を置く。協力の状況は，本質的な内的モチベーションを増大させ，より高い期待を生み出す。しかし，スポーツでの成功を獲得しようという意志は，自分自身の熱望のレベルとパートナーの熱望のレベルによって決まる。問題は，グループが，熱望のレベルのより高い者と低い者の，どちらの影響を受けるかということである。

目標設定の方法

　チームがストレスを受けないようにするためには，結果ではなく，プレーヤーがすべきことに焦点を当てるようにする。「プレー」の目標を定め，プレッシャーは結果ではなく個人が実行すべきことの指示にかけるようにする。パフ

ォーマンスへの期待と結果への期待の差から，ある勝利の真の価値を位置づけさせる（相対化）。また反対に，自分ができることを最大限やった以上は，敗北をあまりに悲観すべきではない。

　コーチの中には，最終的な結果しか考えることができない者もいる。最終結果の重要性を強調しても役に立たない。それよりは，困難な時期にあってそこから抜け出すための唯一の手段は，結果のみの考え方から解放されることであると，理解させなくてはならない。「プレーヤーが最大限やっているとコーチが確信している時，勝利はほぼボーナスのようなものである」(Halliwell)。

　結果へ期待するよりも効率への期待を基盤にした方が良い。

― 弱い目標ではなく刺激になる目標を設定する。
― 非現実的な目標ではなく現実的な目標を立てる。

　大きなチームでは，コーチは集団の目標の方を選ぶ。今日では，コーチは，ラインやゾーンやコンビを通してたくさんの指示を与える。それが結局は，プレーヤー集団に責任を負わせることになる。それは，責任を分散する形ではなく，集団の感情を強化する手段となる。この集団の感情は，成功のベースであると広く認められている。ハイレベルのコーチは，集団の秩序の賛美しかプレーヤーに向けない。そして，目立った個人に対する賞賛にはわざと言及しない。

能力のモチベーション

　プレーヤーあるいはチームに対して批評を述べる時には，我々は「ポジティブ－ネガティブ－ポジティブ」（＋－＋）のアプローチを推奨する。これは非常に効果が高いものである。1番良いのは，批評をポジティブな指摘から始め，次に観察されたマイナス面を指摘し，最後にまたポジティブな面について言及する，というものである。これは，聞くことのクオリティーを高め，批判を受け入れやすくする。

　さらに，このテクニックは，結論が常にポジティブな特徴を持つようにすることで，自信とモチベーションを刺激し強化するものである。

　このアプローチによって，一時の失敗や成功に左右されることなく，自分の能力に対する客観的な認識を可能にする。

自分の能力のレベルに対するプレーヤーのグローバルな判断は，パフォーマンスに影響するであろう。しかし個人のこの感情は多様であり，課題の難しさやあるいは相手の価値に対する主観的な不安と同様である。もしもプレーヤーを進歩させたいと思うなら，まずやったばかりの試合の中からポジティブな要素を見つけさせることによって，そのプレーヤーに心の「扉を開かせ」なくてはならない。しかし同時に，アグレッシブな態度が足りなかったということをよくわからせなくてはならない。

　ペナルティーとしてのセッションはそれなりに効果があるが，批判を効果的にするためには，状況の脈絡の中で判断すべきであって，先入観で疑ってはならない。人は常に様々な「アメとムチ」の枠組の中にあるものである。

ユースプレーヤーのモチベーション

　何が若い少年をスポーツに駆り立てるのだろう。なぜ彼は数ある中である一つの種目を選ぶのだろう？　最近の研究によると，子どもはまず第一にスポーツをやることに特別な満足を求める，ということが示されている。あらゆる種目の連盟が登録プレーヤー数を増やそうとしている中で，サッカーが現在特別な地位を享受しているとしても，モチベーションの要素を考慮に入れることはおそらく重要なことであろう。それには以下のようなものが考えられる。

— 活動に結びついた歓びを求めること。
— 優越性を示すこと：勝つこと，自分が重要であると感じること。
— 挑戦を乗り越える可能性：身体的に能力があると感じること。
— グループに所属すること。
— 緊張からの解放（過剰なエネルギーの発散）。
— 状況のファクター（親，場）
— 関係を作ることの欲求：友情を求める。
— 楽しみの欲求：新しいテクニックを習得。

　これらの様々な指標を，トレーニングや試合のマネージメント，あるいはもっと広く日々のマネージメントの際に考慮に入れてみることを助言しておく。

メンタル面をトレーニングに取り入れる

　一般的に考えて，トレーニングにメンタル面を取り入れるにはどうしたらよいだろうか。

　まず，メンタル的な面はいつでもどんな場面にでも見られるものであるということをはっきりと認識しなくてはならない。したがって，メンタル面を，他の面の準備に付け加えられるべきもの，それだけで独立して考えて取り組むべきものと考えるのは間違いである。そうではなく，可能な限り常にメンタル面を頭に置いておき，あらゆるフォームの取り組みに組み入れる努力をすべきである。

　毎回のセッションの中で，より良くやろうという意志や目標をはっきり意識することを強調し，メンタル面のクオリティーを改善しようとしているコーチが一人もいないとまで言うつもりはない。しかしながら，我々の知る限りでは，実際的な明確な目的を持ってメンタル面が取り入れられていることは稀である。

　今まで挙げてきたような，プレーヤーをあらゆる面で向上させうるメンタル面に関する何らかの実践をしようとするには，もちろん，技術あるいは戦術のテーマとメンタル面の目的を組み合わせることが理想である。その時々の必要性に応じて，この3つのうちのどれかを優先して位置づけ，実践の形や要求を修正する。

　以下に挙げるファクターは，我々が最重要と考えたファクターである。他にもあるであろうが，我々はいくつかの具体例で示すことをここでの目的とした。

集中，注意力，厳しさ

　試合中にプレーヤーの集中力が欠けていたとしても，コーチがトレーニングの中でその面に取り組んでいないのであれば，当然文句を言うことはできない。

　しかし，これはよく起こることである。確かに，テーマ（例えば「数的不利の状況をどう打開するか」）を設定したゲームの多くは，実戦の状況を再現することを狙ったもので，これらは集中と注意力を要するものである。しかしながら，我々の考えでは，トレーニングの精神を改善し，集中と注意力を高めるためには，具体的にまだまだなすべき努力がたくさんある。集中と注意力は，モチベーションのクオリティーを反映する部分もある。

ストレスに対する抵抗力

　一人一人の問題に応じて，それぞれ個別のテクニック（リラクセーション，メンタルイメージ等）を用いることが有効である。これらのテクニックは各自を競技に対してより良い状況に置くためのものである。

意志の強化

　育成センターでは，この面を大いに重視している。最近では，この面を狙いとした設定のゲームも見られる。例えば数的不利でも結果を維持する，あるいは一定時間フィールド全体でプレッシングをかけるといったものである。

　育成レベルでこの面に特に取り組むことは明らかに効果的である。

自己コントロール，明晰さ

　優れたアタッカーは，GKとの1対1の状況を何度も繰り返し練習し，ポジションの要求に応じて，試合の状況を再現する個人トレーニングを重ねることによって向上する。ただし，実戦とトレーニングとでは必ずしも同じように成功するわけではない（つまりその差を見積もる必要があるということである）。

典型的な状況に対応する能力（スコアの展開との関係で）

　数的不利な状況や，勝っている時，あるいは負けている時等，実戦で典型的に起こる困難な状況にアプローチするようなテーマを設定したゲームが見られるようになってきている。このような取り組みが増えてきたことは喜ばしいことであると思われる。

高いモチベーション閾を1試合を通して維持する能力

　誰でも試合前には頑張ろうと思い，勝ちたいと思う。しかし，特にアマチュアにおいては，試合が展開するにしたがって，これらの良い心構えがたちまち沈んでいってしまうようなことがしばしば見られる。

　どんなレベルでも，どんな年代でも，モチベーションや結果を求める気持をコンスタントに保ち続けることができるよう取り組むべきである。

セッション内での強弱のバリエーション

　良いセッションというのは，強度の高いものだけで構成されているわけではない。あまりに長い時間，高いクオリティーを要求し続けたら，特に若いプレーヤーの場合，実行のレベルを落としてしまうことになるだろう。つまり，強度を高くする間に緩める時も入れ，落ち着きや楽しさを取り戻すことができるようにもしなくてはならない。

　陰気に沈んだトレーニングが良いものであることはめったにない。プレーヤーは楽しみや歓びを感じる必要がある。それには，セッションを綿密に構成し，様々な努力や様々な高い刺激を入れ替えることが必要である。

様々な目標に順位をつける

　ある特定のポイントに優先的に取り組む。寄せ集めで何でもやたらと詰め込んでいるようなセッションをしていても，チームは向上しない。したがって，目標に順番をつけ，今現在最も重要だと思われるもの（例えば次の対戦に備えてチームに準備させておくべきこと）を選ぶことを勧める。それによってプレーヤー自身にも，自分たちが払う努力が目的にかなっているということを意識させることができる。

　プレーヤーは，その練習をなぜやらされるのかを把握しているべきであり，その練習によって自分が進歩できるのだということを納得しているべきである。患者に，何が悪いのか，どのように治そうとしているのかを説明せずに処方箋を出すような，たちの悪い医師のような行為をコーチは真似すべきではない。

リスクを冒すキャパシティー，責任を負うキャパシティー

　プレーヤーがリスクを冒そうとしない，イニシアチブやパーソナリティーに欠けている等と，コーチが不平を言っているのを聞くことがよくあるが，その同じコーチが，トレーニングでプレーヤーを束縛し，「フォーメーション」の名の下にオリジナリティーの芽をつみ取っていることが多々ある。サッカースクールで最もタレントがある少年に，その子が生来のドリブルのセンスを持っているにもかかわらず「パスを出す」ことばかり要求するようなことをしたらどうなるだろう？　プレーヤーにリスクを冒す勇気を持たせたいと思うなら，「中盤に上がってくるな」とディフェンダーに年中繰り返し言い続けるべきで

はないし，アタッカーのシュートがゴールの枠をはずれても怒鳴りつけるべきではない。

最年少のクラスでタッチラインから自分の子どもに指示を出す親たちの光景はものすごいものがある。それに対してコーチは，若いプレーヤーが自分のクオリティーを伸ばせるよう最大限の努力をすべきであり，何でもそつなくこなせるプレーヤーを生み出すような型に流し込もうとすべきではない。そのように育てられると，数年後アタッカーにもディフェンダーにも向かない，特別なクオリティーを何も持たないプレーヤーになってしまう。

プレーヤーにリスクをトライさせ，あるいはもっと単純に責任を負わせるためには，そうするように励まし，トレーニングでそのような面に取り組むようにしなくてはならない。

自分の限界を越える

人は試合で全てを出すことはなかなかできない。ましてやシーズンを通してフル回転し続けることはできない。しかし競技スポーツでは，自分のできることを発揮することが要求され，特別な状況では（フランスカップやヨーロッパ選手権）自分の限界まで達することが要求される。

プレーヤーは快挙を成し遂げた時，あるいはもっと単純に，自分がトレーニングでここまでだと思っていた限界を越えた時に，満足を感じるということを知っておくべきである。この満足は非常に重要なものである。この満足は，同意した努力に見合うものである。

攻撃性，戦う精神

これは，特にプレーヤーが若いうちから見出すべきクオリティーである。負けを認めようとせず，チャレンジを求める——このようなプレーヤーで，さらに特別なクオリティーを持ち合わせていれば，良いプレーヤーになれるチャンスがある。特別な才能に恵まれているにもかかわらず思わぬ挫折があった場合，その選手はハイレベルのスポーツで成功していくのに必要なだけの攻撃性を持っていなかったということでほぼ間違いないだろう。

ハイレベルの活性化を求める人は，刺激的な経験を求め，したがって自然に競技へ向かっていく。逆もまた正しい。

闘争心

　攻撃性と闘争心は区別される。闘争心あふれるリーダーというものは，いつも最後の瞬間まで戦い，常に非の打ち所なく，決してごまかしたりしない。

　もちろん初めは，プレーヤーによって差がある。しかしながら，チーム内に望ましい性質を持つ少年が何人かいる場合，チーム全体に上に挙げたような闘争心が生み出されるように思われる。反対に，チーム内にこのような少年がいない場合，この不足を補うためには，チームは内在的な価値を高める方が良い。

　チームに特徴として闘争心が見られる場合，それは，チームを団結させ一つにする誇りの要素でもある。

力強さ，全身で取り組む

　相手とコンタクトすることは，自分で学ぶものである。自分が怪我をせず相手にも怪我をさせないようにするために，1対1の戦いでは，地上でも空中でも，常に全身で取り組む。特に若い年代では，この種の挑戦は歓びを生じさせる。そして，よく設定されたタックルのセッションやゴール前の空中戦でプレーヤーの自信を高めさせ，1対1を受け入れるよう，またさらに積極的に求めるようにさせる。

　このようなクオリティーを生まれつき持っている選手はあまりいないので，特に若い年代のうちに発達させるべきである。

チーム内の協力，団結

　ここでは集団の側面に触れる。

　チーム内の団結というのは，必ずしも肩をたたき合うことではなく，味方のミスを取り返すために走ること，ボールを持った味方を助けるためにパスを受けに行くことである。プレーヤーは，自分個人の利益の前にチームの利益を考えるということを受け入れる必要がある。コーチはこの面で重要な役割を果たす。この部分には絶え間ない取り組みが必要である。

自信を発達させる

　自信はモチベーションと同じように，命令して高まるものではない。自信を持たせるには，トレーニングでプレーヤーを成功する状況に置くことである。

困難な時期に支えてあげることで，コーチはプレーヤーに，困難な時に自分のより良いレベルに回復させることができるのである。

競技状況で取り組ませる

トレーニングでPKを決めることは比較的やさしい。しかし試合終了間際にペナルティーで勝利のゴールを決めるとなるとまた別である。したがって，練習でも何らかのプレッシャーをかけ，プレーヤーの集中を乱す等，実戦の状況に近づける要素を取り入れる必要がある。

試合中にボールが足につかなくなるプレーヤーもいれば，プレッシャーに負けて自分の能力が発揮できなくなって技術上のミスをたくさん犯してしまうプレーヤーもいる。何らかの手がかりを与えることで，それを切り抜けることを覚えさせなくてはならない。例えば試合の出だしに何らかの一連の動きを決めて試みることで，プレーを単純化させ自信を持たせる。そして困難な時には必要最小限の核心の部分に集中する。

実戦での要求を再現させるには，できるだけ早いうちに相手選手を導入しなければ，実戦の状況での取り組みにはならない。全て，練習で成功を経験できるよう難度を調節する。

競技状況での知覚能力の発達

このポイントも同様の難しさがある。

近くのスペースに相手がいる状況で，ボールを受ける前に周りの状況を素早く正確に見ること，これは良いプレーヤーの特徴である。したがって，この点に関して，一連の取り組みをプログラミングすることを勧める。状況をしっかり分析し的確な判断ができるようにするために，実行のスピードやスペースを様々に変えて設定する。

戦術的思考の洗練

フランスのサッカー選手は，近年戦術的に非常に大きな進歩をした。これはこの分野に関する不足を補おうというはっきりした意志をもって臨んできた成果である。明確な目的を持ち，それに的確な方法で到達しようとした時に，人は進歩する。

以上挙げてきたポイントは，各自が自分自身のチームの欠陥に応じて活用する価値があると考える。

　挙げてきた一連のポイントは，網羅的なものではない。もちろん各自が自分にとって特に重要と思われる指標を付け加えることも可能である。しかしながら我々はここで，トレーニングにメンタル面を組み込むことを重視するという点を強調した。これは今まであまりに軽視されてきたが，おそらくもっと掘り下げて分析するに値するものである。それによって操作可能な部分もあり，それが進歩を生み出すのである。

まとめ

1. モチベーションには様々な要素が影響する。しかし，内在する本質的なモチベーションが支配的な役割を果たす。
2. モチベーションが現れる状況や条件を作り出すのもコーチの役目である。
3. どのようなことがモチベーションを高め，また低下させるのかを知っておく必要がある。
4. 危険信号や兆候に警戒が必要である。
5. 状況に応じて，可能な一連の介入手段を持っていなくてはならない。
6. 各プレーヤーの特質に応じたモチベーション戦略を知っておくことは，さらなる切り札となる。
7. 競技スポーツにおいては，モチベーションが高いというのは，勝ちたいという意欲，より多くを捧げようという意欲があるということである。
8. プレーヤーのモチベーションは，自分自身の能力を認識すること，自分自身のキャパシティーを確信することによって決まる。これらが自信となる。
9. 理想的には，グループの達成のモチベーションを優先させ，障害や困難に立ち向かう意志を助長させることである。
10. 称賛は常に慎重に用いるようにする。
11. 各コーチは自分のモチベーション戦略を決めておくべきである。またこれは，必然的に変化していくものである。
12. 各コーチは，経験，原則の適用，状況や人についての鋭い直感，これらを複合的に考え合わせることで独自の効果性を持つ。

第 5 章

人間関係の
マネージメント

今日では，サッカーをとりまく環境はますます多様に，ますます複雑になってきている。政治，スポンサー，ジャーナリスト，テクニカルスタッフ，クラブのフロント，その他の関係者に対して，コーチは各カテゴリー毎に，多かれ少なかれ密接な関係を保つ必要がある。そればかりがコーチの仕事ではないが，これらの関係は自分の仕事の効果性に影響を与える可能性がある。

コーチには「役者」としての一面がある。パートナーから期待される役割を果たさなくてはならないからである。それは，プレーヤーに対して期待される役割を果たすのと同様である。したがって，各コーチは，コーチとしての研修の段階で，コミュニケーションの能力を向上させるしかない（プロのコーチたちの中には，かなり前からそうしてきてしっかりと身につけている者もいる）。また，それはコーチの仕事の1部でもある。

たとえ元々この部分の資質を持ち合わせていたとしても，常に磨きをかけてパーフェクトにしていく努力が必要である。アピアランス，話し方，効果的に自分を表現する手段，話の提示の仕方，これらを学んでいくと同時に，様々な相手に対し，問題の範囲を示し，理解させ，論証することができなくてはならない。我々はここで，様々なパートナーと結ぶべき必要な関係について，いくつかの指標を明らかにしようと思う。

会長，フロントとの関係

フロントの身になってみることができる

コーチはフロントの関心事を本当に理解しようという努力をめったにしない。それでも，会長にとって，収支を合わせるためにスポンサーを捜すといったことは必ずしも簡単ではないということは，認めなくてはならない。もしも会長が，前の年に比べて低い目標を表明したら，あるいは順位表の下位の位置を考えていたら，あるいは降格さえしなければ良いと思っていたとしたら，コーチにとって魅力的なパートナーとはなりえない。

経営上のパートナーの関心をかき立てるにはどうしたらよいのだろうか。彼らの始めの投資が保証されたら，あるいはさらに価値を高める見込みがあると強調することができなくてはならない。自分のイメージの強化を期待する社会に，クラブへの協力を受け入れさせるにはどのようにしたらよいのだろうか。

負けてしまうクラブは，結局そのイメージと結びつけられてしまう。これらの問いに対する答えは非常に複雑で難しい。これらはコーチに直接は関係がないかもしれないが，少なくとも意識すべきであり，フロントの関心の1部を担う意識を持つべきである。

　コーチは，自分自身の関心事にフロントが理解を示すことを希望する。それならば同様に，自分もクラブの運営のあらゆる側面に関心を示す必要がある。これはめったに見られないケースであり，これについて議論を始めるつもりはない。しかし，クラブのフロントは，テクニカルスタッフと比較して，十分な考慮を受けていないということを認めざるを得ないだろう。

「良い会長」は持続する

　持続性は重要な基準である。何年も前からそのポジションにいる会長は，問題をよりよく理解でき，一時的に困難な状況に陥った時にも影響力をより有効に行使することができる。彼はその社会から認められていて，経営の保証をなし，いわば契約や取り組みへの保証となる。反対に，「つかの間の会長」は，まず自分自身のために権力と名声を求める傾向にある。それに十分な結果が得られないと，すぐに一触即発の危機になる。

　コーチにとって最悪なのは，能力がなく，距離を置いて物事を見ることができず，自分自身のイメージを気にして，メディア的な面ばかりを求めるような会長とのつき合いである。このような会長に富や社会的な成功がもたらされないのは当然である。会長にサッカーや場に対する認識が不足していて，サポーターのような精神でいる場合，それは災難の大きな元凶となりうる。

　実際，ハイレベルのサッカーやクラブの運営全般についての基本的な知識を持たない会長の例には事欠かない。具体的には，単に自分の権力の行使に喜びを見いだすこと，クラブを自分のおもちゃのように考えること，あるプレーヤーに常軌を逸した経済的なアドバンテージを認めること，センセーショナルな意図を思う存分に示すこと等である。ほとんどの場合，その行動と発言が一致することはない。

　したがって，フロントが安定しているということは，テクニカルスタッフにとっては安心の要素となる。フロントが安定していれば，自分の仕事に関して，超高速で結果を出さなくてはならない状況を避けることができるだろう。超高

速の結果が求められる場合，しばしばインターバルの間に全く突然の解任劇が起こり，大打撃を受けることになる。

　さらに，テクニカルスタッフにとって，新しく来たばかりの，どこか信用しきれない会長と密接な関係を結ぶのには苦労がある。自分の能力を示してきた会長，長い間その地位を保っている会長には，確かな保証があり，そのために認められ尊重されるという面は確かにある。

力量，能力，他者の尊重

　良いフロントというのは，物事を考慮に入れることができる人，社交界に過度の好みを示さない人，クラブをプロフェッショナルに経営することができる人，あるプレーヤーの高慢や妄想に立ち向かうことができる人，一言で言えば，自分の領域の全てをマネージメントできる人である。その専門的能力とは，準備と実力の蓄え，力量，状況に対する高い知性，認められた権威等である。

　これらの条件が揃えば尊重が生まれる。それらの条件は，チームのクオリティーを最適に活用するために集められたものである。特にその会長が，世に認められたインテリジェンスをそのクラブへの情熱に結びつけた場合はなおさらである。

　しかし，その機能を実行していく上で，その人が少しずつむしばまれ，最初の徳性から遠ざかっていくことはないのだろうか？　時に過度のメディア化が人を変えてしまうようなことはないのだろうか？

　これについてはそれぞれに意見があるだろう。これは考察に値する問題である。

会長とコーチが全てのベースとなる

　会長とコーチが最高の状態で結びついた場合は，クラブにとって強力な切り札となる。このつながりによって，クラブは良く機能する。これは，下心のない率直な意見交換を可能にし，互いの関心への相互の理解を深める。同様に，チームのマネージメントにも大きな効果を与える。

　会長の全面的なサポートなしには，全て不可能である。プレーヤーが両者の間のずれを感じるようであってはならない。これが全てのベースとなる。

　時には会長自身がプレーヤーに言葉をかけることが望ましい場合がある。例

えば物事をはっきりさせる必要があるような時である。会長がコーチと同じ意図や言葉を持ったとしても，インパクトがより大きくなり，違ったトーンが期待できる。プレーヤーは普段毎日同じ人の言うことを聞き，毎日，遠征でもトレーニングでも同じ人と接している。ディスクは時にすり減るので，取り替えなくてはならない。これが会長との協力で可能となる。

　また，こう言うこともできる。このつながり（まず第一にプロフェッショナルな能力のベースの上にできあがったもの）は不可欠であり，会長がコーチをリクルートする時に，この相手と心が通じるか否かを探ろうとするのは当然のことであろう。

親近性が必要

　一緒に仕事をするために生まれてきたような相手，共通の価値観を持った相手がいることは，困難な状況となった時にかけがえのない切り札となる。もしも始めからコーチと会長あるいはフロントとの間に敵意があったら，その関係は長続きしないだろう。

　最初のコンタクトが重要である。気持ちが通じる相手かどうか，一緒に仕事がしやすいかどうか，人は直感的に感じ取る。後は，日がたつにつれ，初めの印象を確かめていく。いつも第一印象が正しいとは限らない。

　会長とコーチとの間には，興味深いバランスができあがる。リクルートが良かった時には，大衆の目から見て会長がその利益を引き出したように見えるが，間違った時はそれがコーチの背に負わされる面がある。それを受け入れることができなくてはならない。もちろんそれは簡単な事ではない（事実がゆがめられているのだから）。しかし，このポイントは二次的な問題にすぎず，このことについて話し合うのは避けた方が賢明である。実際は責任はたいていの場合同一である。しかしこういうものなのであり，この種の発言にいちいち執着しないようにすべきである。

　もちろん全ては相手のパーソナリティーと状況による。その会長はパトロンなのか，主要なスポンサーなのか，あるいは単に重役会で選ばれた者なのか。元プレーヤーなのか，長年のファンか。あるいはサッカーを政治・経済的な目的のための踏み台として使っているだけの者なのか。どれもありうる典型的なケースである。

権力と名誉への嗜好

　一人一人を襲う最大のリスクは，おそらく権力や名誉への嗜好である。メディア化は危険である。気をつけないと，人を根本から変えてしまい，権力の行使に依存するようにさせてしまう。この問題の改善は可能なのだろうか。そこから逃れることのできる会長はいるのだろうか。この問いへの答えは意見が分かれる。

　我々の経験から言うと，やり方こそ違えど，現場側から離れていってしまう会長は多い。何らかの悪い結果が出て，次の試合まであまり時間がないような場合（これは常に簡単なことではないが），翌日までに全てを再検討するようなことは非常にしばしば起こる。これは敗北を受け入れない態度，権力の行使と結びつき，コーチの将来に関わる。クラブの会長がその地域での名声を気にするタイプであれば，コーチに全面的に任せるようなことはしないであろう。このような場合，循環気質で躁鬱を繰り返し，感情的な，過激な立場をとるであろうことを予測しなくてはならない。

　しかし一般化はしないでおこう。権力の共有を拒否し，自分一人で最終決定をし，予算についての指示を与えず，1人のプレーヤーを法外な出費でリクルートしてくるような会長も多いかもしれないが，その一方で，重役会の権力を尊重し，チームで仕事をし，互いの役割と権限を尊重する会長も存在する。

まずプロフェッショナルな能力で評価する

　多くのコーチは，クラブを変わった時に，まず，会長が集めてくることのできる潜在的なプレーヤーを，次にプロフェッショナルな良い関係を求める。彼らは，互いの共感，あるいは親近感が生まれて，判断に影響を与えるようになる前に，まずプロフェッショナルなクオリティーで評価されることを望む。

　目的との関係で初めの契約の期日は，常に可能な限り明確に規定するようにする。コーチは，ポテンシャルとの関係でリクルートに関して，希望を明確に表明できるようにすべきである。「初めの5つの枠には，これこれのプレーヤーが必要，10であればこれこれ」といった具合である。これを確認することで，そして実際に実現した移籍から，キープレーヤーを深く傷つけることのない範囲で，そしてまたその他不測の事態を差し引いて，どれくらいの野心を持つことが可能なのかを大筋で知る。

このように機能することで，来るべき危機から部分的に身を守ることができる。なぜなら両者がそれぞれの機能のやり方を規定し，コーチはある「望ましい特徴」との関係で選ばれたのであり，目的が明確に表現されたからである。

我々は，コーチが全てを受け入れる状況からは離れた立場をとる。そうなると絶対的な地位を求めるようになり，そのことが始める前から自分を困難な状況に置くことになるからである。

テクニカルの領域，「テリトリー」

フロントがテクニカルの領域に首を突っ込もうとする場合について，一言触れておこう。彼らのパーソナリティーと特別な期待を考えあわせた上で，チームの構成について話し合うこと，必ずしも正当化の意図を持たずに選択を説明すること，クラブのパトロンに自分の熟考の結果を伝えることは，我々としては特に品位を落とすことだとは思わない。

しかし全てを言う必要はない。サッカーに関する知識を得たことで，フロントが，自分たちもコーチと同じくらいゲームがよくわかっていると思い込む場合がある。しかしながら，いくら会長が賢かろうと決して適合しない細かい部分がある。したがって，コーチは自分の手元に秘密の部分を残しておく方が良い。秘密は「威信」を保つ。全てを露わにしてはいけない。さもないと，リスクがある。自分の値打ちを認めてもらうためのその場しのぎで適当に答え，後から議論に発展するようなことになる。たとえそれほど深刻なことではないにしても，いくらかはとっておいた方が良い。

これはプレスとの関係でも同様に当てはまる。この分野に関してはいかなるルールも確立されていない。それだけに，感受性やセンスの差が重大なのである。各自が自分の信念と相手の期待から考えて，最も妥当な態度と関係を感じ取るようにする。

会長の期待

どのクラブの会長も，プレーヤーに愛されることを望み，様々な手段で尊敬を求め，プレーヤーと直接話したがる。このことを知っておかなくてはならない。会長にそうさせておくのはいいが，一方で，会長がプレーヤーに言おうとすることをあらかじめ知っておくことで前もってコントロールする必要がある。

あらかじめ打ち合わせをしておけば，会長の干渉はコーチのアクションを強化する方向に作用する。プレーヤーとコーチのコンビはしっかりしていて信頼できるものであると，プレーヤーが感じられるようであるべきである。

それがうまくいかない場合に，もしも会長が直接干渉したがったら，コーチの信頼性が脅かされることがある。これは，物事が深刻になったら私（会長）が自分で取り組もう，という意味である。あらゆるレベルで，火消し役になりたがる会長の例はたくさんある。

ここで，ちょっとしたアドバイスをしておこう。もしもあなたの会長が本当に干渉したがったら，彼にこう言うと良いであろう。

「あなたは私を助けたいのですか？ だったらこの部分は私に任せておいてください。私はプレーヤーに……と言います。だからもしもあなたがこのポイントを強化してくれたら助かります。負けはしましたが，それでもポジティブなポイントはあります。」等。

会長の話がコーチの話と矛盾していてはならない。さもないと危険である。理想は，コーチが望む方向に会長を介入させることである。

もしも会長が離れていったら？

コーチがどうにもできないケースがある。会長がなんとしてでも干渉したがる場合である。コーチがとり得る方策としては以下の2つが考えられる。

— あらかじめわかっていたら，会長は結果によって感情的になるから激しい態度を示される可能性がありうるとプレーヤーに予告しておく。
 「大変だろうけど，傘をさして通り過ぎるのを待とう。」
— どんな干渉をされるか予測できない場合。この場合は後からフォローしなくてはならない。
 「会長はこう反応した。それは彼が大いに情熱を傾けているからだ。しかし彼の態度は非常に感情的なものだった。明日にはだいぶ落ち着いているだろう。君たちが会長の態度でショックを受けたのは私にはわかっている。けれど彼の立場になって，彼を理解しようじゃないか。カッとなって感情的に言っただけだ。彼には別の面があるのはわかっている。彼がこんな態度を見せたのは，彼が君たちをとても愛しているからだ。この仕事を

愛するあまり，ひどく落胆してしまったのだ」

　プレーヤーを扇動して会長と対立するようにし向けてはいけない。それは道徳的でないし，危険である。しかし，もしも会長が絶えず干渉してくるようなら，考えなくてはならないし，その上で何らかの行動をしなくてはならないだろう。

重要なこと
　理想は，会長がプレーヤーまで直接「降りて」こないことである。そしてもしも降りてきたいのであればコーチとの協力でそうすること，あるいはコーチのメッセージを強化することである。良い時であっても悪い時であってもそうなるのが理想である。
　会長がプレーヤーと直接話したがるのは，当然の事であるし，正当である。ただし，行き過ぎにならないこと，特定のプレーヤーを過度に優遇して特別な関係を持たないことが条件である。誠実な関係を持つこと，外交的な駆け引き，相互関係，暗黙の了解が重要である。しかし同時に，保持しておく部分，個人の権限の範囲を残すことが重要である。これらがコーチと会長の関係で重要なことであると我々は考える。

プレミアディビジョン（1部リーグ）のクラブのフロント，会長の意見

　コーチと会長の関係についての我々の言葉は，もちろんコーチの立場から位置づけられたものである。
　我々は，偏った視点にならないように，現役の会長の話を聞くことで，この論点を調整することを試みた。我々が選んだのは，プレミアディビジョンのクラブであるリヨンの会長Jean-Michel Aulasである。彼の協力と率直な返答に感謝の意を表する。他のフロントとも会うことはできたが，それぞれで意見はかなり異なると思われる。この本はクラブのフロントについてのものではないので，我々の希望としては，視点を提示すること，コーチの主要なパートナーの仕事の例，意見や役割の例を提示することにとどめた。

したがって，我々としては，我々の質問に対する彼の答えの中で，最も重要と思われた要素をとり，コメントなしでそれをここに示した。もちろん，ここでは特に1つのクラブの責任者の立場に関わることを強調した。そして，我々としては，会長とコーチとの関係について考えられるプロセスを示すことを唯一の目的とした。

Q：あなたは会長とコーチの関係をどう見るか？ あなたはどういう基準でコーチをリクルートするのか？

A：プロチームのコーチは，クラブのテクニカル面のマネージャー的な要素が強く，かなり広い範囲の責任を担っている。したがって，私は，イングランドのモデルをある意味で重視している。これはコーチの役割がかなり拡大されたものだ。全く違う考え方を取り入れることもできるとはわかっているが。

私のセレクションの基準は，我々がクラブのために規定したこのコーチというポストの性質によっている。そしてコーチは，あらゆる意味で最高幹部であり，重大な責任を負う者である。

コーチをリクルートするにあたって，まず第1の基準となるのは，ベースとなる専門的な能力，そして同様に，人間としての責任能力である。1人のコーチをフロントの責任や経営の仕事と切り離すことができるかどうかは疑問だ。良いコーチというのは，競技の面で良い結果を獲得する者，そして同時に日々の決断の中に経営面の状況を取り入れることができる者である。

Q：会長とコーチとの間に暗黙の了解は必要だろうか？

A：それは，その言葉をどういう意味で使うかによるだろう。暗黙の了解とはまず，ある種の透明性，オープンであること，互いの能力の領域を認め合うことである。これには，関係の領域において，高い効果を持つことが必要である。あまり感情的になってはいけない。というのは，感情的になりすぎると客観的な判断の妨げとなる危険性があるからである。

暗黙の了解と仲間びいきや悪い仲間関係を混同すべきではない。それは必ずしも1日に何時間も一緒にいることではない。力強い適切な決断に有利な時を選ばなくてはならない。互いによくわかっていて評価し合っている時には互いに語り合うことはない。そして重要な決断はクラブに利益になる方向

でなされる。論証はできるだけ客観的であるべきである。暗黙の了解は，クラブの他の部分を犠牲にして作られるべきものではない。これは，権力を2人で独占することではないし，クラブの決定機関の特権を奪うことでもない。暗黙の了解は，感情よりも，互いをプロフェッショナルに認め合うことに基づいている。それは不確かな一時の感情ではなく，徐々にできあがっていくものである。

Q：会長とコーチの責任領域はどのようなものか？
A：全般的な方向付けを提示された後（毎年の予算はかなり早い時期に立てられる），コーチはその事情を理解した上で重役会に自分の選択を提案する。新しいプレーヤーをコーチが必ずしも望まないのに押しつけるのは，私は良いことだとは思わない。たとえそれが，チームを強化し自分の責任を果たすためという口実の元であったとしてもだ。たとえ私の同僚の多くが，例えばリクルートに際して十分な投資を与えられているとしても，私はこのようには考えない。選択するのはコーチの役目である。そしてそのオプションを重役会に説明し理解を得るのはコーチの役目である。決断において，重要な部分はコーチに与えられている。しかし投資の前に話し合い，各自が意見を出し，いずれにせよ希望をはっきりさせておくべきである。

Q：良い会長は長続きしている者ではないだろうか？
A：長続きする者は，おそらくクオリティーの高い者なのであろう。しかし一方で，長くやっているうちに，権力の行使に衰えが起こりうると考えられる。それは行使する者にとってではなく，おそらく受ける側にとってであるが。

　会長のポジションは，メディア的な環境をしっかりと支配する必要がある。場合によっては，特にこの面との関係でメンタル的に機能低下が起こりうるのを警戒しなくてはならない。したがって，長く権力を行使し続けることは，必ずしもクラブのマネージメントの保証とはならない。トップレベルの相当なビッグクラブでもその例がいくつも見られる。ある時間を過ぎると，人は自分を実際よりも強いと錯覚するリスクを負いがちではないだろうか。継続の正当性は，同時に危険にもさらされている。10年もすると人はおそらく実務の面では成熟するが，それと同時に，情熱，新鮮み，勢いを失う。

特にプロの徹底的な活動を率いるということは，疲れさせ消耗させる大変な仕事である。逆に言えば，若い会長は全て，多くのエラーを犯す可能性がある。最も危険な時期は，特に初めの2年間であろう。いずれにせよ，クラブをうまくやっていくためには，年齢や任期にかかわらず，バランスのとれた人間性が必要である。手痛い失敗を避けて通れる人など誰もいない。

Q：良い会長は，権力や名誉への過度の嗜好を受けない人なのか？

A：1つのクラブや企業をマネージメントするためには，完全に心から打ち込まなくてはならない。名声への誘惑が第1のモチベーションとなるべきではない。しかし，会長は，ここから完全に無関心でいることはできない。クラブをうまく運んでいくためには，権力への志向やカリスマ性が全くないではすまない。責任者は，指示を出し統率すること，頼りがいがあり，よりどころとすることができる人であることを期待される。

　クラブのトップに到達した者は，単にサッカーだけに惹かれた者ではなく，それに伴うメディア的な面にも惹かれた者である。また，様々な要求に対応するためには，直接そして間接的な経済的手段が必要となる。会長の特徴は，大体このようなものである。もしもこのメディア的な面におぼれて自分を失ってしまったら，危険は現実のものとなるので，十分な注意が必要である。状況に応じてメンタル面の機能が低下する大きなリスクが存在する。

　プレスは最近，むしろポジティブな役割を果たしているのではないだろうか。彼らは良い時にはコーチの方を高く評価する傾向にある（特別な場合なケースを除いて）。そして悪い時には会長に目を向ける。これはおそらく印象にすぎないが，これを確認しておくことで，会長の側が離れてしまうリスクを制限することができる。もしも経済面で困難があったら，問題にされるのは会長であり，それは普通のことである。様々な圧迫に同じように抵抗するためには，気持ちを強く持つことが必要である（勝利に有頂天になることなく，敗北に落胆しすぎない）。負けた時も勝った時と同じように極端に過剰な反応を示すことは，たとえ何年も経験を重ねた後であったとしても明晰さを失う危険がある。会長が何かに成功した時には，メディアはそれを振り返ることなく，リスクを冒すようさらにプッシュする。こうしてある意味で成功の犠牲，いけにえとなってしまうのである。

Q：後継者の準備は必要だろうか？
A：企業では様々な指標を持っているが，サッカー界ではあまりそうはいっていない。経験から言うと，サッカー界ではしばしば突然現れた幸運な人がクラブを経営することになる。法律上の新しい枠組みを考えることが必要なのではないかと私は考える。これは一方では他の企業に伝統的に見られるように，次第に頭角を現してきた経営者の参加を可能にし，他方で経営や法律上の構造を明らかにするような枠組みである。したがって，会長はコーチと共にその選択を正当化しなくてはならない。そして，任務を十分に明確にしてフロントに託し，彼らが真の決断のための知識と理解力を持つようにする。何人かの責任者が状況を完全に把握している場合は穏やかな移行が促進される。

集団指導も同様に大いに役立ちうる。サッカー界は，市民社会や企業の法を少し遅れて追っている。マネージメントは，企業においてと同様，サッカーにおいても現代の常識となった。各クラブはそれぞれの方針，方法や手段を用いて原則を適用している。コーチのレベルが近年かなり進歩してきたのと全く同様に，プロクラブの組織のやり方も，たとえ少しずつではあっても進化していくべき時が来た。

まとめ

1. コーチと会長の関係においては，契約の概念が特に重要となる。
2. ほんの些細な曖昧さ，後に起こるかもしれない対立を避けるために，あらゆることがなされなくてはならない。
3. 良い関係をうち立て保持することは，各自の権限を尊重することから始まる。
4. プレーヤーへの干渉は，コーチと会長で一致し連携したやり方をとるようマネージメントすべきである。
5. 会長を自分の仕事に取り込むこと，関心事に実際に関与させること，会長にチームの生活についての情報を与えることは良いことである。

プレスとの関係

フランスと海外

　公共の仕事をする場合には，評価されること，場合によっては攻撃されるということを，受け入れなくてはならない。これは，いわば約束事のようなものであって，政治家はそれを逃れることはできない。スポーツの世界だけ違うはずがあるだろうか？

　コーチはしばしばプレスについて不満を言う。しかし外国人の目から見ると，フランスのジャーナリストはそれでも他よりはよほどましである。ドイツ，ポルトガル，とりわけイタリアでは，負けたコーチに対して徹底的な中傷がなされる。この批判はしばしば過激なもので，いわば新聞の売り上げのためのテクニックとしてセンセーショナルなものを求めることがベースとなっている。

　またこうも言える。ある大衆（例えばドイツ）は，攻撃的な悪意のある侮辱的な記事を読むことに病的なまでの異常な喜びを示す。大衆は，自分たちのアイドルが勝った時には賞賛するが，あまり勝てないような時にはスケープゴートを求めるのである。

　しかし，個人のプライベートな生活が取り上げられるとなると，状況は深刻である。さらに悪いことに，（特にイタリアの）ジャーナリストは，コーチやプレーヤーの発言をゆがめ，わざと攻撃性を強めたり内紛の種をまいたりする。そのことをしっかりと受け止めなくてはならない。

　幸いなことにフランスでは，他の国で起こっていることに比べたらそれほど過激ではない。プレスは全体的に割とまじめである。フランスのジャーナリストは言葉を吟味し，人を傷つけるような言葉を避ける努力をする。それに対して海外の場合は，完全にバカにして良心を殺している。フランスでももちろんいくらか過剰な部分もあるが，物議をかもすような大見出しはよほど少なく，イタリアのスキャンダラスなプレスとはほど遠い。イタリアではスポーツ新聞の売り上げが減少していて，そのため余計センセーショナルなものを求めるようになっており，それで真実が犠牲になっているのである。そして，激しさや憎悪は，最初の愛情の高さまで高まる。大衆は新聞を買ってこの種の記事やセンセーションを手に入れるのが大好きなのである。日曜日にひどい試合をすると，プレスを介して，大衆の目から見ると「罪を犯したので罰しなくてはなら

ない」ということになる。これはある種の報復なのである。

　フランスではこれほど思い上がった態度はない。ここでは明らかに定められた行動の規範があるわけではないが，それでも暴走はよほど少ない。

　ここで言っておかなくてはならない。過剰な氾濫は，メディアの信用をなくす危険がある。そして，サッカーそれ自体のイメージが危険な発言によってけがされることで，得るものなど何もないのである。

ジャーナリストはパートナー

　我々は，ジャーナリストをプロフェッショナルなパートナーと見ることで，この面にバランスのとれた態度をとることを望んでいる。そして，コーチは，場合によってはジャーナリストに攻撃を受けたとしても，距離をとっていられるように，十分な見識の高さを持つべきである。

　宣戦布告をして何の役に立つだろうか。あるいは攻撃的なアタックに対し同じように攻撃的に反応して何の役に立つだろうか。シーズンの最中に対立は避けられない。なぜなら当事者はそれぞれ必ずしも同じ視点，同じインフォメーション，同じ関心を持っているわけではないからだ。ジャーナリストは週に1時間半プレーヤーを見るだけであって，毎日見ているコーチと同じ視点を持つわけがない。それでも批判は受け入れなくてはならない。たとえそれが不当であっても，時には逆に不当な賞賛を受けることもあるのだから。

　ケースによっては，試合の現実を反映せず，やたらとべた褒めした記事もある。パフォーマンスが良かったのは，その日の相手が特に調子が悪かったからということもあり得る。このようなケースでは，ジャーナリストの過剰に賞賛した分析は，過度にシビアな批判と同じように不当なものなのである。

「ネタ」を与える

　ジャーナリストを尊重するためには，相手にインフォメーションを与え，決まり文句やありきたりなことではなく「良い記事を書く」ことを可能にする必要がある。経験上，この部分には忍耐が必要である。

　我々は，ほぼ毎日会う人との協同を拒否するのは，良い選択ではないと考える。サッカーのプロは，コーチであれジャーナリストであれ，批判やプレッシャーと共に生きることができなくてはならないし，また，それに慣れなくては

ならない。

　情報をいっさい漏らさないのも危険である。例えば戦術的な理由のためにコーチがチームのフォーメーションを最後まで明かさないことは，一見して正当に見える。しかしこのケースでは，ジャーナリストが必ずしも良くないフォーメーションを先に提示してしまい，そのため大衆がそれを先に見て，後からそれと違うフォーメーションを目の当たりにするという事態を招く。読者は，試合の日にチームはどのようにプレーするのかを非常に知りたがる。そして，ジャーナリストは大衆とクラブの間の仲介人であり，大衆から切り離されることが決してないということを，常に頭に置いておく必要がある。

　ハイレベル，そしておそらくいくつかの国際試合を除いて，フォーメーションを隠し通すといった方法は採らないよう勧める。

　ナショナルレベルあるいは地域レベルでは，互いが対戦相手を良く知っているので，コーチが不意打ちを食らって驚かされることはあまりない。時にはデータを覆すような「攪乱」や「心理戦」もあるが，それを乱用してはいけない。

ダブルランゲージ

　本当に困難な状況は，おそらくダブルランゲージに起因している。コーチは時に相手にダブルランゲージを使うことが強要される。このダブルランゲージは必要である。全てを言うことは不可能である。全てを明らかにすることはできない。プレスに全てを話すことはできない。なぜならそれはチームのバランスを崩す危険があるからである。

　コーチにはチームを守る必要がある。批判は，公然とではなくプライベートに厳しく述べる。自分の考えは問題のプレーヤーに対して伝えておくべきである。プレーヤーがプレスを介して話を知ることほど不快なことはない。当然である。

　それでは，ジャーナリストには何が言えるのだろうか。一貫性がなく味気ない魅力のないことしかないのであれば，それではジャーナリストにとっておもしろい記事の材料にはならない。関心を与えるような視点のアングルを提案するよう試みると良いであろう。また，この部分でより饒舌，多弁になることで，同時にかえって露わにしたくないことは自分の手元に残すことが可能になる。

はっきりと自分を表現する

　コーチがロジックや行動指針を持っているとジャーナリストに感じさせることが望ましい。何も言うことがないから黙っているのだと思われるよりも良いことである。

　同様に，的確な言葉を用いるようにすべきである。よく考え，試合の展開の可能性に関して早まった言い方をしないようにし，間違いを避ける。しかし，物事を良く感じることができる時には，ゲームで確実なことなど何もないと知った上で，リスクを生むようなことを言うことができる。誰もこのポイントには異議を唱えないであろう。これが「セキュリティー」の範囲となる。

　何も言わないことと言い訳をすることは，しばしば率直に物を言うよりも相当に危険である。常に相手をイメージすることが望ましい。次に，自分の気質との関係で自分の「秘密の庭」の大きさは各自で決めるべきである。ある戦術を作り上げ，あるフォーメーションを選んだ理由を，詳細に述べることもできるし，自分にとっておくこともできる。しかし，進んで応じ，オープンに対応すること，そして相手の関心に敏感になること，相手に最大限の満足を与える努力をすることが望ましい。

　プレーヤーは批判を受けた時に，例えば調子が悪い時期だからといって自分の殻に閉じこもることがある。これは必ずしも良い解決策を選んだとは言えない。人は誰でもプライベートな生活の中でパフォーマンスを低下させるような問題を経験する。それでも，プライベートな生活を明かすことなく相手に説明の要素を提供することも可能である。確かにあった欠陥を弁解する代わりに，何らかの説明で相手に理解させることができる。

ジャーナリストの望ましい特徴

　サッカーを良く知っていて，サッカーを愛し，サッカーのために尽くしている真のプロも確かにいる。真剣で正しく，テクニカル面の知識が高いジャーナリストに対しては，対立は起きたとしてもあまり深刻なものではなく，また長引きもしない。

　一方で，サッカーに「厄介払い」されて来たジャーナリストもいる。専門として打ち込んでいるはずの環境に対して無知であり，残念ながら安易に大変くだらない記事を書く。対立が最も頻繁に起こるのは，このような者たちに対し

てである。

　残念ながら，プレスの仕事は，まずます多様な価値，多様な目的に向かう傾向にある。書き物によるプレスは重大な危機を迎えていて昔と同じようにはいかないのである。これと戦うべきだとは言いたくない。この喧嘩は初めから負けることがわかっている。

良い関係，常に距離を置くこと

　プレスなしでは何もできない。ジャーナリストと良い関係を保つことがサッカーにとっても利益となる。これには，自分自身の努力，平静さを保とうという意志，効果的な対話や協力への関心が必要である。

　かなり例外的と思われるが，ジャーナリストが友人となるケースもある。理想は，良い関係を保つことである。というのは，もしもジャーナリストがコーチと特別親しい関係を持ったら，かえって身動きができなくなるからである。このため，ジャーナリストの仕事においては，多くの者が，この独立を失うことを自分に禁じている。あまりに近くなってしまうと自分が書きたいことが書けなくなってしまうのである。

　コーチと親しかったら，悪い試合の後でもチームを酷評することなどできるだろうか？　試合を共感的に語り，説明を試み，その結果クラブやそのコーチに役に立つ方法もあるだろう。しかし，このような特別な関係は，人間的な親近性から獲得されるものである。逆の場合もある。すなわち，互いに評価し合っていない2人の間で，対立が潜在的に進行した状況である。それならば，厳密にプロフェッショナルな関係にとどまった方がよい。場合によっては少しユーモアを挟んで接することもあるが，そこまでである。このケースでは，コーチは常に大事なことしか言わない。そしてジャーナリストは，コーチがクラブについて話したことを書く。

　大衆は情報を消費する。そして，扇動的な内容に対しても，人が思うほどには大して重要だと見ない。ひどい記事が出ても数日後には誰もそのことをもう気にしていない。だとしたら，無礼な言葉，故意に敵意を持った批評を重大にとらえたところで何の役に立つだろう？　このタイプの問題に対しては，距離を置くことが最も賢い解決策である。そうすれば精神的にも平静でいられ，自分の仕事の効果性を失わずにいられる。

トップレベルの外国人コーチ（例えばアリゴ・サツキ）は，悪い時期には記事をいっさい読まなくなる。そうすることで自分の冷静さを保ち，ネガティブな考えで精神の自由を奪われないようにし，チームや次の試合といった大切なことから気をそらせないようにする。このケースではアシスタントコーチが情報のフィルターとなり，その攻撃に対し反応が必要かどうか，あるいはその内容をヘッドコーチに知らせた方が良いかどうかを判断する。非常に悪意があって不当と感じられる物を読む時には，冷静でいることは難しい。ならばいっそのこと無視した方が良い。

『ジャーナリストはコーチたちが彼らの記事を読まないということを全く考えない。しかし，もしもその内容が重要なものであれば，自分が平静を保つことがより一層重要になる。』

攻撃に反応しないこと，あるいはほほえんで流すことが，おそらく我々が与えることのできる最良のアドバイスである。これはおそらく言うほど簡単なことではない。攻撃したジャーナリストと普通に話し合うことができれば，それは非常にポジティブなポイントである。これは場合によっては相手の気持を和らげ，以後，対立の調子で書かれることもなくなるだろう。対立の調子で書かれることは互いにとって有害である。

このように距離をとること，相対化することは，あらゆる観点で有益である。攻撃には，対立状態に入ることなしに，違う意見を述べることで反応することができる。

言うことに注意する

プレーヤーやコーチは，失望や怒りに駆られると，センセーショナルな発言を拾おうと狙っている狡猾なジャーナリストたちの絶好の「カモ」となってしまう。翌日新聞で，自分が言ったことを読んでも驚いてはいけない。たとえそれが無理矢理とられたコメントであったとしても，もう遅い。それはもう起こってしまったことなのである。

もちろん「オフレコ」でなされたはずの内密のうち明け話もある。しかし相手が時に我慢を忘れて自分をコントロールできず，その結果，一杯食わされがっかりさせられることもある。そこで感情を爆発させてしまえば，後で後悔することになる。

ジャーナリストの期待

我々はコーチの側の期待を明確にした。ここでちょっと相手の立場に立ってみる努力をしよう。彼らには彼らの決まりがあり，一つのロジックにしたがって機能している。そのロジックを知っておいた方が良い。

ジャーナリストは一つのパーソナリティーを持つ者である。彼は表現しなくてはならない。時には自分の意に反してであっても，時にはコーチあるいはプレーヤーとの間の信頼関係に反してでも，である。できる限り客観的に，正直に，最大限公平な立場をとろうとしつつ情報を与えるという自分の任務を果たすためには，これらのあらゆる考えを無視しなくてはならない時がある。

もしも，コミュニケーションのプロ同士の間にちょっとした不和や不一致があったとしても，すぐに水に流し，恨みを蓄積させないようにすべきである。

ひどい試合をした翌日には，プレーヤーやコーチは大抵失望していて，守りに入る。非難の記事が出た3日後には，事態は最初に読んだ時に思ったほどは，おそらく深刻ではなくなっている。

メディアとの関係は，コーチの公人としての任務の一部である。それは，最重要とは言わないまでも重要となってきている。コーチは，望もうと望むまいと，クラブの第1のコミュニケーターなのである。

負けた試合の後（勝った試合の後は問題ない），プレーヤーにその場でインタビューするのは難しい。疲れと緊張感が，彼の客観的な分析能力を制限している。時には黙っているよう指示を受けている場合もあるし，もっと単純に考える時間を必要とする場合もある。ある1人のプレーヤーがインタビューされる場合（常に試合で負けた時の不利な状況を仮定するが），それは，ひどい者たち，あるいは最悪だった者たちの中で彼がましだったからである。このケースでは，ジャーナリストは，ひどかったプレーの原因を理解しようとする。それは疲労によるものかもしれないし，あるいは一時的な不調かもしれない。あるいはコーチの戦術的な要求が関係しているかもしれない。これはプレーヤー

を「壊さない」やり方である。ジャーナリストは，短期的な要求を受けているので，あまり神経過敏にならずに読者が期待するような明晰な分析を展開するのにより適した対話者を，コーチに求める。

ダブルランゲージは，決まり文句という意味ではない。たとえ情報を分類し系統立てるのが難しいとしても，「何も言わないために話す」，話しておきつつ全く内容を持たないのはおそらく間違いである。それでは相手をバカにすることになり，その報いは後から本人に返ってくる。

コーチは個人的な指摘をするのを好まず，集団について話す方を好む。大衆の要求は反対である。観客は指標としてのコメントを求める。同意することもあれば違う立場をとることもあるし，レポーターは何もわかっていない，などと言ったりすることもあるが，それはそういうものなのである。

熱中している人々は全て自分がチームのメンバーのセレクターである。新聞を売るためには，個人について話すことは避けられない。それが読者の期待することである。新聞を売るために必要なもの――それはまず第1にスタジアムの観客の数であり，次にあるプレーヤーの多少メディア的な特徴，そして最後に掘り下げた分析である。味気ない時間を追った説明ではない。

したがって，記事の内容は変化する傾向にある。記事のためのオリジナルな切り口，独自のアングルを見つけなくてはならない。（観客席あるいはテレビで）ゲームを見た者が読者となることから考えると，試合展開を追っただけの記事を読むことに彼らが決して満足することはないことがわかる。彼らが新聞を買うのは，特別な分析，試合のある側面を明らかにする観点を得るためである。

コーチがあることを説明できるのならなおさら良い。ジャーナリストが気づかないような（残念ながら全てのジャーナリストが必ずしもサッカーのスペシャリストというわけではない），あるいは観客が知らないような何かを知ることができれば，彼らは満足する。この仕事で厄介なのは，客観性を犠牲にしてセンセーショナルなものを求めるジャーナリストがいることである。このことは，互いの関心，利益がますます高まっていて，そのことが関係をより距離のある，よりプロフェッショナルな，より共感的でないものにしている。

しかしながら，コーチとジャーナリストとの間に信頼と理解の雰囲気があることは，依然としてこの仕事の最良のベースである。多くのコーチはメディア

の役割と重要性を良く理解し，協力してやって行かなくてはならないと考えているようである。読者はチームやプレーヤーに関するうわさ話やゴシップが大好きである。自分の個人的観点でいくらかゴシップを提供することも可能である。それは一方ではジャーナリストを満足させ，また一方で一つのことを自分のやり方で自分の関心に従って考慮することを可能にする。このような観点を選ぶこともできる。結託は，コーチとジャーナリストとしてではなく，人間同士としての時もある。これは互いの関係を促進し，互いの欲求を尊重する相互の「切り札」となる。

> **まとめ　プレスとの関係**
>
> 1．フランスのジャーナリストは，他国のジャーナリストよりも，良いパートナーであるように思われる。
> 2．ジャーナリストは「プロフェッショナルなパートナー」として考えなくてはならない。
> 3．コーチはジャーナリストの特別な欲求を考慮し，「材料」を与えるべきである。
> 4．多様な関心を示す話し相手に関しては，しばしばダブルランゲージも必要である。
> 5．いくらか控えることで，カッとなって何かを言ってしまい，後からその報いを受けて後悔するようなことをしないですむ。

スポンサーとの関係

　スポンサーに対しては，プレーヤーが理解しておくべき約束事がある。スポンサーは給与や出場給の支払いに関与するわけだが，これは考慮に値する。これで彼らに全ての権利を与えるわけではないが，少なくとも適切な態度をとることが必要である。

　したがって，コーチはプレーヤーに対し，スポンサーはクラブの特別なパートナーであり，特別な配慮に値するものであると感じさせなくてはならない。時にはボールを投げ返し，プロモーションの活動に協力しなくてはならない。もちろん，競技生活（トレーニングや回復）の妨げとならないという条件で，ではあるが。

　小さなクラブでは，スポンサーも同様に雇用主である。したがって，その重要性を位置づけなくてはならない。しかし，彼らにむさぼり食われることのないよう，注意が必要である。

　パートナーが互いに相手がその時必要としていることをよく考えようとするのであれば，両者の利益を保護するのは常に可能である。経済界をスポーツ，特にサッカーの上に開くことで，新たな力関係，新情勢が生まれる。その重要性を考え，考慮に入れるようにしなくてはならない。

地域の要人との関係

　地域の要人も同様に特別なパートナーである。なぜなら彼らはトレーニングの条件を改善し，サポートのための予算をとってくれるからである。ただし，あまりに公然と深く関わりすぎることのないようにすべきである。なぜなら次の選挙で状況が変わってしまうかもしれないからである。

　1つの政党が自分の都市を知らしめるためにサッカーを選ぶのは，サッカーを称えてのことではあるが，それでも政治的な支持に結びついた駆け引きからは，一定の距離をとっておくべきである。サッカーのチームは，政党あるいは政治的派閥に決して巻き込まれることのないよう注意が必要である。大衆は，クラブと例えば市町村との間の同調を，共通の信条の現れとは考えない。

　市から年に1度歓迎を受けること，あるいは何かを得ることは，政治的な活

動ではなく，受けているサポートに対してとるべき普通の態度である。しかしもしも近い将来に次の市長選があるような時には，前の人と同じ関係を保つことができるようでなくてはならない。

クラブの他のテクニカルスタッフとの関係

コーチにもクラブにも様々なタイプがある

　驚かれるかもしれないが，あえて言っておこう。3位以内のクラブをトレーニングすることは，最下位のクラブの指導とは全く異なる。ヒエラルキーを上がるほど，チーム，プロのグループの中心に自分を据えなくてはならなくなる。自分の権力を担当の責任者に委任しなくてはならない。育成センターとアマチュアセクションと共同でやっていかなくてはならない。

　反対に，中位のクラブでは，プロチームのコーチがテクニカルな権限を完全に全てマネージメントしている例も稀ではない。なぜならプロチームはユースチームや前段階の仕事の影響を大いに受けるからである。

　あらゆるケースで，非公式の契約に至るまで，同僚を認め，識別することが必要である。例えばナントでは，クラブのコーチ全員のためのロッカールームがあり（これだけではないが），互いの関係を促進している。

　クラブの他のテクニカルのメンバーとあまり長い時間を共に過ごすことはないとしても，それはクオリティーの高い時間であるべきである。オセールでは，かなり前から定期的にコーチ会議を組織し，これが良い精神状態を維持している。

　プロチームのコーチはナンバー1である。彼はテクニカルな面の生産のためのモーターである。同時に，自分の部下たちの仕事に配慮と尊重を示さなくてはならない。

大規模なスタッフ

　ヨーロッパのビッグクラブでは，頂点に首尾一貫した「テクニカルスタッフ」を擁している。

　企業の領域で言えることは，サッカーでも同様である。たった1人の個人が全てを決定することはできない。真のテクニカルスタッフをよりどころとする

ことで，あるいは互いの役割と責任を明確に規定することで，最大の効率で機能するチャンスがより大きくなる。成功のための唯一の手段は，各自の能力を活用すること，グループのリーダーを特定し活用することである。集団の話し合いで検討しても，最終的な判断には至りにくい。

　プレーシステムは，プレーヤーとの同意で築き上げる。彼らの意に反してではない。大きなチームは，フィールド外でも大きなチームであり，目には見えないが調和して働き，不可欠な戦力となっている。

アシスタントコーチとの関係（プロクラブで）

　フランスでもアシスタントコーチを用いるやり方が普及してきている。これはおそらくすばらしいことである。こうして少しずつ海外のモデルに近づいてきている。ヨーロッパではかなり前からこのやり方を採用し，大きな効果を上げてきた。

　このことにより，ヘッドコーチの役割が進化し，おそらくプレーヤーからより距離のある，より奥まったものとなった。両者の間のしっかりとした結びつきを取り持つのはアシスタントコーチである。

　ヘッドコーチとアシスタントコーチとで，1人目がシビアな態度をとる時には，2人目は少し穏やかな態度をとる。もちろん仲間のことを悪く言うことはない。

　アシスタントコーチは，働きかけを調整し，仲介者的な役割を果たす。同様に，トレーニングセッションの間は，必ずしも完全に入り込まずに観察する。距離を置き，そのことでプレーヤーと意見を交わし，より個人的なアプローチをとれるようにする。これによって，働きかけを落ち着かせることができる。絶えず動き回るのではなく，あまり自分をすり減らさず，エネルギーを無駄に消耗することのないようにすることで，働きかけはより印象を強く与え，緊張感を与え，セッションはおそらくより効果的となる。

　もちろんヘッドコーチとアシスタントコーチの間には最大の信頼関係がなくてはならない。そうでなければ何もできない。能力のある人物を自分の周囲に集めることは，自分に進歩の手段を与えることになる。

　それは，自分の立場に不安を感じているものにとってはおそらく危険となる。

しかし,「イエスマン」で, 常にヘッドコーチにただ従うようなアシスタントコーチを置くような姿勢では, 自分が進歩しないであろう。

なんとしてでも自分のポストにしがみつこうとすることは, 結局確実に自分の立場を失うこととなる。周りの者を信用しないと, 人は生きてこないし進歩しない。チームも決して進歩しないだろう。

アシスタントを信頼することで, 進歩のためのチャンスを得る。信頼関係の中にあって, アシスタントコーチが自分自身の鏡の役割を果たす時, つまり起こりうるエラーを特定し, 調整を促進する役割を果たす時, 進歩は相互的なものとなり, この互いの交換が前進を可能にする。

レフリーとの関係

レフリーはパートナー

ペナルティーを吹かれるのは喜ばしいことではない。

それでも理解しなくてはならない。レフリーは好き嫌いでバランスを傾けさせるような人間ではない。彼らはサッカーの大切なパートナーである。そう認識すべきである。

フランスでは, よく言われているのとは違って, 良いレフリー, 能力の高いレフリーがいる。それでも間違いをおかすことはある。人は誰も非難や過度の苛立ちを免れることはできない。

我々コーチは残念ながら, このジャンルのプロとは仲良くない。イングランドでは, 試合でレフリーの判定を気にかけずにプレーする。一方フランスは, 攪乱や洗脳をして, レフリーに影響を及ぼそうとする。

進歩はむしろイングランドのモデルの方にある。

内在的な権威

教師の中には決して罰を与えないでいて, それでも騒ぎを起こさせないような教師がいる。そして, カードを出さずに自分を尊重させることができるレフリーがいる。制裁の乱用は, いかなる権威にもつながらない。

レフリーのキャリアに身を投じる者は, 初めから人に影響力を持つクオリティー, 内在的な思いやりのある権威を持ち合わせていると考えられる。このイ

メージは，プレーヤーやコーチとの間の良い関係を促進する。

レフリーはフィールド上のチーフであり，そのように振る舞わなくてはならない。それを除けば，プレーが普通に流れている時には，気づかれない存在であることが最適である。しかしながら，ペナルティーが課されたり，あるいは試合が悪い方向に流れようとしているような時には，存在感を示さなくてはならない。

これが，全体的にコーチが期待することである。

レフリーの意見

フロントについてと同じように，我々の意見を調整するために，レフリーの意見を加えることにした。こうすることで，レフリーとコーチが抱える困難な現実をよりよく展望したいと思う。我々の問いに快く答えてくれたMichel Vautrot氏に感謝する。

Q：レフリーをどのように考えるべきだと思うか？
A：レフリーはゲームとプレーヤーを守るべきゲームの仲間として考えられる時もあれば，あるいは邪魔者のように考えられている時もある。そんなケースでは何もできはしない。全ては受けてきた教育によるところがかなり大きいのは確かである。イングランドでのとらえられ方がその良い例である。イングランドでは，レフリーは本当にパートナーと考えられている。

「抗争」，パーソナリティーの問題

コーチ，プレーヤー，レフリーの間には，常にある種の抗争がある。これはほぼ避けがたいものである。

常に互いに別のパーソナリティーがある。それは多かれ少なかれ当然のことである。レフリーとして，人は自分がゲームの真の指揮者のように行動することを期待する。私はしばしば飛行機のパイロットのたとえを使う。自分がこれから命を託そうというパイロットが離陸前に恐怖で死にそうになっているのに乗客が気づいたら，おそらく別のフライトに変更することだろう。これと同様，もしもレフリーが試合前にあまりに大きな不安を示したら，その弱みに気づい

たプレーヤーとコーチに完全に操作されるリスクにさらされる。

　影響されやすさもパーソナリティーの問題である。人は自分でも気づかないうちに，多少なりとも環境のプレッシャーを受ける。あるコーチたちは，そのレフリーに固有の様々な指標を考慮してそれを活用しようとしているのを私は知っている。彼らは試合前に公然と発言をすることで影響力を与えようとする。いくらかのとるに足らないちょっとしたフレーズが，レフリーに影響を与える。これは一種の知的なテロ行為のようなものである。

　次の試合のレフリーを動揺させるために，プレーヤー，環境，観客にプレッシャーをかけさせるのは簡単なことである。たとえそこから自分の身を守ろうとしても，知らないうちに心理的な影響を受けてしまう面がある。

海外のレフリーは常により良く見える

　世界中のどこに行っても，隣（国）のレフリーの方がよく見えるものである。

　フランスのレフリーはUEFA（ヨーロッパサッカー連盟）で非常に高く評価されていて，全般的に満足のいくレフリングをしている。しかしながら，フランス本土での評価はそれとはほど遠いものである。

　しかし，年がたつにつれ，恨みが蓄積してきている。レフリーの中には，かなり昔の1試合を何年も引きずっている者もいて，それがまた話題にされる。この徹底的にネガティブな先入観は，当然のことながら，このレフリーの役割を促進する事はない。そこにまた，一種のジンクスや負けへの恐れが付け加わる。

　知らないレフリーの方がしばしばより大きな尊重を受けるようである。たとえミスを犯しても，通用することが多い（もちろんそれが長続きするわけではないが）。

　あるクラブと問題があったレフリーがしばらくの間指名されないようなことは，必ずしも良いことではない。これでは，そのレフリーが間違っていて，そのことに対する反響が多少なりとも大きかったのでペナルティーを課した，ということになってしまう。この熱狂的で感情的な環境においては，あえて最近問題を起こしたばかりのレフリーをそのフィールドに指名して，明らかに困難な状況には置かないことが肝要である。

ルールの重要性

　プレーヤーがUEFAカップでプレーしているのか，あるいはフランス選手権でプレーしているのかによって，異なる面がある。
　UEFAカップでは越えることのできないリミットがはっきりしている。2枚目のイエローカードを受けたら，委員会を招集するまでもなく，次の試合の出場停止を意味する。この大会で2枚目のイエローカードを受けたプレーヤーは，フィールド上で既に，自分が次の試合には出られないとわかっている。上告はあり得ない。したがって，プレーヤーとコーチの行動は完全に異なる。これによってレフリーの任務は楽になる。

レフリーの役割の複雑性

　トレーニング時に起こることを考えてみるだけで十分にわかるであろう。ミニゲーム，4対4，3対3において，プレーヤーが自分たち自身でしっかりとしたレフリングができないために，あるいはそのゲームを任されたものの判定を受け入れないために，悪い終わり方をすることがしばしばあるだろう。

全てをレフリーのミスのせいにすべきではない

　中国のことわざにこういうものがある。「2人の敵の間の審判をする方が，2人の友人の間の審判をするより良い。敵の間の審判では，あなたの敵の1人があなたの友となるが，友人の間の審判ではあなたの友の1人があなたの敵となってしまうから。」
　私はこのことわざは現代でも十分に通用していると思う。勝利と敗北は大きな影響力を持っていて，人は1つ1つの理由を徹底的に説明しようとする。
　レフリーはこの説明にしばしば登場する。レフリーは「不精者のための枕」のようなものである。ミスを誰か人のせいにしたければレフリーのせいにすればいい。確かに，ミスはあるし，レフリーのミスで決まってしまう試合もある。
　しかし，このタイプの説明を一般化しようと思うのは間違いである。どんな状況でも全てを一貫してレフリーに負わせることで自分の身を守ろうとするのは間違いである。
　コーチは自分たちの得になると考えたらレフリーを動揺させようとする。このように，各自が自分の札に賭けているのである。しかし負けを全てレフリー

のせいにすることは，コーチがプレーヤーに対して望むことに反するであろう。これは自分の責任を転嫁する卑怯な手段である。

　子どもが自分の犯した過ちをいつも言い訳していたら，どんな時にもこのような言い訳の後ろに逃げ込む習慣を身に付けてしまうであろう。これはプレーヤーも同じである。コーチがこのタイプの説明を許し，さらに助長していたら，いずれは信用を失うであろう。

サッカーのパートナー間にふさわしい態度

　私は，コーチが試合後個人的にレフリーにクレームを表明するのは構わないと思うが，それを飛び越してプレスに不満を表明するのは許せない。レフリーには節度を守る義務があり，決して反論できないのがわかっていながら，プレスに訴えるのは許されない。人間的な面で人を打ちのめし，その人にも家族がいるのに，槍玉に挙げ，社会的な制裁にかける権利など誰にもない。人は酷評されれば深く傷つくということが，忘れられていることがあまりに多いのではないだろうか。そのことによって，その人のプロとしての生活や，家族のプライベートな生活にまで影響を与えうるのである。これは大いに問題だと思う。

　私はコーチを尊重する。その役割は非常に難しいものだと思う。コーチもまた言葉による攻撃や重大な圧力を受ける。私には，コーチとレフリーはパートナーとなるべき同じ関心を抱えていると思える。互いの仕事上の要求から，仲間になることはめったにない。しかし互いに権威を認め，尊重しあうことを必要としていると思う。

　レフリーはゲームのルールの中に定められた存在である。それを忘れてはならない。理想はおそらく例えばイングランドでのように受け入れられることである。イングランドではレフリー自体の内在的な価値はフランスより低いが，よりよく受け入れられている。同様に，クラブにおいてレフリーの育成のためにどのようにセレクションを行うのかを考えなくてはならない。良いレフリーに期待される基準というものがある。

　また，教育者の方も注意して，必要とされる資質を持った子どもたちに審判を勧めるようにすることができるであろう。Nancyのレフリー学校の例は，一つの良い参考になるのではないかと思う。

　レフリーとコーチの間のパートナーシップには，もう一つ大事な点がある。

若いレフリーに対するコーチの態度である。試合にいくら熱狂しているからといって，言葉による暴力を正当化するようであってはならない。それによって若手レフリーが，自分に向けられた乱暴な批判にうんざりして，すぐに仕事を放棄してしまうことになりかねない。

　もう一度強調しておきたい。レフリーの倫理と同じように，コーチの倫理も重要である。人はしばしば，レフリーが自分たちの殻に閉じこもり，他とは離れたカーストを形成していると非難する。

　しかしこれは，絶対に，彼らが排斥・追放されてきた結果に他ならない。気持ちがすさんでいる時には真の対話を成立させることが非常に難しいものである。

ルールに対する無知

　もしもコーチがルールをよりよく知っていたら，おそらくより一層テクニカル面にプラスとなるであろう。

　これはトップレベルのプレーヤーにも同様である。ルールの細かい部分についての知識が欠けているケースが時々見受けられる。私は，コーチの養成においてもっとゲームのルールを強調した方がよいのではないかと思う。私の地方ではタロットゲームが盛んであるが，もしも私がルールを知らなかったら誰も私とは遊びたがらないであろう。サッカーの領域だって当然そうである。いずれにせよ，コーチやプレーヤーがルールをよりよく知ることで，レフリーの仕事はよりやりやすくなるはずである。

第 6 章

各カテゴリー担当の
コーチ

我々は主にコーチの機能について，特に重要と思われる面を強調してきた。第1章ではコーチの役割の変遷について扱った。第3章では現場のコーチたちにそれぞれの意見を聞いた。ここまで扱ってきた要素は，コーチ一般の範囲のことである。

この章では，それぞれのカテゴリーに適応した特別な面について扱っていく。もちろんあるカテゴリーに関して我々が提示することは，他のカテゴリーにはあてはまらないという排他的なものではない。育成センターに当てはまることは同じようにジュニアのチームにも当てはまる。我々としては，全体として無視できない要素を，特にそれぞれのレベルとの関係で位置づけることを意図した。

今日では担当するプレーヤーに応じて専門化の方向に進んでいる。17歳以下のチームをマネージメントするのに必要なクオリティーは，大人のチームのマネージメントで要求されることとは異なる。各年齢のカテゴリーあるいは競技レベルはそれぞれ特別な特徴を持っている。

成功するための第一の条件は，どんなレベルであれ，まず第一に自分のやっていることが好きであるということである。もしも育成センターのコーチがプロチームのコーチのポストを物欲しげに見ているとしたら，あるいはもしも13歳以下のジュニアの担当者が13～16歳の少年の担当のポストをうらやむとしたら，それでは何もできはしないだろう。クラブ内のヒエラルキーは非常に明確にされるべきものである。理想は，各自が自分の担当するレベルの任務を遂行しようという気持を持つことである。

プロのコーチ

責任を負う

あえてここで強調しておく。プロのコーチはまず結果や勝ち点に責任がある。結果や勝ち点は，場合によってはクラブの経営まで左右する。

もちろんそのためには「レモンの搾り器」のように，プレーヤーやチームから最大限の力を引き出さなくてはならない。

プレーヤーの関心はそれぞれで異なり，グループは必ずしもしっかりと団結することはできない。団結することはむしろ稀でさえあり，それもせいぜいレ

ギュラーの中に存在する程度である。したがって，個人の関心を考慮に入れつつ一時的にでも必要な団結を生み出すようにしなくてはならない。

距離を保つ

　プロのコーチは，自分のプレーヤーに関心を持つ熱い人物である。しかし，決してプレーヤーに対する親愛の情にとらわれすぎて，操作の自由を失うような距離にはまりこんではいけない。

　この親密な関係は，コーチのパーソナリティーに応じて非常に大きなニュアンスを持つ。一人一人にそれぞれの能力があり，確信があり，習慣がある。しかしより高いレベルでは，効果性を求める中で，より大きな距離を保つようである。

　プレーヤーは常に，多かれ少なかれ，コーチに何らかの罠をかけ，試そうとする。この種のゲームでは非常に慎重にならなくてはいけない。目的を達成した時，成功した時，努力の末に勝った時，このような時にプレーヤーとの距離を保つのは難しい。しかしこのような時こそ正に距離をとるべき時，機能を実行するのに必要な距離を保つべき時である。ここにおそらく，プロとアマチュアの本質的な差がある。

　プロでは，感情的な部分が必然的に制限される。率直な感情表現全てを排除することはできないが，それ以上に機能の枠組み，範囲というものがあり，尊重すべきルールがある。互いの関係における感情の部分は，人や好みによって決定される。しかし必然的に相対的なバリア（障壁）を持つものである。必ずしも緊密な関係を維持しなくても，相互の尊重は守ることができる。

緊張を中断し，フリーな部分を取り戻させる

　プロのプレーヤーも，時には手綱をはずして自由に走らせることが必要である。常に縛り続けることはできない。

　プレーヤーは息をつき，ありのままの自分を受け入れることも必要であるということを理解しなくてはならない。試合の翌日には，大きな緊張から解放されて，自由な部分を取り戻すのがよい。それは必ずしも無頓着な放任ではなく，むしろその逆である。プレーヤーにはオフの状態になり，セーブする時間が必要である。そして自由時間のインターバルの間にまた活力の源を見つけ，月曜

日には新たな気持ちを抱いて戻ってくる。強制ではなく，各自が自分なりに自分の本源に立ち戻り，元気を取り戻してくるようにする。

あまりに強い緊張関係によってメンタル面が疲弊してしまうのを避けるよう，注意が必要である。育成センターでは大抵プロよりもこの面により敏感である。しかし，この適切なバランスを見つけるのは確かに難しいことである。

活力を取り戻す。できれば他のことを考える

プロクラブのコーチは，頭をカラにすることも必要である。大切なエネルギーを守り，必要なときにそれをプレーヤーに伝えることができなくてはならない。プレーヤーの背中を力強く押す準備，最大限のエネルギーを与える準備ができていなくてはならない。調子外れの音を出させずに楽曲を演奏できるよう，細部まで全て準備ができていなくてはならない。

プロのプレーヤーは自分の仕事をしにやってくる。彼らに仕事をさせるのはテクニカルスタッフの役目である。プレーヤーたちは何かを期待している。彼らに題材を与えてやらなくてはならない。ハイレベルのコーチの機能の中には，排他的，独占的，強迫的な面がある。ほとんどのケースで，プロのコーチはサッカー以外のことを考えるのは難しいと感じている。しかしこれは必ずしもポジティブなことではない（この仕事にコンスタントに打ち込み続けることも確かに非常に難しいのだが…）。

この角度から見ると，この仕事は大きな犠牲を要する人生の選択となる。これにあまりに慣れてしまうと麻薬となる。もはや試合や賭け，リスク，絶え間ない再検討，挑戦なしではすますことができなくなる。そうなると，近くに本当に重要なものがないと，物事を相対化することが難しくなる。それは良いことだろうか？　悪いことだろうか？　一人一人が，自分の存在の中で，本質的に重要であると自分が考えるものとの関わりで，自分の価値観との関わりで，自分を位置づける。それでも，それに答えが出ないうちは，答えを求め続けることができなくてはならない。

この情熱の中に閉じこもってもはや自分の精神を解放しないようにすることは，非常に簡単である。したがって，この機能には，多少強迫的な面がある。しかし成功する者は，多少なりとも強迫的な面があるのではないだろうか？

試合を準備する段階にあるときには，自分のテーマに強く集中するしかない。

このことは自分のやっていることに対して客観的な視点を保つことを妨げるものではない。自分を分析し，自分自身のアクションにとらわれずにいることができなくてはならない。困難なときにあっても，よく見て，分析し，不意打ちを食らわないように予測しなくてはならない。情熱的な面，熱心さや感情的な面が，認識的な面，自覚的，反省的な面を覆い隠すようであってはならない。さもないと息がつまって新鮮さを失い，ミスを犯してしまうだろう。

　人はしばしばサッカーで頭がいっぱいになる。非常にしばしばであるが，しかしそれでも常にではない。仕事への情熱，物事を半端にしない意志，いかなる細かい点もなおざりにしない意志を持つということは，仕事の奴隷になるのとは意味が違う。

極度の厳密さ

　より下のカテゴリー，例えばアマチュアレベルでは，ある程度の妥協も必要となる。プレーヤーが別の仕事をし，疲れた状態でトレーニングに来ることもありうるからである。

　プロでは常にもっと厳しくしなくてはならない。全てが非常に細かい点に基づいており，いい加減な取り組みを許すことはできないし，無頓着な投げやりも許されない。もちろん，甘やかすわけにもいかない。

リアクションをコントロールする

　衝動的に反応しないよう注意が必要である。プレーヤーが適切でない態度を示したからといって，それにすぐに反応することが必ずしも良い結果をもたらすとは限らない。数日後に事態をはっきりさせた上で調整したり，少し時間をおいて考えてから判断する方がより良いインパクトを与えることになることもある。

育成センターのコーチ

導いてあげる存在

　育成センターのコーチは，多少父親的な部分がある。プレーヤーはコーチを必要とし，コーチが与える指標をよりどころとする。

実際，若いプレーヤーは常に不安を抱えている。自分のプレーは良かっただろうか？　来週も自分のポジションを失わずにいられるだろうか？　契約できるだろうか？　チームは自分を残してくれるだろうか？　これらの問いに対して，コーチにはコンスタントな態度，高い柔軟性，聞く能力の高さが必要となる。
　プレーヤーは次のようなことを知る必要がある。指導スタッフは自分たちに満足しているだろうか？　自分たちは進歩しているだろうか？　自分たちは目標に向かって正しく進んでいるのだろうか？
　したがって，育成センターのコーチには，ガイドとしての役割がある。すなわち指標を与えること，安心させること，聞くこと，理解し合うこと，信頼することである。成功するにはこれらの役割を果たすことが非常に重要であることは間違いない。

「先生と生徒」の関係
　コーチの役割は，若いプレーヤーが成功すること，自分を作り上げるのを助けることである。
　そのため，厳しさから寛容へ，ある一時的な弱さに対する理解と思いやりへと，行動を適応させていく。

取り組みに対する良い習慣を与える
　良い習慣をつけるか否かは，この年代で決まる部分がある。反対に悪い習慣は，すぐに身についてしまう。フィールド上の行動ばかりでなくフィールド外での行動からも影響を受けやすい。不適切な行動が身に付いてしまわないように，すぐに対応しなくてはならない。
　良い取り組みの姿勢を要求すること，時間厳守，トレーニングでポジティブな精神を示すこと。これらを最大限要求することと協調的な態度をとることとは，決して両立しないことではない。
　この面はもちろん全てのカテゴリーに当てはまるが，育成センターでは一層重要である。ここではトレーニングにおける精神は絶対に模範的なものでなくてはならない。

要求が一貫していること

　シーズンの始めに内部のルールを設定し提示するのは簡単なことであるが，1年を通してそれを厳密に適用し続けるのは簡単なことではない。シーズンが進むにつれ，良い習慣が徐々にぼかされていってしまうのは，コーチの責任である。コーチが始めの要求を維持することができず，良く考えもせずに少しずつその安定をゆるめて行ってしまうこと，しばしば目をつむってしまうことで，ルールはぼけていく。

長期的に取り組み，決定的な判断を下す前に時間をかける

　若いプレーヤーが自分たちの才能を表現するために成熟に達する可能性を，一つの尚早な決断が奪ってしまったために，自分のキャリアの展望が消え去っていくのをいったい何人のプレーヤーが経験してきたことだろうか？

　若者の進歩は一本の線のように一様に進んで行くものではない。他の者よりも早くに頭角を現すものの結局あまり高いところまで達することができない者もいる。海外の例を見ると，育成センターのコーチたちが，決定的な決断を自分で下すために可能な限り時間をかけ，プレーヤー，そしてクラブのために最大の利益となるように努力している。

プレーヤーを信頼する

　コーチに信頼されていなければ，若いプレーヤーは成功しない。若いプレーヤーは，自分の将来に不安を抱えている。彼らの夢や努力を，コーチは繰り返し励ますことによって支えてやるべきである。

対立を受け入れる

　思春期の難しい時期には，パーソナリティーを形成していく上で問題や危機を起こさずにすむことはほぼないといって良い。少年たちが見せる変化を理解する努力をしなくてはならない。

　1人の人間が子どもから大人へと成長していく上で，アイデンティティーの探求は宿命であるといえる。その段階は非常にデリケートなもので，退行を見せることもある。コーチにとって少年の態度や理屈を理解するのは時に困難である。少年たちは自分を模索し，必ずしも良いモデルを真似ようとしない。そ

こに理解や思いやり，寛容を示すことで，スポーツの領域での成功を支えてやることができる。

これは決して弱さの印ではない。

自分自身の多くを与える

この仕事には，心からの取り組み，専心が必要である。これは，相互のギブ＆テイクの関係にあるものではない。子どもの側に認識や感謝を要求することはできない。この仕事は自分自身で打ち込まなくてはできない。そして，見返りは何も期待してはいけない。

アマチュアクラブのコーチ

個人の人生全体を考慮に入れる

アマチュアの場合，プロレベルと同じ厳密さを持つことはできないので，コーチは柔軟性を示し，各自の状況を考慮しなくてはならない。それぞれ1日の仕事を終えてきた者たち全員に同じことを要求することはできない。したがって，必然的に，1人1人のプレーヤーのそれぞれの問題を理解した上で，妥協も必要となる。

感情的な面，活気の面を重視する

このカテゴリーに下りて来るほど，経済的な面はプレーヤーのモチベーションとは関係なくなってくる。

彼らの唯一の関心はサッカーへの情熱である。クラブ内の共感的な温かい雰囲気がこれに伴うようにしなくてはならない。

懇親性がその絆を深める。スポーツの関心ばかりでなく，一緒にいることの喜び，人間的な価値を前面に置いてくれるグループにいることの喜びもある。食事を一緒にとり，共同で部費を貯め，試合の後には皆で集まる。これらはその一例である。

チームのレベルとクラブの願望とに応じて，そのグループが機能していくための集団の規範を位置づけるのは各コーチの役目である。プロのモデルをコピーしようと思うのは間違いである。プロのモデルはプロ以外ではうまく機能し

ない部分がたくさん含まれている。真剣さ，うまくなりたい，進歩したい，勝ちたいという気持ちは共通のベースとなるが，それが懇親性の側面を覆い隠すようであってはならない。懇親性は，本質的に非常に重要なものである。

役割，責任を選択する

　1軍だけを見ればよいのか，チーム全体を担当するのか。「何でも屋」になってしまうと，自分の特性を失い，また仕事を正確にきちんとこなせなくなる危険がある。

　もちろんこれはクラブの大きさによる。また，コーチのステータスにもよる（フルタイムか否か）。しかし，取り組みが分散し，ばらついてしまうリスクを警戒しなくてはならない。これは，クラブ内で中心人物の役割を果たす人間をしばしば襲う落とし穴である。

　下のカテゴリーを考える場合，仕事は必ずしも簡単になるわけではない。カテゴリーが下に行くにつれ，サッカーはフリータイムの楽しみの側面を持つようになる。この側面と，競技スポーツをするということを両立させることができなくてはならない。競技スポーツをする上では，ルールがあり，継続的なトレーニングと節制した生活が必要となる。この側面はおそらくかなり難しい。このレベルでその「クラブの精神」が評価される。

　したがって，アマチュアレベルのクラブのコーチの役割は，非常に多様である。1軍のみを見ていればいい場合もあれば，クラブ全体のコーディネートを担当する場合もある。これらのケース全てで，コーチは必要な権威を示しつつ，必ずしも経済的なアドバンテージによる影響力を行使することなしに調整し両立させる努力をしなくてはならない。難しい状況の中で成功するための要因となるのは，パーソナリティーの面となることが多い。

　パーソナリティーの面には，我々が見てきたような様々なクオリティーが要求される。コーチは同時にテクニカル面の担当者であり，統率する者であり，グループやプレーヤーの心配事の近くにいる者，そして会長やクラブの関心や利益の近くにいる者でもあるのである。

ユースチームのコーチ（13歳-20歳）

ユースのカテゴリーには良いコーチが必要である。

　残念ながら，小さなクラブの多くでは，ユースはしばしば無視され，親やプレー経験者，ときには全く指導者としての研修を受けたことのない人に預けられていることが多い。おそらくこの無償のボランティアのコーチたちにこそ，我々がここで示そうとしている指針が最も役立つのではないかと思われる。

子どもたちを愛し，理解する

　子どもや少年をありのままに受け入れられなければ，彼らとコミュニケーションをとるのは難しい。プレーヤーと時間をとって個人的に対話をすることで，関係を深め，相互の尊重や愛情を促進することができる。プレーヤー自身，あるいは彼らの関心のレベルに自分を置く努力をすることで，真の温かい関係をうち立てるチャンスを作る。この感情的な面が，スポーツ面での進歩と活動への取り組みのレベルに大いに影響を与える。

　ユースのカテゴリーにおいて成功する者，プレーヤーから高く評価される者は，まず第一に，彼らの関心への理解，思いやりとポジティブな感情を示す者である。少年たちは，人に信頼してもらうこと，大人として考えてもらうこと，そして同時に，（それには及ばなくとも）子どもとして見守ってもらうことを必要とする。

この年代の特徴を正確に知ること

　15歳以下と17歳以下とは同じではない。年長の方が，率直な同意はなくなり，説明し納得させること，議論することが必要となってくる。ディシプリンと適用の条件が重要となる。

　決定を実行に移す役割の者，ルールを守らせる役割の者は，相手が示すパーソナリティーの変化を理解する努力をしなくてはならない。少年たちは困難な時期を繰り返し示す。その様々な変化は，13〜16歳，あるいは16〜20歳の少年たちに影響を与え，時には妨げもする。この変化を無視することはできない。グループを統率するための一般的な原則を越えて，問題や困難が何であれ，ユースにふさわしいこと，そして彼らが生きている時代を正確に知るようにしな

くてはならない。

　プログラムを立てる際，学習の戦略や進歩を計画する上で，これらの要素を考慮に入れるべきである。

それぞれの年代の取り組みで絶対に必要なことを知る

　このポイントは当然のことなので，ここで特にこれ以上扱うことはしない。それぞれの年代に，特に押さえておくべきクオリティー，技術・戦術の要素があり，それに取り組むようにすべきである。コーチにとって重要なことは，難度の調整，発揮の際に現れる問題の原因を特定すること，難度のレベルを正確に評価することである。

　また，提案する課題にバリエーションをつけることが重要である。同じようなことがうんざりするほど反復される単調なセッションは，ユースの場合は大人よりもさらに受け入れられにくい。

忍耐と反復

　人は常にとかく急ぎすぎる傾向を持ち，とかくわずかな時間で取り組みの成果を具体的に確認したがる。

　学習し，ある技術をしっかりと身につけるには，時間と忍耐と多くの反復が必要である。動作の実行のクオリティーやその適用を要求するのであれば，速い進歩を望んでも無駄である。進歩は感じ取れないほど少しずつ実現するものであり，時には予期していなかった時に形となって現れるものである。

気分にムラがないこと

　少年は大人の真似をしたがるものであり，コーチを注意深く観察している。コーチが躁鬱の激しい行動を示すと少年は非常に当惑し，コミュニケーションのしっかりしたベースはできない。ユースコーチの信頼性は，行動のレベルがコンスタントであること，シンプルで自然なプロセスをとること，快活であると同時に冷静でバランスのとれた態度を示すことによって得られるものである。安定した確固とした指標となり，良いモデルを示さなくてはならない。

　これは，多少の対立をものともせず，少年が自分のアイデンティティーを求める上でたとえ不快な態度をとってもそれを包み込む精神の高さを保つ能力が

必要とされる。重要な原則には妥協せず，同時にあまり重要でない些細なズレには寛容さを示せるようになるべきである。

　それによって，取り組みを促進する雰囲気を維持することができ，そして良い結果を得ることにつながる。

ユースプレーヤーが自分自身に良いイメージを持つのを助ける

　進歩するには，自分の能力や可能性に自信を持つ必要がある。大人に当てはまることは，ユースにもより一層当てはまる。迷いのある時期には，少年は，コーチの助けを得て自信を持つようにしなくてはならない。これを理解しないと，コーチは決して完璧な成功を収めることはできないだろう。常にこの本質的に重要な要素を考慮に入れることによって，大きな成果を得ることができるだろう。

年少のカテゴリーのコーチ
（サッカースクール，13歳以下）

子どもたちと関わり合うことに喜びを持つ

　教師の中には小学校を選ぶ者もいれば，中学校を選ぶ者も高校を選ぶ者もいる。それぞれの年代に特別な意義と期待がある。それを自分が引き受けることができると感じる必要がある。

　年少の子どもたちは率直さを示し，新鮮な眼差しを持って，何かを見つけたいという欲求を示し，特に満足することのできるものを求める。この特別な時を彼らと共に過ごすことに意義と喜びを感じるようにしなくてはならない。そして，愚かにも上のカテゴリーでなされていることをコピーしようなどというミスを犯してはならない。あるいは愚かな勝利至上主義を示してはならない。これがしばしばゲームを犠牲にする。

勝利と敗北に対する態度

　人はまず第一に，楽しむために，学ぶために，進歩するためにプレーする。もちろん勝つためにがんばる。しかし子どもの場合には，決して勝利を義務づけてはならない。それは何の役にもたたない。

子どもたちにはプレーの原則を教える。彼らが自分を発揮することができるよう，最善の状態にする。勝つか負けるかは二の次である。勝つために全力を尽くした後は，実際勝つか負けるかは重要ではない。物事のこの面を相対化できるようにしなくてはならない。

　「勝利至上主義」は年代の低い子どもたちには非常に危険である。これは非常に良く見受けられることであるが，コーチがどのように価値付けを行うかに関わっている。勝利至上主義が子どもたちの進歩を妨げ，犠牲にしてしまうようなことが非常にしばしば起こる。最悪の場合にはそれでサッカーをやめてしまうことさえある。

　このカテゴリーのコーチに望まれる最大の向上は，間違いなくこの面についてであり，ここに大きな努力を払うべきである。厳しさを全く排除してしまうことなく，寛容さを示すようにしなくてはならない。ユースのコーチはまず自分の行動によって教えなくてはならない。勝った時に調子に乗ることなく，そして負けた時に落胆することのないようにしなければならない。

わめき立てるコーチを糾弾する！

　自分のチームを大人のようにプレーさせようとタッチラインで叫び続けるコーチほど救いようのないものはない。フィールドの端で叫び続けるようなどうしようもない習慣は，サッカーや自分に託された子どもたちへの無理解に他ならない。

　子どもたちを鍛え上げたいと思う者，大人のようにプレーさせようとする者，ハイレベルのサッカーの猿まねをするような者は，その愚かさを露呈することになるであろう。子どもたちを公然と批判すること，子どもたちを手ひどく扱うことは，サッカーのフィールド上で行われるべきことではない。

　環境の難しさもあり，残念ながら現実は全く違っているが，我々としては，偽コーチがプレーの精神や子どもの興味に反するような指示を出しているくらいなら，むしろ，最年少の年代には好きなようにやらせることの方がよほど好ましいと考える。構造のしっかりしたクラブでユースチームのコーディネートを担当するコーチは，特にこの面を一層考慮しなくてはならない。まず第一にユースチームのコーチに，そして次に親に認めさせるべきルールがある。

プレーの喜び

　プレーすることの楽しさ，喜びが全てのベースである。最年少の場合は，楽しさと遊びの面を特に重視しなくてはならない。

　コーチにとっては，子どもたちがサッカーをする上での土台を築いてあげることが重要な役割であり，試合では指示がプレーヤーの表現の自由を妨げるようであってはならない。もともとドリブルの才能がある子どもに，試合中に何度も何度も「パスしろ」などと言い続けるべきではない。

　戦術的な原則を段階的に適用していくこととプレーヤーの自由な表現を両立させること，これが期待される主要な目標である。

適切なセッション

　説明が長すぎたり，一つの練習が長く続きすぎたり，要求があまりにも高かったりしたら，セッションのクオリティーは低下する。

　強度の高いところと弱いところのつなぎ合わせ，テクニックの基本をやった後は連続的なプレーにつなげること，トレーニングをおもしろくするようなバラエティーを持たせること，といった点に注意する必要がある。

　多くのスポーツ団体が，それぞれ自分の種目に子どもたちを引きつけ登録プレーヤー数を増やそうとしている現在，サッカー界が，最初のスタートで他よりも多少リードしているからといって油断して必要な努力を怠っているわけにはいかない。

　ここでは，「まとめ」に代えて，「ユースコーチのための10箇条」を提案する。これはこの仕事に重要な面を強調したものである。

ユースコーチのための10箇条

1. 子どもたちを愛すること
   子どもたちとのつき合いに喜びを感じること
2. 子どもたちをよく知ること：生活や性格など
3. 子どもたちの目標となり，導く存在となること
   その一方で子どもたちの自主性を引き出すこと（問いかける姿勢）
4. 要求すること：目標，実行，メンタリティー
   しかし寛大であること：困難な状況に対して
5. 子どもたちの言うことに耳を傾けること
   聞いてあげる態度を示すこと
6. プレーヤー一人一人と本当のコミュニケーションをとれるようにすること
7. 子どもたちと同じレベルに自分を合わせること
   お互いの深い理解が生まれるようにすること
8. 自由の余地を子どもたちと明確にすること
9. 信頼感を抱かせ，安心させること
10. 子どもたちを一人前と見なすべき
    それでも子どもとして見守るべき

同様に，避けるべき態度も挙げておく。残念ながらこれらは，我々の観察で頻繁に見受けられたこと，そしてプレーヤー自身からしばしば発せられた批評である。

避けるべき態度

1. 試合やトレーニングの最初から最後まで怒鳴りっぱなし
2. 子どもたちをシニアのようにトレーニングさせ，シニアのようにプレーさせようとすること
3. 同じ練習やゲームばかりいつまでも長々と続けること
4. プレーヤーをチームの前で批判すること
5. 話が長すぎ。セッションを中断しすぎ
6. トレーニングがプレーヤーの年齢やレベルに合っていない。
7. いつも同じタイプの練習を同じところでやる（週間，月間のプログラミング）。
8. 最初に決めた約束事をだんだんといい加減にしてしまう。
   （遅刻，服装，用具，禁止事項）
9. 得点差を開きっぱなしで放っておく（2点差までが限度）。
10. セッションの中でテクニックの基本をおろそかにする。
    そのカテゴリーの年間の目標をおろそかにする。

終章

コーチ：
行動する人

結論に代えて，本書を通して言及してきた重要な面，我々が特に重要と考えてきた特徴をここで再度確認しておきたい。1人のコーチのための成功のモデルというものは存在しない。しかし，行動の原則や機能するための一般的な規範はある。それを各自が自分の信念と自分の感受性に応じて適用していくのである。ほとんどの成功は，失敗を分析し，克服し，乗り越えるところから作り上げられていくものである。

生まれながらのもの

人はある日突然コーチとなるわけではない。いくらかは元々備わっている資質があり，望めば誰でもコーチになれるというものではない。元々の資質，特にリーダーとしての資質は，コーチとしての研修を受けただけで身に付くものではない。コーチは常に，分析できる人，行動できる人である。その主要な「パーソナリティー」，主要な「テクニカルの能力」「戦略的インテリジェンス」が，最も確実な切り札となる。

たとえいくら音楽が好きでも，初めに元々この分野の才能がなければ，その後がんばっても良い音楽家にはなれない。このポイントはありふれたことではあるが，ここで思い起こしておく価値がある。単にプレーの経験があるからといってコーチになりたいと思っても，それだけでは決してコーチになれるものではない。

内在的に権威を持つ教師，制裁を決して使わずにそれでも尊重される教師がいる。それと同じように，自分のありのままを示すことによって，慕われ，ついてこさせるコーチがいる。「もしもそれが君の気に入らなくても同じことだ。命令するのはこの私だ」——こう言っていては，真のリーダーとなることはできない。研修は，不可欠なものであり，それによって改善はなされるが，この人の行動に関して「元々の天性」の代用とはなり得ない。

一方，サッカーの知識となると，これは別である。これは徐々に獲得され，明確になり，常に完璧を求めて仕上げられていくべきものである。

あらゆる経験からプラス材料を引き出すことができる

キャリアにおいて，プレーヤーは多くのコーチに出会う。もしもその1人1人が持っていたポジティブな特徴を（あればの話だが）自分の中にとどめてお

くことができれば、そしてそのとき気づいたミスを覚えておいて自分が繰り返さないようにすれば、既にしっかりしたベースから出発することになる。

それでも、クオリティーと欠陥を識別するよう注意しなくてはならない。自分自身が進歩しようという欲求を持たなくてはならない。特に、「すべきではないこと」を忘れないようにしなくてはならない。好奇心を持ち、注意深く、そして批判の目も持っていなくてはならない。

もしもあなたがプレーヤーで、自分の現役のキャリアの間にこう自問するとする。「もしも自分がコーチだったらこうするのに…」。これはむしろ良い兆候であると言える。コーチになりたいという願望があるということ、そしておそらく適性があるということである。誰かの指揮下にありながら自分がその代理を務めることができるとしたら、それはおそらく、いつか代わって自分自身の原則を実行に移したい、自分のオプションの妥当性を確かめたいという願望を持っているということであろう。

しかし、自分自身の経験からプラス材料を引き出す能力というものは、分別や常識と同様、そう誰にでも与えられているものではない。同じミスを何度でも頻繁に繰り返すような態度を見ると（コーチもプレーヤーも同様に）、最初のエラーが何の役にも立たなかったことがわかる。なぜならそこから教訓を引き出すことができていないからである。誰でもミスは犯す。差となるのは、そこから教訓を引き出すことができる能力があるかないかである。

同様に、コーチでもプレーヤーでも、困難な時期の後にそこから「立ち直る」能力、再び回復し、迷いや不安の時期から自分で脱して解決をつけることのできる能力も非常に重視される。

アクションと反省を両立させる

コーチはアクションを起こすことが特徴であるが、それは反省を排除するということではない。しかし、警戒しなくてはならない。この仕事の傾向として、全てを詳細に分析し全てを説明したがる面がある。

コーチが本能的に直感でチームのメンバーを選択し、そこから良い判断が生まれることがある。

コーチはプレーヤーにまず意図を持ってプレーすることを要求する。つまり、自発性やイマジネーションに自由を与えているのである。それはコーチの場合

も同じである。なぜそのオプションが多少なりとも機能したのか，後から分析することはおそらく有用である。しかし出発点は，「有効な唯一の選択はできる限り良いチームを作ること」なのである。残ったものの特定にあまりに気を取られているわけにはいかない。もしもチームを組み立てる際に，自分の選択があるプレーヤーに及ぼすかもしれないネガティブな影響を想像し始めたら，ためらいが生じ，健全な判断ができなくなってしまうであろう。

　アクションと反省を両立させること。反省はアクションを助けるものであって，制限したり不利な状況に置いたりするものではない。効果性を重視したポジティブな観点でこの両者を結びつけるのが1つの手段である。

　行動する人であること，それは全くの「感覚主義」になることではなく，あるいは全てを説明することでもなく，まず第1に行動指針に忠実であること，そして責任を負うことである。ないところに問題を見ようとすることは避けなくてはならない。また，本当に重要なもの以外に重要性を認めることも避けなくてはならない。

好奇心と注意を研ぎすませた状態

　コーチは好奇心が強く，起こっていること全てに敏感に常に注意した状況にある者である。これ以外のやり方はない。また，オープンマインドも，グループを統率する者の特徴である。

　一つの考えが別の考えとは反するという事実を表現するのは，何も無礼なことではない。社会では矛盾を乗り越えることを学ばなくてはならない。場合によっては，それぞれそれなりに信頼性があるが互いに相反するいくつもの仮定を受け入れなくてはならない。ある戦術は別の戦術とは相反するように見えるが，どちらも妥当であることがある。凝り固まるのは危険である。

楽観主義になり突き進む

　いい性質を持っていれば，それは助けになる。ひどく心配性な人，過度にストレスを受ける性質の人は気の毒である。

　常に物事の良い面を見ることが最善である。運命論者になることなく，何らかの不当や不公平を受け入れなくてはならないことがある。かなりの期待はずれをも受け入れなくてはならないことがある。重要な徳性は数ある中で，寛容

さ，情熱，そしてもちろん運は，まさしく第1の徳である。

感情の部分

　プレーヤーとの関係で，感情的な面を排除することはできない。しかしこの面は，時と個人に応じて調節が必要なものである。積極的に感情的な面を断とうとすること，あるいは感情で自分をいっぱいにしてしまうことは，両方とも間違いである。情熱がなくては，能力を発揮して打ち込むことがなくては，そして関係に誠実さがなければ，成功はしないであろう。

　距離をとりながら，それでも非常に近づきやすく，温かい者がいる。また，より伝統主義的なアプローチもある。しかし，緊張，圧力，結果の要求，パフォーマンスの要求，そして内部の競争のバランスをとるのは，やはり暗黙の了解，結託である。これは，ベースは変化するがその上に立ったものでなくてはならない。コーチとプレーヤーの間の関係を司るのは，常にある種の尊重，経緯，承認，信頼である。

　ローランド・クルビスは，アーサー・ジョージやアーセン・ベンゲルと同じ能力に基づいてやっているわけではない。しかしこの3人は，全て，プレーヤーとの強い信頼関係を維持している。

　やはりプレーヤーが自分たちのコーチを好きであることが望ましい。コーチの側からは，コーチが自分のチームを非常に愛していても，その感情が認識を妨げることがあってはならない。そのことから，グループに対し距離を置くことは重要であると言える。近くにいると同時に遠い存在でもなくてはならない。うまくいっていない時には近くにいて，成功している時にはグループから離れる。そうして，操作の自由，判断の能力，信頼性を保つのである。

　決断する時に感傷や弱気は禁物である。より高い効果性を求めることのみが適切である。

真実性／操作

　真実をそのまま伝えるべきか，あるいはそれを操作して伝えるべきか。この伝統的に問われる両面の意義の対立を乗り越えなくてはならない。

　結論として，プレーヤーやチームを進歩させる方向に向かうものは全て良いと言える。時にはそれが自分の実際の感情に問いを投げかけるものであること

もあるが。

　時には，ある種の逃げ道も必要である。例えば2試合の間のインターバルが3日間ある場合，この間に準備をし，欲求をかき立て，なんとしてでも自信を持たせなくてはならない。プレーヤーは，それに完全にだまされたりはしないものの，それを受け入れそれを望む。なぜならそれが自分の準備を助けるからである。

冷静な部分を残す，距離をとる
　理想は，常に自分自身の機能を分析する能力を持ちつつ，やっていることに心から深く取り組むことである。冷静さは，アクションを起こした後に実現したことを分析する時に是非とも必要となる精神の状態である。

　コーチは，例えば「納得のいく」負けでも傷ついた自分自身の感情を克服しなくてはならない。悪い結果だった時に，権力を笠に着て，他の者に責任を押しつけて自分の負担を軽くしたところで，大して良いことはもたらされない。

　さらに，プレーヤーにもフロントにも，あまり期待しすぎてはいけない。サッカー界では，それぞれの立場にそれぞれの関心や利益があり，それらは必ずしも両立しない。コーチは，報われるかどうかを考えずに与える存在だが，時には，チームの進歩から満足を得られることがある（たとえほとんどのケースで，プレーヤーがその進歩を自分だけのものであると思っていたとしても）。

　元プレーヤーに，最も印象的だったコーチは誰だったかと訊ねると，彼らは一般的に，最も親和的な最も温かい関係だった者，魅力的なパーソナリティーを持っていた者の名を挙げる。必ずしも彼を最も進歩させた者ではない。これはつまり，知識を伝える手段は少なくとも知識それ自体と同じだけあるということを示す。これまでチームの形成については，常に練習内容ばかりが対象とされてきて，それを理解，把握，実行させる手段については十分な考慮がされてこなかった。近年では，この面で顕著な進歩が見られる。この仕事を愛する精神全体によって実現される進歩である。

メッセージの信頼性／話す者の信頼性
　コーチが第1に要求されるのは，努力とプロフェッショナリズムを惜しまないことである。失敗を避けるための全てをした後であれば，たとえ失敗をした

としてもやむを得ない面がある。しかしその上で全てのベースとなるのは，様々な相手に対する信頼性である。

　フランスでは，数年前までは外国人コーチが何か特別なことをすれば，それだけで「素晴らしい，見事だ」とされてきた。フランス人が同じことをやってもすぐに批判された。しかしながらその状況はいくらか変わってきているようである。個人の信頼は，その出所ではなく実績の方に関係するようになってきた。これは良いことである。それでもやはり隣の芝はいつでも青いものではあるが。

　キャリアの各段階で，コーチは評価の対象となる。その評価は最近得た結果に直接結びついたものである。個人の信用は，このように絶えず変化する。そして，自分の仕事により高い評価，価値を与えようとする努力を免れることはできない。そして，困難な道は避け得るものではなく，何の被害も受けずに通過することができるものでもない。

現場の人，何よりも良識の人

　コーチは単に現場の人ということではなく，「何よりもまず第一に現場の人」なのである。そして，コミュニケーションができ，自分の徳や長所を伝えることのできる者，そして自分の作る流れの中でプレーヤーたちを導き，自分自身を受容し自分の限界まで行くことができるようにする者である。

　コーチは，他人が成功することを強く愛する者である。そして行動指針を持っている者，それを守る者，ロジックを持っている者，信頼のおける者，日々信頼性を示す者である。コーチの研修の哲学は，日々コーチとなり日々常に努力をして向上していく，というものであるべきである。そうでなければ成功しないであろう。

　あらゆる面で，プライオリティーの段階付けをしっかりとし，散漫になるのを避け，任務の中で最も重要なものに優先的に集中すべきである。それはすなわちプレーヤーのグループとの関係である。

人間関係

　コーチとプレーヤーは，トレーニングの間に，相当の時間を共に過ごす。その関係は，単にステータスだけの結びつきであることはあり得ない。

一緒にトランプをする時には，プレーヤーでもコーチでもない。そこにはトランプのプレーヤーがいるのみである。個人を結びつける深い関係は，互いのステータスで左右されるものではない。さもなければ関係などあり得ない。このステータスのつながりを越えることができた時，別の世界，真のコミュニケーションの世界へと入ることができる。オランダのリヌス・ミケルスはこう言っている。「私はプレーヤーを批判する時に，人の批判はしない。セッションが終わった時に批判されることを相手が望むかどうかも疑問である。トレーニングの後には，私は彼らと子どもや家族のことについて話すようにしている。これは別のことである」

1人1人に自分の真実

　我々は本書において，常に起こるあらゆることに対する解決を与えるという意図は持たなかった。成功のモデルなどない。各自がそれぞれのクオリティーで成功する。それが内向的なものであれ外向的なものであれ，関係ない。しかしながら，基本となる関心はある。それは自分のことを知り，自分のスタイルを選ぶということである。

　それでもやはり，人が成功するのは，自分が好きなことをやること，そして自分がそれをできると思うことであろう。

　現代のコーチは，この仕事に作用する変化を感じ取らなくてはならない。他の部分の反応を待つことなく，それらを自分で予測しなくてはならない。自分の仕事の実行の枠組みの中でも，進歩を可能にするファクターを見つけなくてはならない。我々は，個人の個別性をより考慮したアプローチに関心を持っている。

　フィジカル面で個人に適応した準備をするのと同じ理由である。今日では，各プレーヤーに，自分はグループの中で固有の考慮を受けている，あるやり方で特別な扱いを受けていると，信じさせることができなくてはならない。なぜならそれが彼の望むことだからである。それは決して完全に唯一のケースにはなりえない。しかしプレーヤーには，このような特別な配慮は自分に向けられたものであると感じさせなくてはならない。これは，ヨーロッパのビッグコーチが全てやっていることである。

　コーチとグループの間には，目的を達成するためにステップやプロセスがあ

る（文化，アイデンティティー）。最初の契約時に期待された行動に到達するために目標を設定し，それを倫理に結びつけたものである。

　直接のコンタクトが有効である。コーチは決してプレスに対し「偽善者」になってはいけない。直接のコンタクトは，時には強い衝撃を与えるが，しかし同時に安心させるものでもあり，健全であり真実であり，この方が大抵うまくいく。常に守りに入り過度に自己防御の態度をとり続けることはできない。

　コーチはとかく，全員を喜ばせようとか，誰も傷つかないようにしようという気持になりがちである。これはいつでも可能なわけではないし，必ずしも望ましいわけでもない。リーダーに必要なクオリティーは，勇気である。おそらくキャリアの中のある時に，個人的な理由で勇気が出せず，例えばある決断を遅らせたことで問題が起こった経験があるだろう。

時代と共に生きる

　我々が既に強調してきたように，コーチは自分のイメージに関心を持つようにしなくてはならない。

　トップレベルを考えるのであれば，明白である。イタリアのコーチ（サラリーにより），あるいはスペインのコーチ（ステータスにより）は非常に高い配慮を受けている。彼らはこうしてより正確に自分の仕事を実行することができる。

　フランスのコーチのイメージにも再評価が見られるようだが，これは決して最終的に確定されたものではない。様々なキャパシティーを示しながら，コーチは自分の信用を高めていくのである。コーチは結果と行為によって評価される。最高のプレーヤーであったとしても，たとえサッカーを良く知っていたとしても，おそらくそれだけでは素直に自分の全てをスポーツの実践の基本的な面に賭けることはできない。

　喜び，克己，ゲームといった面が必要である。さらに向上しようと思うこと，議論すること，話し合いを持つこと，メディアに対して討論できること，公の場で自分を表現できること，それらができれば，おそらくサッカーの面では同じレベルのクオリティーを持つライバルよりも，より良い準備をすることができるであろう。

訳者あとがき

　1997年11月，ジョホールバルで激戦の末イラン戦に勝った我々日本代表チームは，初めて日本サッカー界の悲願であったワールドカップ出場権を手にすることができました。

　翌年6月の本大会に向けた準備のさなか，3月に行われた監督会議には，岡田監督が国内諸調整のため私が出席することになったのですが，決勝戦会場となるサンドニスタジアムにて行われた監督会議においてEnglish Speaking Groupのリーダー役を務めてくれたのが，当時フランスサッカー協会テクニカル・ダイレクターを務めていたジェラール・ウリエ氏でした。

　彼はもちろん組織委員会側の立場で来ていたのですが，大会レギュレーションの確認から登録メンバーの変更手続き，トレーニングのオープン／クローズといった問題に至るまで行われたディスカッションの中で，非常に現場的視点から我々の要求を汲み上げつつ，進行していってくれたのを記憶しています。

　さらにその2週間後には，日本に来てくれ，ナショナルコーチングスタッフとのディスカッションの場も持ってくれました。そのときに，彼が情熱を持って話してくれた，ワールドカップに向けた代表チームの強化から，ユースの育成，指導者養成にいたるまでのフランスサッカー協会の取り組みは，現在の日本サッカーの強化においても非常に参考になっているものです。

　そのウリエ氏が，フランス代表監督をはじめとする豊富な経験の中から書き上げたのが本書です。一読してわかるとおり，本書はプロフェッショナルのコーチングに関する本であり，コーチという仕事の日々の現実を，非常に具体的にとらえた，今までには全く見あたらなかった本です。

　特に第3章のケーススタディーは，他の著名なコーチたちのインタビューによって構成されています。囲みで記されている部分は，各コーチたちの生の声です。そこにはコーチという仕事における様々な困難，そしてそれらに対処するための各自のやり方が記されています。

　「特別な万能のレシピはない」——何度も出てくるこの言葉と同時に，それらの1つ1つの考え方は，読者にも非常に参考になることでしょう。

　コーチングという観点から普遍的なことを中心として書かれた中で，「フラ

ンスにおいては……」という部分もいくつかありますが，そこも省かずそのまま紹介しました。ワールドカップとヨーロッパ選手権の連続制覇という華々しい結果の裏側にある苦しい時期からの長年に渡る地道な努力，そしてフランスサッカー自体からも学ぶことはたくさんあるはずと思ったからです。

　日本に，あるいは自分の立場に置き換えて咀嚼していただくのは読者の方に任せたいと思います。

　日本では監督－コーチと表現されますが，この本の中では監督も含めて全て「コーチ」という言葉で表現しています（インターナショナルでは，監督：Coach，コーチ：Assistant Coach，が普通です）。その他，野心，結託，効果性……等，他に良い表現がないか悩んだものの，そのまま使うことにしました。できる限りわかりやすい文章をと心がけたのですが，変に砕くと内容にそぐわなくなる部分も多く，やや硬い文章になってしまった点お詫び申し上げます。

　ウリエ氏には，今までも様々な面でお世話になっているのみならず，先日も，本書の出版にあたり，リバプールにてトレーニングの合間に貴重な時間を割いていただきました。改めてお礼を申し上げたいと思います。

　また，語学のみならずコーチングの現場を熟知していなければできない大変な翻訳の仕事を引き受けてくださった今井純子さん，出版にご尽力いただいた大修館書店の改発祐一郎氏にこの場を借りて御礼申し上げたいと思います。

　本書はプロフェッショナルのコーチングに関して書かれていますが，根底に流れている考え方はどのようなレベルを指導しているコーチにとっても，さらにサッカー以外の競技においても参考になるものと確信しており，このような形で日本語版を出版できることをとても嬉しく思っております。

小野　剛
フランスワールドカップ日本代表チームコーチ
現U-19日本代表チームコーチ

フランスサッカーの
プロフェッショナル・コーチング
© Takeshi Ono & Junko Imai　2000

初版第1刷発行───2000年11月10日
　第3刷発行───2002年9月1日

著　者─────ジェラール・ウリエ&ジャック・クルボアジェ
訳　者─────小野　剛&今井純子
発行者─────鈴木一行
発行所─────株式会社大修館書店
　　　　　　〒101-8466　東京都千代田区神田錦町3-24
　　　　　　電話03-3295-6231（販売部）03-3294-2358（編集部）
　　　　　　振替00190-7-40504
　　　　　　［出版情報］http://www.taishukan.co.jp

装幀者─────中村友和（ROVARIS）
カバー写真───©スタジオ・アウパ
印刷所─────広研印刷
製本所─────司製本

ISBN 4-469-26455-5　　Printed in Japan

Ⓡ本書の全部または一部を無断で複写複製（コピー）することは、
著作権法上での例外を除き禁じられています。

FUSSBALL VON MORGEN

21世紀のサッカー選手育成法

FOR YOUTH ユース編

……技術・戦術・体力アップの練習プログラム……

ドイツサッカー協会=編　ゲロ・ビザンツ=著　田嶋幸三=監訳　今井純子=訳

指導者には選手を伸ばす責任がある!

世界に通じるサッカー選手を育てるために、ゲームに活きる技術・戦術・体力を高めたい。サッカー選手たちはみな、将来のスター選手を夢見ている。

指導者は、彼らの夢の実現に最高の指導で応えなければならない。

本書は、指導者養成の世界的権威で日本サッカー協会のS級指導者養成も担当していた著者らが、将来のトップ選手育成のために具体的な指導法と練習プログラムをまとめたサッカー指導のバイブル。サッカー指導者待望の邦訳完成。

オールカラー!
B5変型判・288頁
本体2,900円

最新 ENCYCLOPEDIA OF FOOTBALL
サッカー百科大事典

W杯開催記念出版

財団法人 **日本サッカー協会**
日本サッカーライターズ協議会 編

サッカーの誕生からその発展史、ワールドカップの歴史、日本のサッカーの歴史、世界のサッカー事情、2002年韓国/日本大会の最新情報、サッカー用語などあらゆる情報を満載。超一級の編集者と執筆陣でまとめた本格的な本事典は、サッカー関係者、愛好者必携の書。

◆B5判・546頁　**本体7,800円**

最新情報で「サッカー文化」のすべてをまとめた本格的な事典、遂に完成!

大修館書店　　書店にない場合やお急ぎの方は直接ご注文ください。TEL03-5999-5434

最新刊

21世紀の サッカー選手 育成法 _{ジュニア編}

年齢別・レベル別 指導法と練習プログラム

ドイツサッカー協会[編]　ゲロ・ビザンツ 他[著]　田嶋幸三[監訳]　今井純子[訳]

指導者養成の世界的権威で日本サッカー協会のS級指導者養成も担当していた著者らが、将来のトップ選手育成のために、どんな内容を、どのように練習させるべきか、その具体的な指導法と指導内容を1冊にまとめた。まさにジュニア指導（6歳から14歳まで）のバイブル。

B5変型判・144頁　本体1,700円

この本を読まずして子どものサッカーは語れない！

●●●● 好評発売中!! ●●●●

好評重版！

世界に通用するプレーヤー育成のための
クリエイティブ サッカー・コーチング

小野 剛[著]（前・日本代表チームコーチ／日本サッカー協会技術委員）
＜協力：日本サッカー協会技術委員会＞

長期的な視野で日本人プレーヤーをどう育てるか？

ジュニアからユースまで、「クリエイティブな選手の育成」をメインテーマに、各年代におけるコーチング理論と実践的な指導メニューを初のW杯出場を果たした代表チームの名参謀・小野剛技術委員が明快に解説。日本サッカーの将来を担う人材を預かるすべてのサッカー関係者・指導者必読の新世代コーチング・バイブル遂に登場。

B5変型判・192頁・本体 **2,100円**

26401-6

ブラジル・サッカーの
フィジカル・トレーニング

A.R.ヴィアーナ, J.E.ヒゲイラ[著]
戸苅晴彦, 向笠 直[訳]

各種 体力トレーニング法の宝庫！

B5変型判・196頁・本体 **2,400円**

26398-2

図解
ゴールキーパーの
トレーニング 766

ベルンハルト・ブルックマン[編著]
小宮喜久[監訳] 越山賢一[訳]

ゴールキーパーのための 初めての本格的トレーニング書！

B5変型判・176頁・本体 **2,200円**

26399-0

サッカーの
ファンクション 体操

K.P.クネーベル, B.ヘルベック, G.ハムゼン[著]
福林 徹[監訳] 田嶋幸三・今井純子[訳]

いま注目！ プレー能力向上・障害防止の 新しいトレーニング体操

四六判・200頁・本体 **1,600円**

26400-8

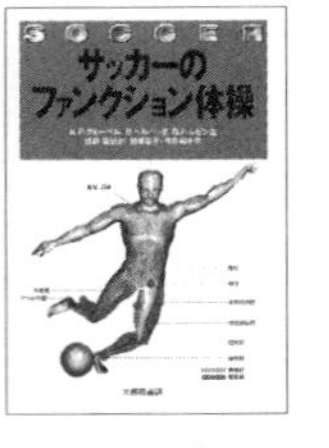

詳解
サッカーの
ルールと審判法
【2002】

浅見俊雄・永嶋正俊[著]

最新ルールの理解と 審判技術向上のために！

四六判・240頁・本体 **1,500円**

26477-6

大修館書店　〒101-8466 東京都千代田区神田錦町3-24
書店にない場合やお急ぎの方は直接ご注文下さい。
電話03-5999-5434